nos BASTIDORES da

PLAYBOY

O jeito *Playboy* de gerir uma marca

Susan Gunelius

Editora Saraiva
www.saraivauni.com.br

Editora Saraiva

Rua Henrique Schaumann, 270 – CEP: 05413-010
Pinheiros – TEL.: PABX (0XX11) 3613-3000
Fax: (11) 3611-3308 – Televendas: (0XX11) 3613-3344
Fax Vendas: (0XX11) 3268-3268 – São Paulo – SP
Endereço Internet: http://www.saraivauni.com.br

Filiais

AMAZONAS/RONDÔNIA/RORAIMA/ACRE
Rua Costa Azevedo, 56 – Centro
Fone/Fax: (0XX92) 3633-4227 / 3633-4782 – Manaus

BAHIA/SERGIPE
Rua Agripino Dórea, 23 – Brotas
Fone: (0XX71) 3381-5854 / 3381-5895 / 3381-0959 – Salvador

BAURU/SÃO PAULO (sala dos professores)
Rua Monsenhor Claro, 2-55/2-57 – Centro
Fone: (0XX14) 3234-5643 – 3234-7401 – Bauru

CAMPINAS/SÃO PAULO (sala dos professores)
Rua Camargo Pimentel, 660 – Jd. Guanabara
Fone: (0XX19) 3243-8004 / 3243-8259 – Campinas

CEARÁ/PIAUÍ/MARANHÃO
Av. Filomeno Gomes, 670 – Jacarecanga
Fone: (0XX85) 3238-2323 / 3238-1331 – Fortaleza

DISTRITO FEDERAL
SIA/SUL Trecho 2, Lote 850 – Setor de Indústria e Abastecimento
Fone: (0XX61) 3344-2920 / 3344-2951 / 3344-1709 – Brasília

GOIÁS/TOCANTINS
Av. Independência, 5330 – Setor Aeroporto
Fone: (0XX62) 3225-2882 / 3212-2806 / 3224-3016 – Goiânia

MATO GROSSO DO SUL/MATO GROSSO
Rua 14 de Julho, 3148 – Centro
Fone: (0XX67) 3382-3682 / 3382-0112 – Campo Grande

MINAS GERAIS
Rua Além Paraíba, 449 – Lagoinha
Fone: (0XX31) 3429-8300 – Belo Horizonte

PARÁ/AMAPÁ
Travessa Apinagés, 186 – Batista Campos
Fone: (0XX91) 3222-9034 / 3224-9038 / 3241-0499 – Belém

PARANÁ/SANTA CATARINA
Rua Conselheiro Laurindo, 2895 – Prado Velho
Fone: (0XX41) 3332-4894 – Curitiba

PERNAMBUCO/ ALAGOAS/ PARAÍBA/ R. G. DO NORTE
Rua Corredor do Bispo, 185 – Boa Vista
Fone: (0XX81) 3421-4246 / 3421-4510 – Recife

RIBEIRÃO PRETO/SÃO PAULO
Av. Francisco Junqueira, 1255 – Centro
Fone: (0XX16) 3610-5843 / 3610-8284 – Ribeirão Preto

RIO DE JANEIRO/ESPÍRITO SANTO
Rua Visconde de Santa Isabel, 113 a 119 – Vila Isabel
Fone: (0XX21) 2577-9494 / 2577-8867 / 2577-9565 – Rio de Janeiro

RIO GRANDE DO SUL
Av. A. J. Renner, 231 – Farrapos
Fone: (0XX51) 3371- 4001 / 3371-1467 / 3371-1567 – Porto Alegre

SÃO JOSÉ DO RIO PRETO/SÃO PAULO (sala dos professores)
Av. Brig. Faria Lima, 6363 – Rio Preto Shopping Center – V. São José
Fone: (0XX17) 3227-3819 / 3227-0982 / 3227-5249 – São José do Rio Preto

SÃO JOSÉ DOS CAMPOS/SÃO PAULO (sala dos professores)
Rua Santa Luzia, 106 – Jd. Santa Madalena
Fone: (0XX12) 3921-0732 – São José dos Campos

SÃO PAULO
Av. Antártica, 92 – Barra Funda
Fone: PABX (0XX11) 3613-3666 – São Paulo

ISBN 978-85-02-10247-7

CIP-BRASIL. CATALOGAÇÃO NA FONTE
SINDICATO NACIONAL DOS EDITORES DE LIVROS, RJ.

G961n

Gunelius, Susan
Nos bastidores da Playboy : o jeito de gerir uma marca / Susan Gunelius ; [tradução Cristina Yamagami]. - São Paulo: Saraiva, 2010.

Tradução de: Building brand value the Playboy way
Anexos
Inclui bibliografia
ISBN 978-85-02-10247-7

1. Playboy Enterprises. 2. Branding (Marketing) - Estados Unidos. 3. Mercado-alvo - Estados Unidos. I. Título.

10-3458 CDD: 338.761051
CDU: 338.45:051

16.07.10 29.07.10 020471

Traduzido de Building Brand Value the Playboy Way, de Susan Gunelius.
Tradução autorizada da edição original em inglês publicada nos Estados Unidos pela Palgrave Macmillan, uma divisão da Macmillan Publishers Limited.

Direção editorial	Flávia Alves Bravin
Coordenação editorial	Ana Paula Matos Gisele Folha Mós Juliana Rodrigues de Queiroz Rita de Cássia da Silva
Produção editorial	Daniela Nogueira Secondo Rosana Peroni Fazolari
Marketing editorial	Nathalia Setrini
Arte e produção	Conexão Editorial
Capa	Conexão Editorial
Tradução	Cristina Yamagami
Imagens da capa	Dreamstime

Contato com o editorial
editorialuniversitario@editorasaraiva.com.br

SaraivaUni

Para Scott, por assistir *The Girl Next Door* comigo e por me incentivar a transformar minhas ideias neste livro.

AGRADECIMENTOS

É sempre um desafio restringir, a uma ou duas páginas de agradecimentos, a lista de pessoas que ajudaram a colocar um livro nas mãos do leitor, e esta obra não é uma exceção. Em primeiro lugar, eu gostaria de agradecer meu agente, Bob Diforio, e Stephen Rutt da Palgrave Macmillan por me permitirem escrever este livro. Estou empolgada com o fato de tanto Bob quanto Stephen terem reconhecido que, apesar das controvérsias que muitas vezes acompanham a Playboy, a história de marketing e branding apresenta lições com as quais tanto estudantes quanto profissionais podem aprender por muitos anos ainda.

Em uma observação pessoal, devo agradecer ao meu marido, Scott, que se empenha tanto para cuidar dos nossos filhos, nossa casa e nossas vidas enquanto eu escrevo (e isso além de seu trabalho em período integral). Sem a ajuda dele eu não teria conseguido escrever livros nem tocar a minha empresa, a KeySplash Creative Inc. Scott, eu te amo!

Para quando eles tiverem idade suficiente para ler isto, preciso agradecer a meus filhos, Brynn, Daniel e Ryan, que fazem todo o empenho valer a pena com seus rostos sorridentes. Eu amo vocês.

Por fim, agradeço a meus pais, Bill e Carol Ann Henry, por me apoiarem e por ser uma parte tão importante da vida da minha família. É muita sorte tê-los por perto, eu adoro vocês.

PREFÁCIO

Este livro é sobre a história de uma marca – a marca Playboy. Ela é apresentada em ordem cronológica, com cada parte representando uma década diferente no ciclo de vida da marca Playboy. No entanto, este livro não é uma biografia, nem uma cronologia de eventos comentada. Em vez disso, ele é escrito com foco na teoria do branding e nas estratégias e táticas de marketing que criam, desenvolvem, expandem, revivem e sustentam uma marca.

Cada capítulo se concentra em aspectos específicos do branding ou no ciclo de vida da marca na década correspondente. Isso significa que você provavelmente encontrará referências a táticas e estratégias de marketing em vários capítulos aplicadas a diferentes períodos no ciclo de vida da marca Playboy. Por exemplo, os empreendimentos on-line da Playboy nos anos 2000 são discutidos no Capítulo 17 por se relacionarem ao reposicionamento da marca Playboy para uma nova geração de consumidores e também no Capítulo 18 por se relacionarem ao branding de relacionamento. De forma similar, o branding de relacionamento é analisado em muitos capítulos à medida que o posicionamento da Playboy como uma marca de relacionamento evoluiu ao longo de seu ciclo de vida.

Os capítulos deste livro foram escritos tendo em mente discussões e análises. À medida que você lê cada capítulo, esteja preparado para questionar as táticas que a empresa utilizou para desenvolver e sustentar a marca. Pense em como a marca foi afetada pelo macroambiente no qual esperava atuar e pelas decisões da empresa para superar obstáculos e conduzir a marca para a próxima década. Analise também o papel que Hugh Hefner exerceu ao longo de todo o ciclo de vida da marca Playboy. Trata-se de uma incrível história de branding. Além disso, todas as partes incluem uma variedade de exemplos de outras marcas e empresas famosas para ajudar na compreensão de algumas teorias de marketing e branding e proporcionar uma base de comparação quando aplicável. Esses são apenas alguns dos tópicos que serão abordados ao longo deste livro dos quais os profissionais de marketing e dos negócios podem extrair lições que podem ser aplicadas em seu próprio mundo.

Antes de mergulharmos na história da marca Playboy, devo mencionar que todos os nomes de marca, produtos e empresas são marcas registradas pertencentes a seus respectivos proprietários. Eu também gostaria de me desculpar por qualquer utilização inadvertida de material protegido por leis de direitos autorais para a qual não foi obtida permissão e ficarei feliz em retificar a omissão nas próximas edições. Por fim, este livro não foi autorizado por Hugh Hefner, pela Playboy

Enterprises nem qualquer uma de suas coligadas ou empregados. Em vez disso, este livro apresenta as minhas análises e opiniões pessoais baseadas na teoria do marketing sobre como o investimento de US$ 8.000 feito por um homem se transformou em uma das mais reconhecidas e faladas marcas da história e criou esta marca campeã.

Não é por acaso que a Playboy tenha sobrevivido tanto tempo e não é por acaso que a marca Playboy tenha permanecido forte apesar do desempenho instável de suas ações. A Playboy e Hugh Hefner nos proporcionam várias lições a serem aprendidas e nos apresentam uma história fascinante com a qual qualquer pessoa interessada em negócios, branding, marketing ou na Playboy pode aprender. Então, sem mais delongas, vamos começar!

SUSAN GUNELIUS

PREFÁCIO À EDIÇÃO BRASILEIRA

Se minha mansão falasse – como a Playboy conquistou o mundo e 24 territórios à sua escolha

Em 1960, Billy Wilder fez um filme chamado "Se meu apartamento falasse" (The Apartment), que reunia o ótimo Jack Lemmon e a jovem e deliciosa Shirley MacLaine. O filme é um misto de drama e comédia, marca registrada de Wilder. Lemmon é um burocrata solteiro que tem um apartamento em Manhattan. Vários de seus colegas de trabalho começam a pedi-lo emprestado para seus casos extraconjugais e, claro, a vida do rapaz vira uma bagunça – principalmente quando percebe que a jovem ascensorista da empresa (MacLaine), por quem é apaixonado, também frequenta o apartamento com o presidente da empresa.

E o que isso tem a ver com a *Playboy*? Tudo. O filme apareceu sete anos depois de a revista ter surgido, mas retrata o mesmo ambiente que inspirou Hugh Hefner. A *Playboy*, afinal, é fruto direto da Segunda Guerra Mundial e da expansão capitalista que a seguiu. Foi durante o conflito que a mulher – até então dona de casa – ganhou espaço no mercado de trabalho, já que os homens estavam no *front*. Os escritórios passaram a ser ambientes mistos, o que gerou uma saudável galinhagem. Mas não foi só isso. Com a Europa reduzida a cacos, as empresas americanas passaram a investir na reconstrução do Velho Continente. O capitalismo se expandiu. E os Estados Unidos, que haviam passado os anos 1930 e 1940 atolados na Depressão Econômica, viram surgir uma classe média estabelecida e com dinheiro no bolso. O crédito aumentou e todo mundo – especialmente o homem, que ainda era o chefe da família – teve dinheiro para investir no próprio prazer hedonista.

Imagine um sujeito solteiro que tem um bom salário, mora em Manhattan e não é tímido nem ingênuo como o personagem de Jack Lemmon. Imaginou? Esse cara tinha tudo – só não tinha uma revista para ele. E foi aí que Hef, um dos editores mais geniais e visionários do século XX, enxergou a oportunidade para criar a *Playboy*.

A *Playboy* não foi a primeira revista de nudez dos Estados Unidos. O que a diferenciou das outras foi o conceito de "girl next door", ou seja, Hef se propunha a mostrar a nudez da "vizinha" do leitor e não as garotas vulgares que apareciam nas outras publicações do gênero. E, por nudez, entenda-se seios desnudos e, eventualmente, nádegas. Nudez frontal mesmo, a *Playboy* só mostraria no final dos anos 1960. Para equilibrar o lado, digamos, "erótico" da revista, Hef juntou um excelente time de jornalistas, escritores e cartunistas. A entrevista da *Playboy*, marca registrada da publicação, surgiu em 1962. O entrevistado era o jazzista Miles Davis, e a escolha diz muito sobre a revista. Miles não era o músico mais popular da época, mas era o mais *cool*, o mais polêmico, o mais genial e o mais ativista. A *Playboy* era *cool*. Era *hype*. Era bacana. Era o hedonismo sofisticado e elegante.

Nos anos 1960 e 1970, a *Playboy* cresceu ainda mais, impulsionada pela revolução sexual, da qual foi cronista e coautora. O desenho gráfico da revista foi aprimorado e todo mundo queria estar na *Playboy*. Ian Fleming publicou as aventuras de James Bond na revista. Woody Allen, a nova sensação do humor, posou para uma fotonovela. Harvey Kurtzman e Jules Feiffer, dois dos cartunistas mais geniais da sua geração, fizeram criações exclusivas para a *Playboy*. A revista começou a se expandir pelo mundo. A versão alemã saiu em 1972, seguida pela francesa e pela brasileira, que é lançada em 1975. No Brasil, a fórmula da "girl next door" foi alterada para "celebrity in your tube". Enquanto a venda da edição americana é baseada em assinaturas, no Brasil a revista precisa fazer o leitor se deslocar até as bancas para comprá-la, daí a preferência pelas celebridades que impulsionam vendas. Nos Estados Unidos, surgiram concorrentes que tentaram morder uma fatia do mercado. Primeiro veio a Penthouse, uma versão mais vulgar da *Playboy*. Depois a horrenda Hustler, de Larry Flint, que está a um passo da pornografia. Um passo adiante.

Mas tudo isso começou a mudar nos anos 1980. A AIDS fez a revolução sexual empacar e estimulou um comportamento conservador no mundo todo. Nos Estados Unidos, a vertente carola do Partido Republicano passou a dominar a política e o país. A *Playboy* expandiu seu brand para outros produtos, como o canal de TV, de conteúdo pornográfico. No Brasil, no entanto, a revista seguiu muito bem, obrigado. Nos anos 1980, ainda sob a ditadura militar e durante a abertura política, todas as grandes atrizes posaram para a revista. A nudez foi uma forma de contestar o Establishment. As maiores vendagens, porém, aconteceram na década seguinte, quando as edições de maior sucesso ultrapassaram com tranquilidade a casa de um milhão de exemplares circulados.

Nos anos 1990, um novo competidor entrou na arena: as revistas inglesas conhecidas como "lads' mags". São publicações como Loaded, Maxim e FHM, que migraram rapidamente para os Estados Unidos e repetiram a trajetória de sucesso também por lá. Nestas revistas não há nudez, apenas ensaios com modelos seminuas. E as reportagens falam para um leitor mais "classe média". Em vez de Ferrari, fusca. Em vez de Dry Martini, cerveja. Logo, a influência desse novo estilo de publicação foi sentida em todas as revistas masculinas do mundo, inclusive na própria *Playboy* americana.

O grande desafio da década, entretanto, foi a expansão da internet, ocorrida no final dos anos 1990. Na rede, a nudez feminina virou mercadoria fácil e barata (ou gratuita), banalizando o ensaio fotográfico. A situação se repetiu no mundo inteiro, com as particularidades próprias de cada país. No Brasil, a revista permaneceu sólida como líder do segmento masculino e mais próxima à fórmula editorial criada por Hugh Hefner do que a própria revista da qual ele é o editor-chefe. Mas, nos Estados Unidos e em vários países da Europa, o brand passou a ser mais importante do que a própria revista.

Atualmente, o grande desafio que a *Playboy* tem pela frente é manter-se relevante num mundo digital em que a nudez virou *commodities*. Como a revista não é apenas cronista do comportamento masculino, mas também um agente da sua transformação, esse é um belíssimo desafio. A *Playboy* tem mais de meio século, mas sua história está apenas começando.

Edson Aran

Diretor de redação da *Playboy* brasileira

APRESENTAÇÃO

Pergunte a qualquer homem se ele já comprou a revista *Playboy* em algum momento da vida e ele provavelmente responderá piscando um olho que "Sim, para ler os artigos". Apesar de os articulistas que têm contribuído com histórias e artigos para a revista incluírem nada menos que escritores do calibre de Kurt Vonnegut, Norman Mailer, Saul Bellow e John Steinbeck, a noção de que alguém tenha comprado a *Playboy* exclusivamente pelos artigos não passa de uma ficção. Desde os seus primórdios, os homens gostam da revista *Playboy* por representar uma das promessas de marca mais bem definidas e diferenciadas do século XX. Foi uma experiência desenvolvida com base em uma ideia simples, porém, meticulosamente planejada e implementada: o sonho de todo homem. Em seu apogeu, a Playboy – a revista e o império – representou uma marca sem igual. Na verdade, ela poderia muito bem constituir uma categoria totalmente nova de marca.

Não foi por acaso que a Playboy se tornou uma marca global famosa. Seu sucesso é o resultado do respeito do fundador, Hugh Hefner, aos fundamentos do branding. Apesar de não ter nenhuma formação em branding, Hefner sabia que marcas fortes não se baseiam em logos, por mais inteligentes e populares que possam ser, mas em um conjunto de associações mentais concretizadas por meio de uma variedade de experiências meticulosamente alinhadas. Com base na minha formação em branding, posso afirmar que este novo e envolvente livro de Susan Gunelius é mais do que uma grande história contada com maestria, mas também uma excelente lição para qualquer pessoa interessada em saber o que é necessário para desenvolver uma marca poderosa, independentemente da categoria.

Apesar de ter fundado um empreendimento multimilionário com apenas US$ 8.000 e o desejo de contestar as atitudes sexuais repressivas da época, a maior realização de Hefner foi sua capacidade de identificar uma ideia única, uma promessa ao mesmo tempo diferente de qualquer outra da categoria (sem obscenidade, por favor) e relevante para o mercado-alvo. E também foi sua capacidade de vislumbrar e colocar em ação a variedade de experiências necessárias para concretizar inteiramente sua ideia. Ele sabia que todos os elementos associados à promessa precisavam se manter ligados de um ponto de contato ao outro e de um elemento de branding ao próximo para que ela fosse percebida como uma promessa possível.

A realização desta promessa virou lenda. A simples ideia de Hefner, articulada em um manifesto publicado em partes e intitulado *Filosofia da Playboy*, foi um documento de branding estratégico tão requintado quanto é possível encontrar em qualquer empresa de marketing de primeira classe. O sonho de qualquer homem, incluindo o estilo de vida urbano sofisticado, as atividades e os maneirismos, é incorporado e profundamente articulado no documento. A convicção de Hefner de que a vida deve ser uma celebração, uma aceitação de festas refinadas e sexy, e mulheres belas e maravilhosamente desinibidas (apesar de inocentes o suficiente para serem apresentadas à sua mãe) em jantares finos, com gente bonita, boa música e muita diversão, era uma representação irrefutável dos fundamentos do branding – e os homens vivenciavam e adoravam a marca. De aplicações de branding que incluíram clubes e restaurantes, mansões, *resorts* e jatos e, sim, as adoráveis coelhinhas (que na verdade você *não pode* tocar), Hefner orquestrou e continua a analisar a totalidade da experiência de marca Playboy com um excelente olho para detalhes e o talento de um maestro.

Sem deixar nada ao acaso, Hefner mantém até hoje seu papel de principal defensor da marca; outra regra básica seguida por proprietários de marcas de sucesso. Pode ser o fundador, o CEO, o coordenador de marketing ou o diretor de RH, mas todas as marcas vencedoras têm alguém que atua como o principal defensor da marca, entusiasta e visionário. Alguém que se assegura de que cada pessoa associada à marca saiba o que ela representa e o que significa manter sua promessa. A voz de Hefner é a voz da marca, seja vinda diretamente do homem usando gravata e robe de seda, seja implícita na decoração da mansão e dos clubes Playboy, na conduta dos sujeitos de sorte que trabalham na empresa, nos restaurantes ou exóticos pontos turísticos recomendados por suas publicações ou nos conselhos do sábio *Playboy Advisor*. A Playboy e seu fundador são tão inextricavelmente entrelaçados quanto todas as experiências da marca em si.

A Playboy é uma marca global icônica e o livro de Gunelius explica como a empresa atingiu esse *status*. Com os princípios do branding como pano de fundo, a autora demonstra como, na era das pílulas anticoncepcionais e do despertar da liberdade sexual, Hefner viu uma oportunidade única de contestar os antigos padrões com uma marca que não se baseava em garotas nuas, mas em uma fantasia masculina aceitável e acessível, que ele concretizou com classe e sagacidade. Ele viu uma lacuna no mercado e, com base em uma simples e bem definida ideia de marca, criou uma variedade de experiências perfeitamente entremeadas para preenchê-la. Ele foi, e é, o profeta e paladino da marca, uma voz não somente da marca, mas para a marca. Nas mãos de Gunelius, a história da Playboy, a marca e o homem por trás dela, se transforma em uma leitura proveitosa tanto pela diversão quanto pelas lições aprendidas.

ALLEN P. ADAMSON

Diretor-geral da Landor Associates
e autor de *Brand Simple* e *Brand Digital*

Sumário

Lista de tabelas, figuras e quadros

Tabelas

Figuras

Quadros

Introdução

ATENÇÃO: ESTE LIVRO NÃO É SOBRE SEXO

Qual é a primeira coisa que você pensa quando ouve a palavra *Playboy*? Se você respondeu *sexo*, então é apenas um entre centenas de milhões de pessoas ao redor do mundo que fazem a mesma associação e eu vou lhe dizer duas coisas agora com base nessa associação:

1. A marca Playboy está funcionando.
2. Este livro não é sobre sexo.

É claro que, se você não respondeu à pergunta acima com a palavra *sexo*, eu gostaria muito de saber qual foi a sua resposta. De qualquer forma, não escrevi este livro para falar sobre sexo. Este livro é sobre branding e marketing. É sobre a história de uma marca icônica e globalmente poderosa que representa um tema improvável para um produto que passou de extremamente controverso a uma espécie de *commodity* ao longo de meio século. E, o mais importante, este livro é sobre o papel de um defensor de marca na construção de uma marca.

Para a Playboy, Hugh Hefner exerceu o papel de defensor da marca ao longo de seu ciclo de vida de mais de 55 anos. Seria possível argumentar que não existiu nenhum outro defensor de marca na história capaz de ser tão intimamente associado à marca promovida e que tenha exercido esse papel por um longo período. Outros defensores de marcas, como Steve Jobs, Mary Kay Ash, Oprah Winfrey, Bill Gates e Martha Stewart, nos vêm à mente e muitos deles serão discutidos neste livro. No entanto, todos eles empalidecem em comparação com Hugh Hefner, que incorporou a marca Playboy.

Devo mencionar que o papel de Hefner como defensor da marca foi um papel que ele exerceu com vigor e um propósito resoluto. Mas, da mesma forma como alguns podem se perguntar como ele pode ter tanto vigor para levar uma vida privada tão intensa, eu me pergunto como ele pode ter tanto vigor para promover a marca Playboy aos olhos do público e sustentar um comportamento *workaholic* que continua a impulsioná-lo. À medida que ler este livro, você saberá mais sobre Hugh Hefner, o homem. Você descobrirá como sua infância fundamentou sua forma de pensar e grande parte de seu comportamento e o que isso significou para a marca Playboy. Você saberá mais sobre sua ampla convicção no produto que criou, e verá como ele promoveu e defendeu a marca e a empresa acima de todo o resto como um incansável defensor e guardião da marca.

No entanto, este livro não é uma biografia de Hugh Hefner, mas uma análise do ciclo de vida de uma poderosa marca conduzida pelo maior defensor de marca que já existiu. Profissionais de marketing e especialistas de branding estão sempre em busca da receita perfeita para elevar o valor de marca. Não há dúvidas de que uma marca poderosa pode ser um ativo de valor inestimável para uma empresa, mas os profissionais de marketing sempre se digladiaram com a administração sênior para assegurar o orçamento necessário para aumentar o valor da marca. A razão para isso é simples: as marcas são ativos intangíveis. Proprietários de empresas, acionistas e analistas querem ver dados concretos refletidos em balanços patrimoniais e declarações de rendimentos. Infelizmente, não existe um campo no *software* contábil para "Marca" na coluna de Ativos. Isso não faz com que ela seja menos significativa e útil, mas as empresas se concentram em indicadores e dados quantificáveis. Elementos como a marca são deixados de lado. Trata-se de uma triste realidade no mundo dos negócios, orientado pelos lucros e sempre ciente dos resultados financeiros. A construção do valor de marca é uma estratégia de longo prazo. Quando os acionistas exigem um crescimento de dois dígitos ano após ano, os executivos corporativos normalmente escolhem táticas de curto prazo para atender a essas expectativas e manter seus empregos em detrimento de estratégias de longo prazo, visando a posicionar a empresa para o sucesso continuado no futuro.

Este livro visa a demonstrar como o poder de uma marca pode sustentar uma empresa através dos altos e baixos de sua história. Nem todos os dias foram perfeitos na história da Playboy. Na verdade, grande parte dos últimos trinta anos foram sombrios para a Playboy, mas mesmo assim a empresa sobreviveu. Apesar de enfrentar uma ampla variedade de desafios, incluindo a incapacidade de assumir uma atitude proativa e desenvolver estratégias de longo prazo, a Playboy sobreviveu. Como? Este livro mostrará que uma marca forte pode ajudar uma empresa a resistir a tempestades e a superar obstáculos instranponíveis.

Não me entenda mal. Uma marca forte não é garantia de sucesso, mas o poder de uma marca reconhecida e sólida pode aumentar enormemente as chances de sucesso de uma empresa. Será que alguém achou que a empresa de Martha Stewart conseguiria se recuperar totalmente depois que ela foi considerada culpada de violar leis de negociações privilegiadas e ter passado vários meses na cadeia? Muitas pessoas acharam que seus negócios fracassariam depois de a defensora da marca ter imposto uma humilhação pública tão grande à empresa. No entanto, o público foi capaz de separar os problemas financeiros pessoais de Stewart da promessa de sua marca. A empresa se recuperou e o tempo que ela passou na cadeia é lembrado como uma mera distração no ciclo de vida da marca.

De forma similar, será que alguém acreditou que a Tylenol voltaria a conquistar seu sólido posicionamento no mercado de analgésicos de venda livre depois do caso do Tylenol envenenado na década de 1980? A marca parecia irremediavelmente maculada, mas, em muito pouco tempo, a empresa não apenas recuperou a imagem de marca do produto como também recuperou sua posição como líder de mercado. Mais uma vez, o poder de uma marca não pode ser negado.

A marca Playboy superou uma miríade de obstáculos durante seu ciclo de vida. Apesar de ser associada a violentos crimes sexuais, um assassinato, drogas, entre outros, a marca ressurgiu forte de cada ataque e continuou a crescer. Grande parte desse sucesso pode ser atribuído à contínua defesa por parte de Hugh Hefner. Sua convicção inabalável em seu produto foi incansável. Na verdade, muitas pessoas achavam difícil não acreditar nele.

Isso nos leva a um dos aspectos mais importantes da longevidade da marca Playboy. Em sua essência, a Playboy é uma marca de relacionamento, e marcas de relacionamento são sempre bem posicionadas para se tornar extremamente poderosas. Como você verá neste livro, uma marca de relacionamento convida as pessoas a se conectarem pessoalmente, a interagir diretamente com ela e a compartilharem experiências de marca com os outros. As marcas de relacionamento normalmente levam a uma sólida fidelidade do cliente e consumidores fiéis se transformam em compradores assíduos e defensores da marca. Não existe nenhuma forma mais poderosa de marketing boca a boca do que um monte de clientes fiéis e defensores da marca. Eles falam sobre a marca à qual são fiéis com os outros, a defendem e a compram repetidamente. Existe uma razão pela qual aquele antigo comercial do xampu Breck usava o lema "e ela contou a duas amigas, e assim por diante, e assim por diante, e assim por diante..." E isso funciona.

Mesmo se você odiar pornografia e se você jamais compraria um produto vendido pela Playboy, é inegável que a marca é poderosa e que tem vivido uma longa e próspera vida. E não há como negar que grande parte de seu sucesso pode ser diretamente relacionado a Hugh Hefner. Ficou curioso? Quer saber mais? Então continue lendo!

PARTE 1

Reinventando um setor – Da fundação até 1959

Reinventando um setor – Da fundação até 1959

Tabela I: Cronologia – Os anos 1950

1953	Com US$ 8.000, Hugh Hefner lança a *Playboy* com a primeira edição apresentando fotos de Marilyn Monroe nua como a Sweetheart do Mês. Foram vendidos 56 mil exemplares dos 70 mil impressos.
1954	O segundo número da *Playboy* chega às bancas em janeiro e a Sweetheart do Mês passa a ser chamada de a Playmate do Mês.
1955	A *Playboy* é a 80ª revista mais vendida nos Estados Unidos. Sua primeira grande anunciante, a Springmaid, fecha um contrato.
1955	A *Playboy* cresce 102% para se tornar a 49ª revista mais vendida nos Estados Unidos. A palavra *centerfold*, o pôster central da revista, entra no vocabulário popular.
1957	Hugh Hefner se separa legalmente da primeira mulher e se torna tema de um artigo de junho da revista *Playboy* apresentando-o como o playboy da vida real. O FBI começa a investigar Hugh Hefner com base em suas opiniões liberais sobre o sexo.
1958	Uma pesquisa conduzida por Daniel Starch & Staff afirma que os leitores da *Playboy* gastam mais dinheiro do que leitores de qualquer outra revista.
1959	O processo de divórcio de Hugh Hefner é concluído. A circulação da *Playboy* supera a marca de 1 milhão de exemplares por mês. A Mansão Playboy em Chicago é comprada; o programa de televisão Playboy's Penthouse é lançado. Estreia do Playboy Jazz Festival.

O SONHO DA MARCA

Capítulo 1

"Não estaríamos sentados aqui se eu tivesse chamado a revista de *"Stag Party"*.

Hugh Hefner, entrevista para Greg Jackson no ABC News em 19 de maio de 1983

Você pode dizer o que quiser sobre Hugh Hefner, mas não pode negar que o homem tinha visão, que tomou as medidas necessárias para concretizá-la e que conseguiu, apesar dos desafios que enfrentou. Também deve ter ajudado o fato de ele ter um QI de 152 – o nível de um gênio, de acordo com um teste de QI que ele fez quando era criança. Verdade seja dita, a inteligência pode ser um benefício ou uma desvantagem quando se é um empreendedor: apesar de poder ajudar a pessoa a tomar decisões fundamentadas, também pode impedi-la de assumir riscos. Como diz o velho ditado, "informação demais pode ser um perigo" e, no caso dos empreendedores, informação demais pode ser um fator restritivo porque pode criar barreiras artificiais. Os melhores empreendedores são capazes de equilibrar os fatos, riscos e recompensas potenciais para tomar decisões criteriosas. Hugh Hefner levou ao jogo as ferramentas da inteligência e, quando as uniu à sua convicção no seu produto e sua capacidade de aceitar riscos, sua revista masculina de estilo de vida cresceu para se tornar uma das marcas mais icônicas da história moderna.

Um início modesto

Pode ser uma surpresa para algumas pessoas saber que Hugh Marston Hefner, nascido em Chicago, Illinois, no dia 9 de abril de 1926, é parente de famosos líderes da Massachusetts puritana, William Bradford e John Winthrop. Os dois são personalidades históricas que exerceram importantes papéis no início do assentamento da colônia de Plymouth nos Estados Unidos nos anos 1600. Trata-se de um irônico vínculo ancestral que teve reflexos mais importantes na vida de Hugh Hefner e na marca Playboy do que é possível perceber à primeira vista.

Hugh Hefner cresceu em uma família dominada pela mentalidade protestante conservadora. Os pais de Hefner, Glenn e Grace Hefner, criaram Hefner e seu irmão mais novo, Keith, da mesma forma como a maioria dos outros pais fazia na primeira metade dos anos 1900. Era uma época de extrema repressão da sexualidade humana. Até falar sobre o corpo humano era considerado inconveniente. A hipocrisia da época não passava despercebida pelo jovem Hugh Hefner, mas ele passou grande parte de sua infância sem se perturbar pela doutrina assexuada do mundo (pelo menos aos olhos do público), na qual o sexo era visto meramente como um meio para atingir um objetivo.

O pai de Hefner foi importante no desenvolvimento da personalidade do filho mais velho. Glenn Hefner tinha um emprego no mundo corporativo de Chicago, ganhando um salário decente que proporcionava uma vida confortável à família. Contudo, Glenn era um *workaholic* que raramente via os filhos e passava a maior parte do tempo no escritório. Não é de se surpreender que Hugh Hefner também tenha sido um viciado em trabalho.

Grace Hefner, por outro lado, estava sempre disponível para os filhos, mesmo que de forma conservadora e repressora. Grace Hefner tinha formação superior, mas foi uma dona de casa em vez de seguir carreira. Seu dever era criar os filhos e manter a casa em ordem, e ela desempenhava bem as duas funções. Grace era uma mulher interessante que não apenas seguia um código de comportamento rigoroso e quase puritano como também era adepta da ciência e do pensamento social. Teoricamente, Grace representou uma batalha interior que muitos homens e mulheres vivenciaram durante a primeira metade do século XX, quando começaram a questionar os códigos de conduta social repressivos e desejar mais liberdade pessoal.

Hefner sempre foi uma criança tímida, uma característica que o acompanharia até a idade adulta. Sua mãe lhe dava tudo o que ele queria e Hefner cresceu com a expectativa de que sempre conseguiria o que desejasse. Sua personalidade obcecada viria a se tornar a base de sua marca pessoal no futuro. Durante a sua infância e até a vida adulta, Hefner se refugiava nos filmes, música e cultura pop, fantasiando com a vida das pessoas que ele via nas telas. Foi durante a sua infância que Hefner começou a mostrar seu lado criativo, criando histórias em quadrinhos e escrevendo poemas e histórias que viriam a se tornar uma parte importante de sua trajetória para lançar a revista *Playboy*. Ele foi em grande parte um menino introspectivo, o que lhe causou problemas na escola inúmeras vezes.

Em consequência da natureza tímida de Hefner, ele preferia jogar lenha na fogueira para depois se distanciar e observar de longe as pessoas reagirem e participarem de atividades enquanto continuava a atiçar o fogo. É possível argumentar que essa natureza voyeurística está no centro do produto Playboy, o que provavelmente é uma afirmação bastante precisa. Afinal, a missão da marca Playboy é criar um sonho e ajudar os leitores a aprender como viver essas fantasias na própria vida. Hefner expressava essa natureza voyerística por meio de seus quadrinhos e fez uma incursão na sua primeira atividade empreendedora quando tinha apenas 8 ou 9 anos, quando datilografava o próprio jornal e o vendia de porta em porta a um centavo por exemplar.

A primeira reinvenção de Hugh Hefner

Foi só quando Hefner atingiu a adolescência que ele decidiu dar um passo em uma nova direção e se reinventou. Foi um processo que ele repetiu várias vezes no decorrer da vida, trocando de pele e, dessa forma, reposicionando sua marca pessoal da mesma forma como viria a fazer com a marca Playboy ao longo dos anos. O reposicionamento de uma marca é essencial para manter sua relevância no mercado em inevitável evolução. A capacidade de Hefner de se reinventar e se reposicionar viria a se provar de valor inestimável ao longo de sua vida e carreira e o ajudaria a manter a marca Playboy viva por mais de meio século, no mínimo.

A primeira autorreinvenção de Hugh Hefner ocorreu durante o primeiro ano do Ensino Médio. Quando a garota da qual ele gostava recusou seu convite para um encontro, ele decidiu promover mudanças radicais em sua vida. Ele adotou um novo apelido, Hef, revolucionou seu guarda-roupa, mudou a forma como falava e se transformou na própria fantasia de um adolescente popular. Seu empenho valeu a pena e logo ele e seu amigo mais próximo se tornaram os líderes da turma mais popular da escola. No último ano do segundo grau ele foi eleito presidente do conselho estudantil da escola e recebeu várias menções do tipo "com mais chances de...", incluídas em muitos anuários até hoje. Entre as mais importantes menções recebidas por Hefner dos colegas estão: "com mais chances de sucesso", "o garoto mais popular", "humorista da turma", "melhor orador", "melhor dançarino", "o mais artístico" (Watts, p. 30). A popularidade de Hefner foi às alturas, junto com seu ego. De repente ele percebeu que a vida tinha mais a oferecer e que tudo estava a seu alcance.

As recém-descobertas autoconfiança e popularidade de Hefner se acumularam em uma crônica de sua própria vida, que ele viria a lapidar obsessivamente de uma forma ou de outra. Em um ato final de ensimesmamento, Hefner criou um personagem baseado em si mesmo que chamou de Goo Heffer. Ele combinou seu amor por criar quadrinhos, escrever histórias e por si mesmo no que tem sido chamado de uma autobiografia em quadrinhos. Ele estava basicamente criando sua marca pessoal, pelo menos a visão de marca pessoal que ele desejava atingir, por meio de suas histórias de Goo Heffer. Os quadrinhos se concentravam na vida escolar, amigos e garotas de Goo Heffer. Ao longo da história, Goo Heffer era sempre o personagem central e o mundo girava ao redor dele. Os outros personagens o amavam e ansiavam pela companhia desse sujeito agradável e badalado. Parece que, mesmo na adolescência, Hugh Hefner sabia claramente o que queria da vida. Ele só não sabia ainda como chegar lá.

Ao mesmo tempo, Hugh Hefner começou a se expressar contra ideias e atividades que ele considerava opressivas e que reduziam a liberdade que ele acreditava que as pessoas deveriam ter. Ele se manifestava contra restrições relacionadas à música e à dança que eram comuns nos colégios durante a década de 1940. E questionava com veemência as regras sociais que viam o sexo antes do casamento ou o comportamento abertamente sexual como imoral.

No início da adolescência, Hefner descobriu a revista Esquire, uma revista masculina de estilo de vida que incluía quadrinhos e imagens de natureza sexual que instigaram o interesse do jovem em mulheres. Como os garotos de todas as gerações, ele pendurava essas imagens nas paredes de seu quarto e as idolatrava. Ele queria a vida representada nas páginas da revista Esquire. Na verdade, ele queria uma vida um passo além da vida descrita no Esquire. Foi seu amor por desenhar e seu desejo por um tipo diferente de vida, combinados a seus fortes sentimentos por liberdade pessoal, em particular a liberdade sexual, que o motivariam no decorrer de sua idade adulta.

A autoanálise de Hugh Hefner

A infância de Hugh Hefner se desenrolou enquanto a sociedade vivia as consequências da Lei Seca e da Grande Depressão e sua adolescência e juventude continuariam a ser extremamente afetadas pelos eventos mundiais. Hugh Hefner se formou no ensino fundamental em 1944 no meio da Segunda Guerra Mundial e, como todos os outros jovens americanos, esperava-se que ele servisse seu país na guerra. Ele deixou a escola para trás e começou a se preparar para entrar no exército americano.

Felizmente, ele conheceu a mulher que viria a se tornar sua esposa, Mildred Williams, apenas duas semanas antes de ter de apresentar-se no exército. Como todos os aspectos da juventude de Hefner, seu romance com Millie Williams se tornou uma fantasia que ele obsessivamente precisava realizar. Ele saiu para se apresentar ao exército não somente com um desejo de realizar seu dever como também com uma grande aversão por mudanças de qualquer natureza, em particular mudanças não promovidas por ele. Mais uma vez, essa é uma característica que o acompanharia ao longo de sua vida. No entanto, ele não estava preparado para a experiência reveladora que sua vida no exército lhe proporcionaria.

O exército colocou o ingênuo Hefner em contato com pessoas de todo tipo. De repente, ele se viu diante de preconceitos aos quais nunca tinha sido exposto antes. Sua criação relativamente protegida não o tinha preparado para os preconceitos abertos que ele veria em muitas das pessoas que conheceu. Ele percebeu que na verdade tinha muita sorte e descobriu uma outra área na qual as liberdades fundamentais não estavam sendo concretizadas de forma igualitária. Esse é um tema recorrente em sua carreira, como a incorporação da marca Playboy. Ataques frequentes à Hefner e à marca Playboy como sendo opressivos em relação às mulheres seriam combatidos ferozmente por Hefner, que sentia que sua revista mostrava exatamente o contrário.

De forma surpreendente, o exército também permitiu que a visão criativa de Hugh Hefner florescesse. Justo quando estava se preparando para viajar para cumprir seu dever na guerra como um soldado da infantaria, ele recebeu notícias de que sua missão tinha sido mudada. Em vez de cruzar o oceano empunhando um rifle, ele ficaria a uma mesa com uma máquina de escrever. Hefner foi designado a um trabalho de escritório graças à sua capacidade de datilografar rapidamente. Se seu talento como datilógrafo não tivesse sido notado, a vida de Hugh Hefner poderia ter sido bastante diferente. No entanto, seu trabalho no escritório lhe proporcionou duas importantes oportunidades que o ajudariam a direcionar seu futuro – ele passou muito tempo com as jovens de Washington, D.C. (apesar de sua obsessão por Millie Williams) e muito tempo trabalhando em seus quadrinhos e outros empreendimentos criativos.

Felizmente para Hugh Hefner, ele nunca precisou colocar os pés em território estrangeiro durante a Segunda Guerra Mundial. A guerra terminou e, em 1946, um Hugh Hefner de 20 anos de idade voltou a Chicago, onde, como muitos veteranos que voltavam do serviço militar, teve dificuldades de encontrar seu caminho.

Uma pessoa que se recusava a fazer qualquer coisa sem dar 200% de si (como demonstra sua personalidade obsessiva), Hugh Hefner decidiu se matricular na University of Chicago em Urbana, onde Millie Williams estudava. Contudo, não agradava a Hugh Hefner passar quatro anos na faculdade. Em vez disso, ele achou um jeito de tirar o diploma em apenas dois anos e meio. Ele estudou psicologia, não porque queria trabalho na área (ele queria ser cartunista), mas porque era obcecado pelo comportamento humano resultante de sua criação repressiva, pelas experiências de preconceito que ele testemunhou no exército e seu anseio por liberdades básicas de comportamento (particularmente a satisfação dos desejos – um tema recorrente em toda a vida de Hugh Hefner).

O diploma de psicologia não impediu Hefner de perseguir seu amor pelos quadrinhos e pela arte. Seu plano continuou o mesmo e seu sonho era ser um cartunista. Ele reservava muito tempo entre os estudos para ir atrás dos interesses pessoais. Hefner passou a se envolver profundamente com duas publicações do campus, o *Daily Illini* (o jornal estudantil) e o *Shaft* (uma revista humorística do campus), nas quais contribuiu com quadrinhos e mais tarde assumiu funções editoriais. Além disso, ele continuou a registrar sua vida por meio de Goo Heffer e uma crescente coleção de recortes dedicada a todos os eventos de sua vida, incluindo histórias de futebol na faculdade, quadrinhos, entre outros.

O momento decisivo

Dizem que há muitos momentos decisivos na história. O mesmo pode ser dito da vida de Hugh Hefner e do destino que viria a se tornar o seu legado, a Playboy. Em 1948, Alfred Kinsey lançou seu livro *Sexual behavior in the human male* (em português, O comportamento sexual do macho humano). O livro provocou muita discussão e controvérsia. Os tópicos de sexo e sexualidade nunca tinham sido abordados antes de forma tão aberta e honesta; o livro era considerado o mais politicamente incorreto da época e rompeu barreiras em termos de expor um tabu e provocar as pessoas a falar a respeito, de forma positiva ou negativa. Hugh Hefner foi profundamente afetado pelo livro, que colocava no papel e justificava muitas de suas ideias e sentimentos que ele sabia que as outras pessoas também cultivavam. Como de costume, Hugh Hefner ficou obcecado com o livro de Kinsey, que se tornou uma influência orientadora em sua vida.

Ler *Sexual behavior in the human male* foi uma epifania para o jovem Hugh Hefner de 22 anos de idade e a discussão aberta sobre o sexo incentivou Hefner a aplicar a ideia ao próprio trabalho criativo. Na verdade, seu primeiro passo na direção da Playboy foi tomado quando ele ainda estava na faculdade e lançou a "Aluna do Mês" no *Shaft*, sua revista humorística da faculdade. Ele começou a falar sobre sexo para qualquer um que quisesse ouvir e defendia levar mais reportagens de teor sexual ao *Shaft*. Seu último ano de faculdade foi marcado por seu total e absoluto interesse em sexo e no livro de Kinsey.

Hefner se formou em fevereiro de 1949 desempregado e com um relacionamento abalado. Casar-se com Millie Williams quatro meses mais tarde também não ajudou Hefner a encontrar seu caminho. Como muitos jovens que saem da segurança de um campus da faculdade para encarar o mundo real, Hugh Hefner não sabia o que fazer da vida. Ele adorava desenhar mas não tinha ideia de como conseguir um emprego usando sua paixão e talento. Ele aceitou um emprego que odiava no departamento de RH da Chicago Carton Company só para ganhar dinheiro. Ele desistiu em cinco meses, em parte devido aos maus tratos da empresa em relação às minorias.

Hefner tentou buscar segurança entrando na pós-graduação, mas desistiu depois de um semestre. Em seguida, ele aceitou um emprego como redator da loja de departamentos Carson, Pirie, Scott, mas pediu demissão depois de seis meses. Finalmente, um emprego como redator em sua adorada revista *Esquire* lhe pareceu um passo na direção certa, mas o confinamento de um emprego das 9h às 17h era rigoroso demais. Ele pediu demissão quando os empregados foram transferidos para a cidade de Nova York e seu pedido de um aumento de US$ 5 foi negado. Mais uma vez, ele se viu na periferia de sua vida de fantasia com a qual tanto sonhava, sem esperanças de alcançá-la.

A próxima incursão de Hefner no mundo editorial foi muito importante para sua carreira no futuro. Em 1952, ele entrou na Publisher's Department Corporation como gerente de promoções e circulação. De repente, ele se viu aprendendo um novo lado do setor de publicações de revistas e adquiriu um conhecimento valioso que o ajudaria mais tarde quando viria a fundar a própria revista. Contudo, Hefner mais uma vez se sentiu sufocado e saiu da empresa. Em 1953, ele foi contratado como gerente de promoções para a revista *Children's activities*, onde ele ainda era infeliz, mas ganhava um pouco mais para sustentar a família.

Enquanto pulava às cegas de um emprego ao outro no início da carreira, Hefner continuou a cultivar seus interesses criativos. Ele tentou vender duas séries de tirinhas sem sucesso e aceitou um bico escrevendo críticas de cinema para uma revista local. Seu único sucesso durante essa época foi a publicação de um livro sobre seus próprios quadrinhos satíricos em 1951 chamado *That toddlin' town*: *a rowdy burlesque of chicago manners and morals*. O livro foi um sucesso local e Hefner adorou a atenção recebida da mídia. Isso também lhe deu a confiança necessária para acreditar que poderia fundar a própria revista. Mas seus planos foram adiados quando Millie descobriu que estava grávida.

Christie Hefner nasceu em novembro de 1952 e David Hefner chegou três anos mais tarde. Durante essa época, Hugh Hefner passou muito tempo trabalhando, de forma similar ao comportamento do próprio pai durante sua infância, passando cada vez menos tempo com a família. No entanto, em uma decisiva noite de inverno no início de 1953, Hugh Hefner, então com 26 anos, tomou a decisão de mudar sua vida. Ele começou a construir seu sonho de abrir a própria revista e decidiu que assumiria os riscos necessários.

Transformando o sonho em realidade

Utilizando sua experiência na *Esquire*, na Publisher's Development Corporation e em seus outros empregos que ele considerava, até então, relativamente inúteis, Hugh Hefner criou um conceito para uma revista que proporcionaria os tipos de informação e imagens nas quais ele se interessaria e estava confiante de que muitas outras pessoas como *ele* estariam igualmente interessadas. Na essência da revista estaria o tópico do sexo; o gancho seriam as fotos de belas mulheres seminuas, e o resultado final seria uma revista de bom gosto que proporcionaria um conteúdo útil e interessante para os homens que desejavam um estilo de vida sofisticado.

Hefner tinha pensado em tudo, do conteúdo ao estilo, do layout à concorrência, do público à entrega, e todo o resto. Ele investiu um esforço significativo na criação do produto e formou a própria editora, a HMH Publishing Company. Utilizando seu conhecimento limitado do setor editorial acumulado em suas incursões anteriores, ele garantiu pedidos adiantados e pontos de distribuição bem como um excelente conteúdo.

Sua paixão pelo tema e pelo produto era visível e com pouco esforço ele foi capaz de convencer amigos e ex-colegas de trabalho a ajudá-lo a concretizar seu sonho. Ele conseguiu um empréstimo de US$ 600 utilizando seus móveis como garantia e obteve empréstimos adicionais de parentes e amigos (incluindo sua mãe, que não acreditava no produto, mas acreditava no filho). No fim, ele tinha US$ 8.000 e um sonho. Era um grande risco, e ele sabia disso. Mas acreditava tanto em seu produto que arriscou a subsistência da família por ele. O fato de Millie trabalhar como professora deu a Hefner a segurança para trabalhar dia e noite para concretizar seu sonho.

Enquanto Hefner trabalhava na nova revista, ele esperava ter ouro nas mãos. Ele estava confiante no gancho e no conceito, mas sabia que precisava de uma isca para chamar a atenção do público para a primeira edição da revista. Originalmente, ele planejava usar como isca uma foto de uma mulher nua em 3D, que era bastante popular no início dos anos 1950, mas um outro momento decisivo ocorreu quando Hefner descobriu que tinha a oportunidade de comprar os direitos de fotografias inéditas de Marilyn Monroe, cuja carreira estava decolando. Reconhecendo uma grande oportunidade quando a via, Hugh Hefner não deixou nada ao acaso. Ele pegou o carro e foi até a John Baumgarth Calendar Company de Chicago, onde fechou um negócio para comprar as fotos por apenas US$ 600. Com fotos de Marilyn Monroe nua em mãos, Hefner terminou de montar a primeira edição da Playboy na mesa de sua cozinha.

A primeira edição da nova revista de Hefner apresentaria Marilyn Monroe na capa e nas fotos dentro da revista. O nome original da revista era *Stag Party* – despedida de solteiro –, mas um processo judicial de última hora por parte da *Stag Magazine*, uma revista de aventura ao ar livre, forçou Hefner a mudar o nome e o ícone simbólico da revista. O nome *Stag Party* foi alterado para *Playboy* e o ícone passou a ser um coelhinho com uma gravata borboleta – um nome e ícone de marca que passaram a ser reconhecidos ao redor do mundo como uma das marcas de relacionamento mais poderosas da história (veja o Quadro 1.1 para saber mais sobre a criação do logo da Playboy).

Quadro 1.1. A criação do logo da Playboy

Quando Hugh Hefner se viu diante de um dilema de última hora que o forçou a mudar o nome e o ícone de sua nova revista, ele aceitou a sugestão de um amigo: *Playboy*. O coelho foi escolhido para ser o ícone da *Playboy* porque Hefner acreditava que ele representava um espírito divertido que se adequava à revista. Um artista desenhou em meia hora o logo icônico que é famoso ao redor do mundo até hoje. Por solicitação de Hefner, uma gravata borboleta foi acrescentada à imagem do coelhinho para dar ao logo um ar mais sofisticado.

O logo simples e atemporal cresceu para representar a mensagem de marca da Playboy, sua imagem e a promessa para várias gerações, culturas e sociedades, demonstrando que um logo é apenas um componente de uma marca, mas, quando utilizado com eficácia e consistência, pode se tornar um trunfo de valor inestimável.

Mais uma vez, recorrendo aos contatos que fez nos seus empregos anteriores na área editorial, Hefner conseguiu negociar a impressão da revista parcialmente a crédito e 70 mil exemplares da primeira edição da Playboy saíram da gráfica a tempo para o lançamento em dezembro de 1953. As cartas estavam na mesa e os riscos foram assumidos. Na época ninguém sabia que aquela revista se tornaria um sucesso mundial.

NASCE UMA MARCA

Capítulo 2

"Foi muito menos uma manobra de negócios calculada do que o reflexo do modo como eu queria viver."

Hugh Hefner, entrevista com Charlie Rose em 1983

A primeira semana de dezembro de 1953 marcou um momento que mudaria a vida de Hugh Hefner e a vida das pessoas ao redor do mundo durante décadas no futuro. Enquanto os 70 mil exemplares inaugurais da *Playboy* chegavam às bancas, Hefner, então com 27 anos, cruzava os dedos e esperava que o resto do mundo estivesse pronto para sua revista. A nova revista de Hefner levava sua tão adorada *Esquire* ao próximo nível – um nível no qual ele acreditava que os jovens estivessem preparados para entrar com ele. Os repressivos costumes sociais com os quais ele cresceu eram representativos do que ele chamava de "hipocrisia prejudicial", da qual ele esperava livrar o mundo. Será que o mundo estaria pronto para isso?

A pergunta de Hefner foi respondida rapidamente quando 56 mil exemplares da primeira edição da *Playboy* foram vendidos em muito pouco tempo. Motivado pelo sucesso inicial, ele lançou a segunda edição da *Playboy*, que vendeu 2 mil exemplares a mais do que a primeira. A *Playboy* preencheu um nicho e confirmou a crença de Hefner de que a sociedade estava pronta para uma grande mudança em termos de suas opiniões em relação à sexualidade.

No entanto, Hefner nunca acreditou que a *Playboy* fosse uma revista sobre sexo. Pelo contrário, ele acreditou desde o início que a *Playboy* era uma revista de estilo de vida para jovens que oferecia um vislumbre no mundo de fantasia que na verdade era possível. Sua meta após o sucesso inicial da *Playboy* era adaptar a revista de sua forma inicial como uma colcha de retalhos montada à mão na mesa da cozinha do seu apartamento para transformá-la em um periódico progressista e de qualidade representativa dos homens modernos e liberais da era pós-guerra. Em resumo, Hugh Hefner esperava produzir uma revista intelectual que afetaria diretamente as opiniões da sociedade sobre sexo e a satisfação dos desejos. Ele queria que a sociedade abandonasse sua mentalidade sexual repressiva e se concentrasse em fazer as pessoas serem felizes, realizadas e satisfeitas.

Uma parte de risco, uma parte de convicção e uma parte de sorte

Ao longo da vida, Hugh Hefner sempre deixou claro que sabia que estava no lugar certo e no momento certo quando lançou a *Playboy*, mas, o mais importante, ele percebeu em 1953: o seu monólogo interior e a sua mentalidade discordante não eram nem um pouco dissidentes. Em vez disso, os homens americanos se sentiam exatamente da mesma forma que o jovem Hugh Hefner, e a *Playboy* deu legitimidade a esses sentimentos. O momento era certo para a *Playboy*, lançada após os anos sombrios da Grande Depressão, da Primeira e da Segunda Guerra Mundial. Os anos 1950 representaram uma mudança na mentalidade dos americanos. Em vez de se concentrar em guerras no exterior, os americanos se viam com tempo para pensar sobre a própria felicidade. Os prósperos anos pós-guerra também deram às pessoas acesso a dinheiro para gastar livremente, algo que eles nunca tiveram antes. Uma revista como a *Playboy*, que celebrava um estilo de vida dominado pela gratificação pessoal e autorrealização, estava perfeitamente posicionada na década de 1950.

A *Playboy* nos anos 1950 era vista por muitos como uma revista rebelde e inapropriada que representava pouco mais que um estilo de vida hedonista, mas, para muitas pessoas, ela representava uma forma alternativa de pensar além da norma tradicional. Essa forma de pensar foi uma que mais pessoas, em especial os membros da Geração Silenciosa de vinte e poucos anos (veja o Quadro 2.1 para mais informações sobre a Geração Silenciosa), aspiravam adotar do que qualquer um poderia ter esperado. A revista oferecia uma oportunidade para as pessoas viverem e pensarem de modo diferente e a *Playboy* afirmava que não havia nada de errado em viver e pensar dessa forma. Em sua essência, a *Playboy* satisfazia uma necessidade existente do mercado. É uma verdade fundamental dos negócios que criar um produto para satisfazer uma necessidade existente é muito mais fácil do que criar uma necessidade percebida para atingir objetivo de negócios para um produto existente. A questão interessante para a *Playboy* foi que, no ambiente social de portas fechadas dos anos 1950, ninguém mais tinha percebido a dimensão dessa necessidade e do mercado correspondente até o lançamento da revista.

Quadro 2.1. A Geração Silenciosa

A Geração Silenciosa é composta de pessoas nascidas entre 1925 e 1945, entre a Primeira e a Segunda Guerra Mundial. Hugh Hefner é um membro dessa geração, apesar de ter nascido entre a Geração G.I., que a precedeu, e a Geração Silenciosa.

Membros da Geração Silenciosa eram considerados cautelosos e retraídos, principalmente pela confusão provocada pela batalha interior entre morais e estilos de vidas existentes e suas próprias ideias e desejos (o que demonstrava que havia um público esperando por um produto e uma marca como a Playboy). Apesar de a maioria dos membros dessa geração ter permanecido em silêncio (como o nome sugere), alguns tiveram a coragem de assumir a iniciativa e se expressar contra as normas políticas, religiosas e sociais que questionavam. Hugh Hefner foi uma dessas pessoas que escolheram a ação à aceitação.

Em um ano, a *Playboy* estava vendendo 185 mil exemplares por mês e, no final de 1959, a circulação tinha saltado para 1,1 milhão de exemplares por mês – mais do que a *Esquire*. A *Playboy* vivenciava um sucesso sem precedentes resultante do investimento de US$ 8.000 de Hugh Hefner. Para dar perspectiva ao sucesso da *Playboy*, pense que a revista *Time* lançou a *Sports Illustrated* mais ou menos na mesma época em que a *Playboy* foi lançada, não apenas com tanto sucesso mas também com um orçamento muito maior – estimado em US$ 30 milhões.

Mas qual foi o segredo do sucesso inicial da *Playboy*? É possível argumentar que o sucesso inicial da *Playboy* se deva a três razões principais:

1. A *Playboy* satisfazia uma necessidade existente entre os consumidores.
2. A *Playboy* era diferente de qualquer outro produto no mercado.
3. A *Playboy* se voltava a um nicho específico.

Como vimos anteriormente neste capítulo, a *Playboy* concretizou a verdade fundamental dos negócios que criar um produto para satisfazer uma necessidade existente é muito mais fácil do que criar uma necessidade percebida para atingir o objetivo de negócios o de produto existente. A *Playboy* levou a categoria de revistas masculinas, dominada pela *Esquire* nos anos 1950, um passo além e criou um produto inigualável que atraiu um segmento de consumidores bastante específico. Na verdade, a primeira edição da *Playboy* afirmava a quem a revista se voltava e sugeria que as pessoas fora desse segmento de consumidores a passarem ao tipo de pessoas para as quais ela fora criada.

Uma introdução apresentada na primeira edição da *Playboy* afirmava: "se você for um homem entre 18 e 80 anos, a *Playboy* é para você. Se você gosta de diversão apimentada com humor e sofisticação, a *Playboy* vai se tornar sua revista favorita. Queremos deixar claro desde o início que não somos uma 'revista familiar'. Se você for irmã, esposa ou sogra de alguém e pegou esta revista por engano, por favor, passe-a para um homem e volte à sua *Ladies Home Companion*". A introdução prosseguia para dizer aos leitores exatamente o que eles podiam esperar da revista *Playboy*: "Planejamos passar a maior parte do nosso tempo com questões mais intimistas. Nós gostamos de nossas casas. Nós gostamos de fazer coquetéis e um *hors d'oeuvre* ou dois, colocar uma música envolvente na vitrola e convidar uma mulher para uma conversa tranquila sobre Picasso, Nietzsche, jazz, sexo. Não nos envolveremos com questões políticas nacionais".

Desde o início, o público-alvo foi definido e as expectativas do consumidor foram estabelecidas. Felizmente para Hugh Hefner, seus instintos sobre a *Playboy* foram certeiros e os consumidores tiravam o dinheiro suado da carteira para comprá-la. É interessante notar que o sucesso da *Playboy* não resultou de anos de pesquisa de mercado, análises demográficas e modelagem comportamental. Em vez disso, foi um resultado dos instintos de um homem que diziam que mais pessoas nos Estados Unidos pensavam como ele e gostariam de se unir, compartilhando essas ideias por meio de uma nova revista. Hefner admitiu que baseou muitas de suas primeiras decisões de negócios no instinto e não no talento tradicional para os negócios. Foi um risco (com um pouco de sorte) muito bem recompensado.

Primeiras táticas de promoção

A meta de Hugh Hefner nunca foi criar uma revista de sexo, mas uma revista de estilo de vida que incluísse elementos de sexo. Ele via a *Playboy* como um pacote completo de entretenimento que proporcionava um conteúdo útil e de qualidade que os jovens homens pudessem usar para viver, na própria vida, a fantasia representada nas páginas da revista. É o estilo de vida que Hugh Hefner queria e, ao que se constatou, um estilo de vida que muitos homens desejavam ter. Com sua meta de criar uma revista literária de qualidade, no centro de tudo o que ele fez para a Playboy nos primeiros anos, Hefner buscou criar um conteúdo melhor do que o encontrado na *Esquire* e em outras revistas masculinas. Ele se concentrou em criar uma revista que incluísse um *mix* de artigos, humor, entrevistas e imagens, tudo com muito bom gosto. O que fez a *Playboy* surgir logo no começo como uma pioneira no mundo editorial foi sua utilização de táticas de promoção de marketing para fazer o público tomar conhecimento da revista, chamar a atenção, desenvolver expectativas e conquistar a fidelidade dos clientes.

O apelo de marketing começou com a manobra de Hugh Hefner obtendo fotos de Marilyn Monroe nua para apresentar na primeira edição da *Playboy*. O público já tinha ouvido falar da possível existência dessas fotos muito antes de dezembro de 1953, mas Hugh Hefner tomou a iniciativa de encontrá-las, reconhecendo seu potencial como uma isca para tornar sua revista conhecida. Com apenas US$ 8.000 para lançar a *Playboy*, não havia dinheiro no orçamento para publicidade ou promoção. Conseguir as fotos de Marilyn Monroe nua foi uma importante realização que ajudou a impulsionar as vendas iniciais e o boca a boca sobre a *Playboy* mais do que Hefner poderia ter esperado.

O *buzz* inicial provocado pelas fotos de Marilyn Monroe nua foi seguida de táticas de marketing para instigar a curiosidade do público. Uma Marilyn Monroe vestida foi apresentada na capa da primeira edição da *Playboy*, mas um texto na capa dizia a todas as pessoas que vissem a nova revista na banca de jornais que, dentro, elas poderiam encontrar fotos "coloridas" de Monroe nua. Sem dúvida mais de um passante se convenceu a comprar a primeira edição da *Playboy* com base nessa promessa. No entanto, a promessa foi um pouco além. O texto deixava claro que fotos coloridas de belas mulheres nuas seriam apresentadas em "todas as edições". Com apenas algumas palavras de um texto bem elaborado e bem posicionado, as expectativas do cliente foram definidas. O método inicial de isca e gancho de Hefner funcionou. Em seguida, ele precisava criar uma experiência para o cliente que permitisse que os consumidores se envolvessem emocionalmente com a marca Playboy, de forma que eles continuassem ligados à revista. Ele atingiria essa meta com conteúdo de qualidade.

O conteúdo da revista *Playboy* era relativamente coerente de um número ao outro, com seções regulares incluídas em cada número. Mais uma vez, as expectativas do consumidor foram definidas e satisfeitas mês após mês. A primeira edição da *Playboy* lançou a Sweetheart do Mês (que passou a ser chamada de Playmate do Mês na segunda edição), que se manteve por mais de cinco décadas. Cada revista *Playboy* apresentava quadrinhos, ficção, entrevistas e muito mais. A uniformidade de um número ao próximo representou um elemento fundamental para a criação de uma marca forte. Na época, o jovem Hugh Hefner não tinha ideia de que estava no processo de criar uma marca icônica. Ele estava simplesmente seguindo os próprios instintos e criando uma revista que representasse a vida que ele queria ter.

Hefner controlava todos os aspectos da revista no começo, da redação às fotos, incluindo a arte e todo o resto. A *Playboy* era, de fato, a visão de um homem só, mas era uma visão que muitos homens queriam compartilhar. Enquanto outras revistas masculinas se concentravam em esportes e atividades "masculinas" e excluíam totalmente as mulheres, a *Playboy* fazia exatamente o oposto. Ela se concentrava totalmente em mulheres e no relacionamento entre homens e mulheres. Em vez de dizer aos leitores para sair, ir tomar cerveja com os amigos e caçar, a *Playboy* dizia aos leitores para colocar um jazz para tocar, fazer um jantar sofisticado e beber vinhos finos com uma bela mulher. Foi uma mudança que os consumidores queriam e aceitaram em sua totalidade. A prova estava nos números crescentes de circulação da *Playboy*.

Empolgado com o sucesso inicial da *Playboy*, Hugh Hefner continuou a reinvestir os lucros na revista e a definir metas ainda mais altas para a *Playboy*. Em vez de ser simplesmente uma revista masculina de estilo de vida, a *Playboy* passou a representar o objetivo de Hefner de mudar as opiniões da sociedade em relação ao sexo e à satisfação dos desejos. Basicamente, a "filosofia" da revista foi desenvolvida à medida que as opiniões pessoais de Hefner evoluíam (veja o Capítulo 6 para mais informações sobre a Filosofia da Playboy). No decorrer da década de 1950, a *Playboy* cresceu em termos de público, vendas, lucros e sua visão.

No começo, Hefner usava modelos e artigos de domínio público para preencher as páginas da *Playboy*, mas, em pouco tempo, começou a procurar mulheres que não tinham experiência como modelo, que poderiam ser a "vizinha da casa ao lado". A utilização de mulheres comuns, porém belas, intensificou o fascínio do estilo de vida de fantasia da Playboy. Isso criou expectativas adicionais entre os leitores que passaram a acreditar que o estilo de vida sobre o qual eles liam nas páginas da *Playboy* era de fato possível. A possibilidade de os leitores associarem as mulheres apresentadas nas revistas a pessoas que eles realmente poderiam conhecer dava um senso de personalização à *Playboy*.

Quando biografias foram incluídas na seção Playmate do Mês, falando sobre os interesses, *hobbies*, atividades, entre outras informações de cada garota, os leitores puderam personalizar ainda mais o conteúdo da revista. Os leitores sentiam que conheciam as mulheres das páginas da revista e que podiam contar com a *Playboy* para satisfazer suas expectativas mês após mês. As outras páginas da *Playboy* nos anos 1950 eram dedicadas a mostrar aos leitores como viver o estilo de vida da Playboy. Artigos sobre roupas, música, gastronomia e até produtos de consumo demonstravam como os leitores poderiam (e deveriam) gastar o dinheiro que ganharam durante os prósperos anos 1950 para presentear-se com o estilo de vida que eles desejavam e mereciam. Desde o início, a Playboy representou uma marca de relacionamento executada à perfeição. A Playboy cumpria a promessa da marca de ajudar jovens homens a se reinventarem para atingir liberdade e satisfação pessoal mês após mês e o número de leitores continuava a crescer à medida que os consumidores personalizavam o conteúdo da revista e o integravam a suas próprias fantasias e vidas. A receita para o sucesso da marca de relacionamento já tinha sido elaborada desde o início (veja o Quadro 2.2 para mais informações sobre branding de relacionamento).

Reinventando um setor – Da fundação até 1959

Quadro 2.2. Entendendo o branding de relacionamento

Uma marca de relacionamento se baseia em experiências do cliente compartilhadas com uma marca. A marca apresenta um apelo às massas, mas cada consumidor individual recebe a oportunidade de vivenciar como quiser, o que lhe permite desenvolver um vínculo pessoal com a marca e se envolver emocionalmente com ela.

Marcas de relacionamento de sucesso são aquelas nas quais os clientes estão no controle. Eles têm a chance de selecionar as experiências com a marca. A empresa por trás da marca deve entregar produtos e serviços que atraiam diferentes segmentos de clientes sabendo que os consumidores desses variados segmentos terão desejos e necessidades diferentes em relação à marca.

A marca Playboy ofereceu valor a vários segmentos de consumidores por meio de artigos, humor, imagens, entre outros. Os leitores podiam escolher com quais seções eles se relacionavam mais e controlar as próprias experiências com a marca. À medida que o ciclo de vida da marca Playboy evoluía, novas extensões de marca ofereciam formas para que um público mais amplo de consumidores vivenciasse a marca e desenvolvesse relacionamentos com ela.

Um outro exemplo de marca de relacionamento é a Apple. No início do ciclo de vida da marca Apple, ela desenvolveu uma reputação como uma marca *cult*, que atraía apenas um seleto grupo de designers. Com o tempo, a Apple expandiu suas ofertas de produto para desenvolver alcance e apelo mais amplos. Em meados dos anos 2000, a Apple foi uma das marcas de relacionamento de maior sucesso no mercado. Os consumidores acreditaram na promessa da marca Apple e estavam dispostos a gastar mais nos produtos da empresa por se sentirem emocionalmente ligados a ela.

A Apple levou a sério sua missão de se tornar uma marca de relacionamento. A empresa criou experiências de marca como as Apple Stores e desenvolveu produtos que estimulavam organicamente o compartilhamento e o vínculo pessoal. Os consumidores se sentiam seguros com a marca Apple, que sempre cumpriu sua promessa. Além disso, os consumidores se sentiram valorizados e, em consequência, expressaram sua fidelidade à Apple tanto financeira quanto verbalmente, comprando seus produtos e promovendo-os a amigos, parentes e qualquer um que estivesse disposto a ouvir.

Nos anos 1950, a Playboy se posicionou bem para impulsionar continuamente as vendas, convencendo mulheres famosas em busca de publicidade a permitir que suas fotos fossem publicadas na revista. As mulheres famosas usavam a Playboy para chamar atenção às suas carreiras. A ideia deu certo, e é uma prática que as mulheres ainda usam hoje, após mais de meio século. Por exemplo, Pamela Anderson atribui grande parte de seu sucesso às suas aparições na revista *Playboy*. Com cada grande estrela que posava para a *Playboy*, vinha uma oportunidade de promoção que Hefner alavancava totalmente. As celebridades não apenas chamavam a atenção à Playboy no curto prazo, mas, com o tempo, a associação de celebridades com a Playboy daria à marca ainda mais legitimidade e poder e aproximaria Hefner do estilo de vida de Hollywood que ele idolatrava desde a infância.

Os principais clientes da Playboy na década de 1950 eram homens com nível superior e carreira profissional estável. Eles trabalhavam duro, ganhavam dinheiro e queriam gastá-los consigo mesmos para ter uma vida boa. A Playboy fazia com que eles sentissem que não havia nada de errado com esses desejos e, na verdade, até os promovia. A Playboy dizia aos consumidores, que passaram tanto tempo ouvindo que a abnegação era a única forma de viver, que era a hora de mudar as regras. A revista divulgava um estilo de vida de fantasia com matérias e seções relevantes a jovens homens vivendo na era pós-guerra, e a reação dos consumidores foi intensa. Para Hugh Hefner, a Playboy deveria ser um líder, não um seguidor, e isso ficou claro desde a edição de lançamento em dezembro de 1953. O mundo editorial nunca mais seria o mesmo depois do nascimento dessa marca icônica.

CULTIVANDO
A MARCA

Capítulo 3

"A [Playboy] tentou personalizar o conceito das fotos para pendurar na parede."

Hugh Hefner em entrevista para Greg Jackson no ABC News em 1983

O início da marca Playboy não foi livre de desafios. Desde o começo, Hugh Hefner enfrentou a oposição de segmentos da sociedade que consideravam o conteúdo da Playboy ofensivo. E ele também enfrentou obstáculos de fontes como o Correio dos Estados Unidos, a polícia e o FBI. A década de 1950 marcou o nascimento de uma marca que varreria o mundo e provocaria mudanças sociais e nos negócios que ninguém poderia esperar.

Apesar de Hugh Hefner desejar libertar a mentalidade em relação ao sexo e à satisfação dos desejos, nem todo mundo estava pronto para a mudança que ele defendia. Para essas pessoas, a marca Playboy representava tudo o que havia de errado no mundo – pessoas virando as costas às normas e aos valores tradicionais. Para Hugh Hefner e os fãs da revista, a revolução sexual já estava a caminho e não havia como voltar. A Playboy se voltou originalmente a um nicho de profissionais com formação superior, mas rapidamente cresceu para incluir um público de jovens homens que desejavam concretizar o estilo de vida exibido nas páginas da revista e precisavam de orientação para encontrar o caminho para o nirvana. Os leitores acreditavam na promessa de marca da Playboy e na mudança defendida e promovida por Hefner, apesar das reações negativas enfrentadas pela marca.

Entendendo o ambiente nos anos 1950

Um importante aspecto do marketing de um novo produto é conhecer o ambiente no qual o produto terá de desempenhar. Como vimos no Capítulo 2, Hugh Hefner não passou muito tempo refletindo sobre o ambiente atual ou o futuro quando lançou a Playboy, mas uma análise do ambiente na década de 1950 é essencial para entender os desafios e oportunidades iniciais diante da marca. Verdade seja dita, uma profunda avaliação de mercado no início dos anos 1950 provavelmente teria dito a Hugh Hefner que lançar a Playboy não era um investimento sábio. Por essa razão, seu gênio empreendedor contribuiu em muito para seu sucesso. Sem sua confiança nos instintos e sua disposição de assumir o risco, ele poderia não ter criado uma das marcas mais icônicas do século XX. Com isso em mente, vamos analisar o macro e o microambiente do início da década de 1950.

O macroambiente nos anos 1950

O macroambiente inclui os fatores políticos, econômicos, sociais e tecnológicos que influenciam o mundo em um dado momento. Na década de 1950, a política era conservadora. O mundo tinha acabado de sair da Segunda Guerra Mundial e o governo ainda controlava muitos aspectos da vida que reprimiam a liberdade pessoal, em particular o direito à liberdade de expressão e à igualdade. Essa tendência política repressiva intensificou a motivação de Hugh Hefner para expandir as liberdades pessoais.

No aspecto econômico, as pessoas tinham mais dinheiro para gastar do que nunca e estavam dispostas a fazê-lo. Na cabeça de Hugh Hefner, tinha chegado a hora de os homens começarem a gastar para concretizar a boa vida que eles viriam a conhecer nas páginas de sua revista. A maior parte da sociedade, contudo, não estava preparada para o estilo de vida proposto por Hugh Hefner. Valores religiosos e familiares ainda dominavam a mentalidade dos anos 1950, apesar do fato de muitas pessoas viverem mais próximas do estilo de vida da Playboy entre quatro paredes do que estavam dispostas a admitir. Era essa hipocrisia que motivou Hugh Hefner a desafiar os limites e a convencer as pessoas de que era hora de derrubar essas paredes e viver livremente.

Por fim, a tecnologia teve um papel importante no início da década de 1950. Mais famílias tinham acesso a informações do que nunca, por meio da expansão da televisão, filmes, transportes, entre outros. O estilo de vida da Playboy recebia de braços abertos essas novas influências tecnológicas e uma publicidade mais ágil gerou um *buzz* mais intenso ao redor da marca desde o início. Em resumo, o macroambiente estava aberto para o surgimento da Playboy e do estilo de vida e liberdade que ela defendia. No entanto, uma análise mais meticulosa mostraria que os aspectos políticos e sociais deste ambiente podiam não estar preparados para dar o grande salto incentivado pela Playboy.

O microambiente nos anos 1950

O microambiente (ou forças internas) na HMH Publishing do início dos anos 1950 era algo completamente diferente. Essa era uma área da estratégia de marca da Playboy que Hugh Hefner podia controlar, e era o que ele fazia. Todos os aspectos da *Playboy* eram criados, revistos e aprovados por Hugh Hefner. Ele contratou uma equipe de empregados na década de 1950 que acreditavam na *Playboy* e apoiavam totalmente a marca. Contudo, o tempo todo os empregados estavam totalmente cientes de que quem estava no controle era Hugh Hefner. Isso não quer dizer que a *Playboy* não tenha precisado superar obstáculos apresentados pelo microambiente nos anos 1950. Em mais de uma ocasião, reações negativas locais da comunidade de Chicago da qual Hefner dependia dificultaram a vida da Playboy, e uma linha de crédito perdida em 1956 poderia ter marcado o fim da empresa. Contudo, Hefner enfrentou cada desafio sem hesitação, chegando a abrir mão do próprio salário e a disponibilizar 25% das ações de sua empresa quando o banco lhe recusou o crédito, para assegurar o sucesso da *Playboy*.

Acompanhando o crescimento da marca

Em 1954, Hugh Hefner transferiu o trabalho de sua casa para um escritório em Chicago. Ele rapidamente percebeu que sua revista masculina de estilo de vida estava ficando cada vez mais popular e que ele precisava de ajuda. Ele contratou assistentes e posteriormente uma equipe editorial para acompanhar o crescimento sem precedentes da *Playboy*, mas ainda mantinha a autoridade da tomada de decisões em todos os aspectos do negócio. Hefner também reconheceu a necessidade de trabalhar com pessoas conhecidas no setor editorial para dar à marca mais respeitabilidade. Seu novo pessoal o ajudou não apenas com o trabalho do dia a dia, mas também a fazer novos contatos, a encontrar escritores melhores e mais reconhecidos e a aproveitar as oportunidades de estender a marca a novos mercados. E eles também lhe deram tempo livre para se envolver nas batalhas que a *Playboy* enfrentaria ao longo de seu ciclo de vida e particularmente nos anos 1950, quando a revista estava ganhando força.

Um dos primeiros grandes obstáculos que a *Playboy* precisou superar para continuar sua trajetória de crescimento foi apresentada pelo Correio dos Estados Unidos. No início da década de 1950, enviar itens pelo correio que incluíam fotografias de mulheres nuas era considerado obsceno e o Correio dos Estados Unidos colocou a *Playboy* nessa categoria. Em consequência, o Correio negou a solicitação da *Playboy* de receber uma licença de envio de segunda classe, que todos os periódicos utilizavam na época. Hugh Hefner encarou a batalha de frente. A HMH Publishing processou o Correio e conquistou o direito de utilizar privilégios de envio de segunda classe além de US$ 100.000 de compensação. Aquela foi a primeira de muitas batalhas no tribunal que Hugh Hefner enfrentaria durante o ciclo de vida da marca Playboy.

O ano de 1954 também apresentou à *Playboy* a oposição da maioria conservadora, que passou a promover boicotes à revista por todo o país. A revista foi banida em livrarias, subúrbios de cidades e faculdades, mas cada confiscação simplesmente aumentava o *buzz* em relação à marca Playboy. Ao mesmo tempo, uma empresa de relações públicas estava conseguindo levar o nome da Playboy aos jornais e Hugh Hefner tinha sido convidado para entrevistas e programas de televisão, incluindo programas de grande audiência. Sempre havia alguma coisa a ser dita sobre a marca Playboy nos anos 1950, e o público queria saber mais a respeito depois de cada informação revelada.

Em uma época na qual as comunicações eram mais lentas do que as pessoas estão acostumadas no século XXI, os norte-americanos tinham uma curiosidade insaciável sobre a *Playboy* e sobre o homem que rapidamente se tornou o rosto da revista. Independente de as pessoas aprovarem ou não a *Playboy*, elas queriam saber mais sobre a revista e sobre o homem por trás da marca. E Hefner assumiria essa posição com mais intensidade no fim da década. Quando o FBI começou a investigar Hefner em 1957 devido a suas opiniões liberais sobre sexo, sua posição como embaixador da marca *Playboy* e agente de mudança foi consolidada não apenas pelos consumidores e pela sociedade, mas também pelo governo dos Estados Unidos.

Apesar das controvérsias ao redor da *Playboy*, nos anos iniciais da revista, os anunciantes eram atraídos a ela. Em 1956, a Springmaid se tornou a primeira grande marca a anunciar na *Playboy* e outras marcas não demoraram a chegar, em especial depois que uma pesquisa conduzida pela Daniel Starch & Staff revelou que os leitores da *Playboy* tinham idade média de 28 anos (um público cobiçado) e gastavam mais, em geral, do que os leitores de qualquer outra revista (das 50 revistas incluídas no estudo), além de se destacarem em uma série de categorias específicas. De repente, anunciar na Playboy assumiu um significado totalmente novo e passou a representar uma grande oportunidade.

À medida que a marca Playboy crescia, a convicção de Hugh Hefner no produto que ele criou também crescia, fazendo com que ele não somente trabalhasse em um ritmo alucinado para produzir e comercializar sua revista como também desenvolvesse um suposto senso de poder na posição de rosto da marca Playboy. Acontece que a popularidade da revista cresceu o suficiente para sustentar esse suposto senso de poder e acabou permitindo que a marca se tornasse ainda mais popular. Hugh Hefner viria a se tornar o maior defensor da marca assim como o rosto da marca e o símbolo do estilo de vida que a Playboy representava.

A nova reinvenção de Hugh Hefner e o nascimento do maior defensor da marca

Ao longo dos anos 1950, Hugh Hefner foi rapidamente se transformando na personagem central da Playboy. Do ponto de vista editorial, comercial e de imagem pública, Hefner era o rosto da marca Playboy. Não é grande surpresa que ele viria a viver a estilo de vida que defendia com tanta veemência nas páginas da revista *Playboy*. Em 1957,

Hefner se separou oficialmente da primeira mulher depois de anos de dificuldades no casamento. O processo de divórcio só foi finalizado em março de 1959, mas isso não impediu Hefner de se tornar o maior defensor da marca, não apenas por suas palavras como também por suas ações. As mudanças que Hefner promoveu em seu estilo de vida no final dos anos 1950 preparariam o terreno para uma explosão da popularidade da marca Playboy na década de 1960.

Apesar de alguns dos hábitos que formaram a imagem de Hugh Hefner – imagem que o acompanharia por toda sua vida – terem se desenvolvido organicamente e de forma relativamente independente de sua tentativa de se tornar a incorporação da Playboy (por exemplo, ele começou a trabalhar de pijama dia e noite em consequência de sua personalidade *workaholic* já em 1954), foi durante o final dos anos 1950 que Hugh Hefner tomou a decisão consciente de vivenciar o estilo de vida da Playboy. Ele reconhecia o poder de ser uma celebridade, pela qual foi obcecado por tanto tempo, e trabalhou para alavancar esse poder. Para marcar a segunda reinvenção de Hugh Hefner na época da separação de sua primeira mulher, Hefner se apresentou ao mundo na edição de junho de 1957 da Playboy como a incorporação do estilo de vida da Playboy. Com seu novo gosto por cachimbos e por namorar várias mulheres ao mesmo tempo, o mundo ficou ainda mais intrigado com Hefner e com a *Playboy*. Hefner alimentou o apetite insaciável do mundo aparecendo em público com mais frequência, dando festas à noite e mostrando às pessoas como o estilo de vida da Playboy podia ser maravilhoso. À medida que a década chegava ao fim, ele se tornava cada vez mais o símbolo da satisfação dos desejos, do materialismo e da liberdade sexual – espelhando a promessa de marca da Playboy.

Nos anos 1950, o estilo de vida da Playboy ia muito bem, não apenas para Hugh Hefner como também para as pessoas que trabalhavam para ele. Em nenhum outro lugar o estilo de vida da Playboy era tão defendido quanto dentro do escritório da Playboy em Chigado. Com o exemplo do maior defensor da marca, os empregados também adaptaram rapidamente seu estilo de vida, se transformando em importantes embaixadores da marca; dessa forma, a meta de todo gestor de marca, de desenvolver defensores internos daquilo que trabalhavam incansavelmente para defender, enaltecer e desenvolver, fora atingida. Poucas coisas são mais influentes do que empregados que defendem sua marca. Dentro do escritório da Playboy a vida era boa, os empregados eram fiéis e adoravam a *Playboy*. Essa combinação pode ser infinitamente poderosa quando se trata do de sucesso de uma marca.

É importante notar, contudo, que, apesar do estilo de vida livre e da imagem pública que Hugh Hefner representava no final dos anos 1950, ele nunca perdeu de vista sua principal meta – publicar uma revista literária para homens jovens. Foram suas ações como defensor da marca que, apesar dos desafios que enfrentou, ajudaram a catapultá-la a seu sucesso inicial e que lhe permitiram se transformar em uma poderosa marca mais rapidamente do que qualquer outro produto, particularmente no mercado editorial. Hugh Hefner não era um homem de negócios, mas um homem que acreditava plenamente em seu produto. Sua paixão era contagiante e todos ao seu redor se entusiasmavam pela revista.

A próxima fase do ciclo de vida da marca Playboy viria na forma de uma série de extensões de marca que desafiaram a lógica dos negócios, mas conseguiram fazer com que a marca fosse ainda mais poderosa. Parecia que tudo o que Hugh Hefner tocava, em associação com a marca Playboy, se transformava em ouro, mesmo com as controvérsias que cercavam a marca. A *Playboy* é o exemplo perfeito de que algo proibido ou considerado inapropriado se torna mais desejado do que seria se não tivesse a publicidade negativa que o acompanha. A curiosidade leva a *buzz*, boca a boca e vendas da marca. E, para a *Playboy*, isso levou a um rápido sucesso, além do que qualquer um poderia imaginar.

AS PRIMEIRAS EXTENSÕES DE MARCA

Capítulo 4

"Os aspectos dos negócios da empresa nunca me interessaram muito, contanto que tivéssemos dinheiro para fazer as coisas que eu queria fazer. Para mim, a revista sempre foi o âmago da minha vida e a parte principal era viver a vida."

Hugh Hefner, entrevista para a Askmen.com em dezembro de 2008

Apesar de os planos tradicionais de marketing normalmente recomendarem permitir o crescimento da marca e o desenvolvimento de um sólido posicionamento em seu mercado antes de estender essa marca para novas categorias, nos anos 1950, Hugh Hefner não sabia como os planos tradicionais de marketing funcionavam. Quando via oportunidades de estender a marca Playboy, ele as aproveitava. É possível argumentar que esse foi um resultado direto de sua visão inabalável do estilo de vida da Playboy e da revista *Playboy*. No entanto, ele, de fato, seguiu algumas das regras do branding assegurando que cada extensão de marca representasse com precisão a imagem e a promessa da Playboy. Hefner basicamente seguiu os três passos fundamentais de branding desde o nascimento da Playboy.

Os três passos básicos do branding são:

1. *Definição*: definir a imagem desejada que a marca representará no mercado.
2. *Comunicação*: comunicar a mensagem da marca.
3. *Persistência e coerência*: ser coerente e persistente em relação à mensagem e à imagem da marca.

A marca Playboy estava definida desde o primeiro dia. Não havia dúvidas de onde ela se posicionaria no mercado, de qual seria a sua imagem e de qual seria sua principal mensagem. Tratava-se de uma revista para jovens homens que celebrava um estilo de vida sexualmente livre, concentrado na satisfação dos desejos. Não havia nada parecido no mercado. A comunicação da mensagem da marca foi feita diretamente nas páginas da revista *Playboy*. A apresentação impressa nas primeiras páginas da edição de lançamento da revista (veja o Capítulo 2 para um trecho da introdução) deixou bem claro quem era o público-alvo e o que a revista proporcionaria. A mensagem da marca, sua imagem e promessa foram sucintamente transmitidas na revista e também pela incorporação da Playboy e Hugh Hefner, em entrevistas, aparições em público, batalhas nos tribunais e assim por diante.

O terceiro passo básico do branding é a persistência e a coerência. Foi neste ponto que Hugh Hefner inadvertidamente tomou decisões que viriam a proteger a *Playboy* e sua imagem e mensagem de marca. Um branding incoerente leva o consumidor à confusão, mas, quando coerente, é essencial para criar expectativas do cliente sobre uma marca, o que leva à fidelidade. Quando as promessas da marca são cumpridas uma a uma, os consumidores se sentem seguros em relação à marca e desenvolvem maior fidelidade a ela. Com o tempo, eles se envolvem emocionalmente com a marca e sua fidelidade se aprofunda até o ponto em que eles se tornam defensores e influenciadores dela. A fidelidade à marca é a maior meta quando qualquer nova marca é lançada.

Não se sabe se Hugh Hefner tinha consciência de que estava construindo o valor da marca ao se assegurar de que a marca *Playboy* transmitisse uma mensagem e uma imagem coerentes aos consumidores, mas o fato é que ele controlou meticulosamente todos os aspectos da marca com padrões extremamente elevados, levando a um branding coerente e de sucesso. Por exemplo, Hefner não aceitava anúncios na Playboy que não se adequassem à marca, independentemente de quanto dinheiro um anúncio pudesse gerar. Além disso, nenhum conteúdo que não fosse compatível com a marca Playboy podia ser publicado nas páginas da revista. E, da mesma forma como uma empresa cria padrões de identidade corporativa, Hefner criou uma "atitude editorial básica" para a *Playboy*, que incluía regras relacionadas a tipografia, pontuação, revisão, estilo e assim por diante. Ele tinha a palavra final para tudo o que aparecia na revista, como arte, fotos, artigos e mais. Se o conteúdo não se adequasse exatamente aos padrões de Hefner para a *Playboy*, ele não era incluído. Todo conteúdo precisava superar as expectativas em termos de defender a liberdade sexual permanecendo, ao mesmo tempo, de bom gosto. A meta da marca Playboy sempre foi manter seu posicionamento como uma revista de qualidade para jovens homens.

Para conquistar a fidelidade à marca, são necessárias coerência e persistência. Em outras palavras, as mensagens devem ser coerentes, mas também precisam ser contínuas. Os consumidores são volúveis e esquecem rapidamente uma marca. Sem a persistência da marca, os consumidores passarão para a próxima novidade sem ao menos olhar para trás. Apesar de normalmente os planos de marketing dizerem aos gestores de marca para construir essa mensagem persistente por meio de propaganda e promoções, a Playboy se beneficiou da publicidade bem como de uma série sem precedentes de extensões de marca nos anos 1950, que mantiveram a marca sempre fresca na mente dos consumidores e lhe deram alta visibilidade durante anos.

A Playboy desafia as regras do marketing

Existem regras tradicionais para extensões de marca que os profissionais de marketing tendem a aceitar e a seguir, mas, para Hugh Hefner e a Playboy não havia regras. Em vez disso, uma mentalidade em que a poderosa marca Playboy era posicionada para crescer mais rápido do que os planos de marketing tradicionais recomendariam foi desenvolvida. Para ter uma ideia de como a extensão da marca Playboy foi contra o *status quo* do marketing, veja as condições mais básicas que os profissionais de marketing normalmente avaliam antes de investir em extensões de marca:

1. Avalie a nova categoria e o posicionamento da marca-mãe e sua aceitação nessa categoria.
2. Avalie o impacto da extensão sobre a marca-mãe.

Pode ser argumentado que Hugh Hefner ignorou completamente o primeiro passo. Felizmente, a maioria das primeiras extensões de marca da Playboy foi aceita pelos consumidores em cada nova categoria na qual a marca entrou (no entanto, não sem a controvérsia que sempre acompanhou a marca e abasteceu o *buzz*), mas com certeza nenhuma extensão de marca foi elaborada levianamente no que se refere ao impacto sobre a marca-mãe. Para Hugh Hefner, nenhuma extensão de marca poderia afetar negativamente a qualidade da marca Playboy. Ele administrava as extensões de marca exatamente da mesma forma como administrava o conteúdo da revista *Playboy* – cada uma precisava refletir com precisão o estilo de vida que a marca prometia.

Não levou muito tempo para Hugh Hefner encontrar maneiras de estender a marca Playboy. O sucesso seria resultado de um espírito empreendedor genial ou de pura sorte? Não é fácil chegar a uma conclusão, mas o fato é que funcionou. Em 1957, a marca Playboy tinha se estendido a artigos de merchandising como vestuário, joias, acessórios para bares, jogos de cartas, entre outros; todos disponíveis com o logo da Playboy estampado neles. Hefner também estendeu a marca Playboy a vários livros na década de 1950, como o *Playboy's Party Jokes* (Piadas para festas da Playboy).

No fim da década de 1950, Hugh Hefner lançou várias extensões de marca que verdadeiramente conduziriam a marca Playboy ao próximo nível de sucesso. Em primeiro lugar, ele comprou a Mansão Playboy em Chicago. Seu novo lar era enorme e igualmente grande em termos de representar o estilo de vida da Playboy que ele defendia com tanta veemência. Histórias de festas e atividades que ocorriam na Mansão Playboy em Chicago passariam a alimentar as fantasias dos homens por todo o país à medida que Hugh Hefner levava a ideia do estilo de vida da Playboy ao nível mais extremo de amor à boa vida, ao materialismo e à liberdade pessoal. O maior defensor da marca se tornou uma celebridade ainda maior e o *buzz* que acompanhava a marca Playboy cresceu exponencialmente. No fim de 1959, a circulação da revista *Playboy* atingiu 1 milhão de exemplares e tinha há muito ultrapassado a *Esquire* e a maioria das revistas masculinas populares. De fato, a *Playboy* tinha se tornado uma das revistas mais vendidas nos Estados Unidos sem dar sinais de que perderia território num futuro próximo.

Esse tipo de sucesso faz com que seja difícil resistir a estender a marca, especialmente uma marca de relacionamento como a Playboy, tão profundamente enraizada na personalização e na experiência. Para Hugh Hefner, a marca precisava assumir uma nova forma na qual os consumidores pudessem de fato vivenciar o estilo de vida prometido pela marca. Com essa meta em mente, o conceito do Playboy Club foi criado como um outro ponto de contato no qual os consumidores poderiam vivenciar e personalizar a marca (o primeiro Playboy Club seria aberto em fevereiro de 1960). Mas antes disso, um programa de televisão que mostrava o estilo de vida da Playboy, chamado *Playboy's Penthouse*, seria lançado em outubro de 1959.

O programa se baseava em uma atmosfera de festa em um apartamento da Playboy na vida real. Hugh Hefner exercia o papel do Playboy atuando como o anfitrião para convidados famosos como Sammy Davis Jr., Tony Bennett, entre outros, com a meta de estender com coerência a marca Playboy ao mesmo tempo em que atraía anunciantes nacionais para a revista. De acordo com Hefner, "Eu estava usando o *Playboy's Penthouse* como um veículo promocional que fazia com que a *Playboy* fosse real" (*Playboy 2000: The Party Continues*). O programa *Playboy's Penthouse* foi vendido para transmissão em doze cidades e teve duas temporadas. Apesar de o programa não ser um ganhador de prêmios, ele conseguiu levar um outro aspecto do estilo de vida da Playboy aos lares das pessoas permitindo que elas o vivenciassem, o personalizassem e desenvolvessem relacionamentos mais profundos com ele, o que fazia com que a fantasia parecesse concretizável, aumentando o interesse por esse estilo de vida, pela marca e pela revista (veja o Quadro 4.1 para mais informações sobre marcas de experiência).

Quadro 4.1. Definição de uma marca de experiência

Marca de experiência é aquela que envolve o consumidor em vez de simplesmente entregar um meio para atingir um objetivo. As marcas de experiência muitas vezes envolvem os consumidores e se integram ao mundo físico ao redor deles. Ao oferecer formas para os consumidores vivenciarem a promessa de uma marca, os consumidores podem se conectar pessoalmente e desenvolver relacionamentos com ela. Esse vínculo se torna mais poderoso quando os consumidores podem compartilhar essas experiências com outros. Desde a década de 1950, a Playboy oferecia aos consumidores uma variedade de formas de vivenciar a marca por meio da revista *Playboy*, do Playboy Jazz Festival, da televisão, dos Playboy Clubs, entre outros.

► Um outro exemplo de marca de experiência foi a Saturn no início da década de 1990, quando foi lançada. Na época, a Saturn foi anunciada como "uma empresa automobilística diferente", na qual os consumidores encontrariam uma experiência de comprar um carro totalmente diferente de tudo o que já haviam visto. Não haveria negociações de preços ou taxas ocultas. Os dias das vendas a qualquer custo tinham chegado ao fim e os clientes eram tratados como amigos. As salas de espera se pareciam com salas de estar, com sofás e televisores, e o departamento de assistência sempre fazia mais do que o esperado, muitas vezes sem custo adicional.

O estilo da Saturn foi uma novidade que os consumidores adoraram. Eles formaram clubes de proprietários de Saturns e falavam com entusiasmo sobre as maravilhas de sua concessionária local, da empresa e da marca. Os carros da Saturn não eram nada de especial, mas a experiência da Saturn era. A Disney é um outro exemplo de uma poderosa marca de experiência. Hoje em dia, os consumidores podem encontrar uma ampla variedade de experiências imersivas com a marca Disney, incluindo parques temáticos, programas de televisão, mercadorias, revistas, música, estações de rádio, lojas, websites, cruzeiros, ilhas, entre outras. Os consumidores vivenciam um intenso envolvimento emocional com a marca Disney e recebem a oportunidade de selecionar as experiências que querem compartilhar com a marca e com as outras pessoas.

As experiências da marca Disney são coerentes e contínuas. Não há nenhuma dúvida na mente dos consumidores de que eles estão vivenciando a marca Disney quando visitam um parque temático, uma loja ou um website da Disney. Na verdade, para assegurar que a marca seja retratada com coerência, a Walt Disney Company criou marcas separadas para projetos e negócios que não refletem com precisão a marca Disney. Por exemplo, o nome de marca Touchstone é vinculado a filmes produzidos pela Disney que a empresa acredita não estarem alinhados à marca familiar da Disney, de forma a não confundir os consumidores em relação à mensagem de marca da Disney – entretenimento para a família. Em outras palavras, os consumidores têm expectativas para a marca Disney, e a Walt Disney Company conhece essas expectativas e sabe da necessidade de cumprir a promessa da marca Disney em todos os momentos.

Uma outra experiência de marca da Playboy foi lançada em agosto de 1959 quando o primeiro Playboy Jazz Festival foi realizado no

Chicago Stadium (depois de ser transferido do Soldier Field após protestos organizados pela Igreja Católica Romana), apresentando celebridades como Dizzy Gillespie, Miles Davis, Louis Armstrong, entre outros. A multidão superou as 18 mil pessoas e, quando a Playboy doou todos os lucros para o Chicago Urban League, a marca se posicionou como mais do que apenas uma revista hedonista. Ela passou a ser uma parte integral da cultura de Chicago. Além disso, os Playboy Tours, uma linha de discos de jazz e a Playboy Modeling Agency foram lançados como extensões adicionais da marca com a meta de ampliá-la como um pacote completo de entretenimento em alinhamento com a mensagem da marca: apreciar a vida.

Na segunda metade dos anos 1950, a marca Playboy estava disponível para ser vivenciada em vários formatos. Em outras palavras, os consumidores receberam escolhas e puderam controlar como vivenciariam e personalizariam a marca. Ao mesmo tempo, as várias extensões proporcionavam oportunidades para os consumidores compartilharem a experiência da marca. Assistir ao *Playboy's Penthouse* com amigos ou ir ao Playboy Jazz Festival proporcionava às pessoas várias formas de vivenciar a marca, fazendo dela não apenas uma marca de relacionamento como uma marca social na qual grupos de pessoas podiam compartilhar suas experiências com a marca. Ao mesmo tempo, a Playboy se tornou uma marca profundamente emocional à medida que os consumidores desenvolviam vínculos compartilhados e emocionais com ela (veja o Quadro 4.2 para mais informações sobre a teoria do envolvimento emocional do consumidor). Independentemente de como os consumidores queriam interagir com a marca, eles recebiam opções logo no início do ciclo de vida (da marca) e podiam assumir o controle das próprias experiências. Mais uma vez, sem perceber, Hugh Hefner estava tomando sábias decisões de branding.

Quadro 4.2. Teoria do envolvimento emocional do consumidor

À medida que os consumidores vivenciam uma marca e começam a acreditar na promessa dessa marca, eles desenvolvem uma ligação emocional com ela. Uma das principais metas da construção da marca é o desenvolvimento da fidelidade do cliente, que resulta diretamente de atividades que levam ao envolvimento emocional de forma coerente e persistente, transmitindo a mensagem da marca e satisfazendo as expectativas do cliente em relação a ela. Com o tempo, o envolvimento emocional de um consumidor se aprofunda e evolui para se transformar em um forte vínculo pessoal com essa marca, o que os leva a voltar para comprar a marca, a promovê-la e a protegê-la. Em outras palavras, consumidores emocionalmente envolvidos são os embaixadores mais eficazes da marca. Pense em uma marca como a Starbucks, que passou a maior parte do início dos anos 2000 criando o envolvimento emocional do consumidor com a marca. Seria difícil imaginar, dez anos antes, que as pessoas um dia estariam dispostas a pagar US$7 por um café que ela poderiam encontrar em outro lugar por um quarto desse preço, mas foi o que as pessoas se viram fazendo nos anos 2000. Na verdade, os consumidores estavam dispostos a dirigir até uma loja da Starbucks por seus cappuccinos. A Starbucks vendia mais do que café. A marca representava uma experiência melhor de compra e degustação do café. De repente, um copo de café do Dunkin' Donuts não era mais o suficiente. A Starbucks oferecia muito mais para os consumidores emocionalmente apegados. Mesmo com o enfraquecimento da economia nos Estados Unidos no final dos anos 2000, muitos consumidores fiéis da Starbucks ainda não conseguiam viver sem seus cafés e continuavam pagando preços exorbitantes por sua adorada marca.

Os quatro níveis de experiência da marca podem ser diretamente aplicados ao sucesso da marca Playboy. Desde o início da ascensão da marca Playboy ao sucesso, as extensões de marca proporcionaram aos consumidores diferentes maneiras de vivenciar a marca e o estilo de vida que a promessa da marca representava. A Figura 4.1 mostra os quatro níveis de experiência que um consumidor pode vivenciar com a marca. Essas experiências variam de participação passiva a participação ativa e entre esses dois extremos os consumidores vivenciam a marca em um nível superficial ou imersivo.

Por exemplo, um consumidor da Playboy no Nível 1, o nível primário, vivencia a marca de forma passiva e superficial. A pessoa pode assistir ao *Playboy's Penthouse* na TV simplesmente absorvendo o que vê e ouve mas sem maior envolvimento. Um consumidor da Playboy no Nível 2, o nível secundário, vivencia a marca de forma passiva e imersiva: ele pode ir a um Playboy Jazz Festival simplesmente para fazer parte da experiência imersiva, ou simplesmente assiste e ouve passivamente, mas a marca o rodeia como parte da experiência. Um consumidor da Playboy no Nível 3, o nível terciário, vivencia a marca de forma ativa e superficial. Por exemplo, essa pessoa pode ler a revista *Playboy* e ativamente tentar aprender com o conteúdo e aplicar as informações à própria vida para concretizar o estilo de vida de fantasia prometido pela marca, mas ela não está imersa na experiência da marca. Os consumidores da Playboy no Nível 4, o nível quaternário, estão participando ativamente e estão completamente imersos na experiência da marca. Um cliente do Playboy Club em Las Vegas é um exemplo perfeito de um consumidor da Playboy que vivencia a marca no Nível 4 dos quatro níveis de experiência da marca.

Figura 4.1. Os quatro níveis de experiência da marca

Em resumo, já na década de 1950 a Playboy estava posicionada para se tornar uma poderosa marca. Ela tinha todos os elementos que uma marca poderosa poderia querer e mais, tais como:

- *buzz* e boca a boca entre os consumidores;
- publicidade;
- diferenciação;
- vários pontos de contato ou domínios de experiência;
- um defensor da marca de grande visibilidade;
- grandes defensores da marca entre os empregados;
- imagem, mensagem e promessas claras da marca;
- coerência na definição e satisfação das expectativas dos clientes;
- controle para proteger a marca;
- um nicho de mercado ainda inexplorado.

Apesar de, certamente, ir de encontro às já comprovadas teorias de marketing, estender tanto uma marca e tão rapidamente deu certo para a Playboy. Naturalmente, o risco de promover extensões de marca de forma rápida e sucessiva é que o mercado fique saturado com a marca, que acaba por se enfraquecer na mente das pessoas. No entanto, esse não foi o caso da Playboy, pelo menos não no início. Levaria anos para a marca Playboy e as pessoas por trás dela perceberem a necessidade de foco e retração para maximizar os retornos, mas, nos anos 1950, a vida era boa, a marca era forte e todos os sinais apontavam para o sucesso contínuo.

PARTE 2

A ascensão da marca, apesar dos opositores – Os anos 1960

A ascensão da marca, apesar dos opositores – Os anos 1960

Tabela II: Cronologia – Os anos 1960	
1960	O primeiro Playboy Club é inaugurado em Chicago. Hugh Hefner cria o Playboy Advisor.
1961	O comediante Dick Gregory se apresenta no Playboy Club de Chicago, se tornando o primeiro artista afro-americano a aparecer em um badalado clube noturno.
1962	A Filosofia da Playboy e a seção Playboy Interview são lançadas na revista Playboy.
1963	O Fórum da Playboy é lançado para os leitores da Playboy conversarem sobre questões relacionadas com a Filosofia da Playboy. Hugh Hefner é preso sob acusações de obscenidade.
1964	O Playboy Theater é inaugurado em Chicago.
1965	A Playboy Foundation é criada. Hugh Hefner compra o novo prédio da matriz da Playboy em Chicago, com 37 andares. A primeira playmate negra é apresentada na edição de março da Playboy.
1966	A nova matriz da Playboy é inaugurada em Chicago e recebe o nome de Playboy Building. O Playboy Club and Casino de Londres é inaugurado.
1967	Hugh Hefner é apresentado na capa da revista *Time* para um artigo de capa intitulado "A busca do hedonismo", impulsionando sua posição como celebridade e influenciador a novos patamares.
1968	A Mansão Playboy em Chicago passa a hospedar vários eventos do Partido Democrata. O Playboy Resort é inaugurado em Geneva, Wisconsin. O *Playboy After Dark* é lançado na CBS e transmitido em território nacional. A circulação da revista *Playboy* supera a marca dos 5,5 milhões de exemplares por mês.
1969	Hugh Hefner compra o jato da Playboy e lhe dá o nome de Big Bunny. O *London Sunday Times* nomeia Hugh Hefner uma das pessoas mais influentes do século. As vendas anuais da empresa Playboy chegam a US$ 96 milhões.

EXPLOSÃO DE CRESCIMENTO

Capítulo 5

"Eu nunca abri a empresa porque queria ter um empreendimento de enorme sucesso. Para mim, isso sempre veio do coração. Tinha pouca relação com dinheiro."

Hugh Hefner, entrevista para o The New Yorker, 1999

Se os anos 1950 forem considerados um sucesso para a Playboy, então os anos 1960 precisariam ser considerados de um êxito inimaginável. No início da nova década, a circulação da revista *Playboy* usufruía de confortáveis 1 milhão de exemplares por mês com faturamento de mais de US$ 5 milhões anuais. A Playboy mostra que veio para ficar. Em 1961, a empresa cresceu para se tornar um império de US$ 20 milhões e, em 1969, as vendas anuais atingiram US$ 96 milhões com circulação excedendo 5,5 milhões de exemplares mensais. O *timing* mais uma vez exerceu um papel importante no crescimento da marca Playboy quando a década de 1960 trouxe consigo um clamor mais amplo em defesa de uma revolução sexual que varreu a América. A Playboy se posicionou orgulhosamente na linha de frente do apelo à mudança, e Hugh Hefner defendia veementemente a liberdade que ele acreditava que todas as pessoas deveriam poder apreciar. A publicidade e o *buzz* ao redor de Hugh Hefner e da Playboy continuaram a crescer, e extensões de marca criadas na década de 1960 expandiram significativamente o alcance da marca.

Os primeiros meses dos anos 1960 levaram o programa de televisão Playboy's Penthouse a lares em todo o país, o que consolidou ainda mais a Playboy tanto como uma marca de experiência quanto de relacionamento, como vimos no Capítulo 4. Ao mesmo tempo, o primeiro Playboy Club abriu as portas em Chicago no dia 29 de fevereiro de 1960. O Playboy Club proporcionaria uma nova forma para os consumidores vivenciarem a marca e o estilo de vida prometido por ela. Em outras palavras, ele deu vida à marca Playboy.

O Playboy Club de Chicago tinha um estilo exclusivo para corresponder ao estilo de vida representado nas páginas da revista Playboy. O clube de cinco andares foi projetado para imitar o apartamento dos sonhos de um solteiro, com áreas de jantar, estar e entretenimento. No centro do clube estavam as coelhinhas da Playboy, que serviam drinques e atuavam como anfitriãs. Esperava-se que as coelhinhas seguissem um rigoroso código de aparência e comportamento, descrito em detalhes por Keith Hefner no *Playboy Club Bunny Manual* – o manual das coelhinhas do Playboy Club. Toda a experiência do Playboy Club, do ambiente às coelhinhas, precisava retratar com eficácia a imagem e a promessa da marca Playboy para assegurar que a experiência vivenciada pelos consumidores, a partir do momento em que entrassem pelas portas do clube, fosse compatível com a fantasia representada nas páginas da revista *Playboy* e condizente com o próprio Hugh Hefner.

Para se tornar um membro do Playboy Club e ter acesso à fantasia era necessário pagar uma taxa única de US$ 50. Com o pagamento desta taxa, os membros recebiam uma chave com o logo da Playboy gravado nela e podiam entrar no clube quando quisessem pelo resto da vida. Ser um membro do Playboy Club dava aos consumidores um prestígio que eles ostentavam como uma medalha de honra. A ideia se encaixava perfeitamente no conceito de marca de relacionamento e, no primeiro ano, mais de 50 mil pessoas tinham pagado os US$ 50 para se tornar membros. Nos próximos anos, 15 outros Playboy Clubs foram abertos nos Estados Unidos, em cidades como Miami, Nova Orleans, Phoenix, Nova York, Los Angeles, São Francisco, Detroit, Baltimore, Boston, Atlanta e Kansas City, e o número de membros cresceu rapidamente para 500 mil e, mais tarde, chegaria a 1 milhão. Em 1966, a Playboy realizou sua primeira manobra de expansão para fora dos Estados Unidos, com a inauguração do novo Playboy Club and Casino em Londres, abrindo as portas para um crescimento ainda mais amplo do que antes. O negócio de jogos de azar em Londres cresceu rapidamente gerando muitos lucros para a Playboy e abriria mais oportunidades para Hugh Hefner criar ainda mais extensões da marca.

O sucesso da Playboy e a imagem da marca se tornaram lendários, o que chamou a atenção do mundo do entretenimento. À medida que a Playboy crescia, cada vez mais escritores populares submetiam artigos para publicação nas páginas da revista *Playboy*. Em setembro de 1962, a seção Playboy Interview foi lançada e rapidamente celebridades dos mundos do entretenimento, esportes, música, política, entre outros estavam formando filas para serem entrevistados. Por meio dos premiados artigos e as aprofundadas entrevistas na revista, os consumidores descobriram novas formas de se conectar com a marca Playboy. Em menos de uma década, a Playboy tinha passado de um risco de US$ 8.000 a um império multimilionário da mídia que chamava a atenção do mundo inteiro.

Ironicamente, Hugh Hefner estava se tornando mais recluso ao mesmo tempo em que a marca Playboy atingia novos patamares de popularidade (e crítica). O programa *Playboy's Penthouse* deixou de ser produzido após dois anos e o defensor da marca estava imerso nas batalhas políticas e culturais da década de 1960. Em consequência, ele se isolou cada vez mais do público. As festas continuaram na Mansão Playboy, mas Hefner fazia aparições casuais e depois se fechava no quarto para trabalhar. Ele se envolveu completamente na recriação da *Playboy*, não somente como uma revista masculina de estilo de vida, mas também como uma publicação que abordava as desigualdades sociais, políticas e culturais da época.

Apesar da notável ausência de Hefner nos anos 1960, a marca continuou a crescer e a se expandir. Por sorte, sua ausência simplesmente intensificou a aura de mistério que o envolvia e instigou ainda mais a curiosidade das pessoas em relação ao homem por trás da marca Playboy. As extensões de marca na década de 1960 incluíam os Playboy Tours, que ofereciam pacotes de férias, e artigos de merchandising com o logo do coelhinho da Playboy continuavam a se estender a novas categorias como equipamento de golfe, isqueiros, calendários, entre outros.

O Playboy Theater foi inaugurado em Chicago no dia 28 de setembro de 1964, proporcionando aos consumidores mais uma forma de vivenciar o estilo de vida sofisticado representado na revista da *Playboy*. Uma gravadora e produtora de filmes para o cinema e televisão foram acrescentados ao rol de negócios da Playboy na mesma década. Além disso, livros relacionados à Playboy continuavam a ser lançados, incluindo *The Playboy Gourmet*, que proporcionava informações sobre gastronomia, drinques e entretenimento, o *The Bedside Playboy*, apresentando uma compilação dos melhores artigos e histórias da revista, o *LeRoy Neiman Portfolio* e o *Alberto Vargas Portfolio*, coletâneas de pinturas dos artistas, que foram originalmente publicados na revista *Playboy*. Em resumo, a Playboy oferecia alguma coisa para todo consumidor apreciar e vivenciar ainda mais a marca.

É claro que Hefner e a Playboy não sobreviveram aos anos 1960 sem alguns fracassos. Uma revista de entretenimento, a *Show Business Illustrated*, fracassou, e um filme sobre a vida de Hefner foi abandonado antes mesmo da conclusão do roteiro. No entanto, a maior parte do mundo da Playboy se transformou em ouro na década de 1960.

Hugh Hefner pode ter sido um recluso na primeira metade da década de 1960, mas ainda mantinha um rigoroso controle sobre a marca Playboy. Todas as extensões de marca, artigos de merchandising, livros, projetos, entrevistas e assim por diante precisavam ser aprovados por Hefner. Esse rigoroso controle sobre a marca Playboy continuou assegurando um nível de coerência com todas as extensões e experiências da marca (veja o Quadro 5.1 para mais exemplos de extensões de marca que criam experiências de marca). A meta ainda era apresentar um pacote completo de entretenimento que desse aos consumidores as ferramentas necessárias para que eles vivenciassem a marca como quisessem, concretizassem a promessa da marca e vivessem a vida de fantasia representada na revista Playboy. Nesse sentido, Hefner pode não ter sido o melhor homem de negócios, mas foi um feroz guardião da marca.

Quadro 5.1. O Hard Rock Cafe e a Jack Daniels como marcas de experiência

O Hard Rock Cafe é outro exemplo de uma marca que cria experiências por meio de extensões de marca que não apenas rodeiam os consumidores como também lhes permitem o envolvimento emocional com a marca. Por meio dos restaurantes, lojas, artigos de merchandising, hotéis, cassinos, clubes noturnos etc. da marca Hard Rock, a empresa proporciona experiências e permite que os consumidores escolham as formas nas quais preferem se conectar com a marca. As variadas experiências atraem um público amplo, mas são variadas o suficiente para atrair subsegmentos específicos desse ▸

▶ público. Ao criar diferentes extensões e experiências de marca, os novos consumidores podem ser apresentados à marca e provavelmente tomarão a iniciativa para vivenciar a marca de outras formas se essa primeira apresentação atender a suas expectativas.

A Jack Daniels também utiliza extensões de marca com eficácia para criar experiências de marca completas. Apesar de a Jack Daniels ser antes de mais nada uma marca de uísque, as extensões permitiram que os consumidores vivenciassem a marca de várias formas por meio de produtos como roupas, acessórios de bar, decoração para o lar, jogos e acessórios de moda. A marca Jack Daniels também pode ser encontrada em supermercados na forma de temperos e ingredientes bem como cardápios de restaurantes. Por exemplo, a rede de restaurantes TGI Fridays oferece uma linha completa de pratos com a marca Jack Daniels, incluindo pratos de carne bovina, camarão, e outros.

A marca cresce demais

No final da década de 1960, as extensões de marca se multiplicavam em um ritmo alucinado. Um Playboy Resort foi inaugurado em Lake Geneva, Wisconsin, e outro em Great Gorge, New Jersey. Os *resorts* incluíam restaurantes, bares, lojas, entretenimento, esportes, recreação e se voltavam mais a consumidores afluentes. A empresa Playboy Limousine também foi criada. A marca começou a perder o foco, mas continuou a ter sucesso com base nos sólidos relacionamentos que desenvolveu com os consumidores e o ímpeto de seu crescimento. Era possível prever, contudo, que esse ímpeto não poderia ser mantido com ativos espalhados em tantas direções, sendo que os líderes da Playboy tinham pouca experiência ou conhecimento especializado em muitas delas. As extensões de marca dos anos 1960 claramente representavam uma estratégia de crescimento de certa forma equivocada (veja o Quadro 5.2 para mais informações sobre estratégias e riscos de extensão de marca). Segundo as leis de retração e foco do marketing, uma marca é mais forte com um foco restrito do que com uma marca diluída e estendida demais.

Foco da marca

O foco da marca pode ser diretamente relacionado ao seu posicionamento. Qual espaço a sua marca ocupa na mente dos consumidores e no mercado? Levando a lei do posicionamento da marca um passo adiante, é possível perguntar: Qual palavra a sua marca conquistou na mente dos consumidores? Esse é o foco da marca – a palavra (ou expressão) que a sua marca conquistou na mente dos consumidores. Para a marca Playboy, a palavra começou com "sexo". Apesar de Hugh Hefner nunca ter acreditado que a sua revista fosse exclusivamente sobre sexo, apesar de ter mencionado com frequência que, nos primeiros anos da revista, no máximo 5% do conteúdo de qualquer edição eram dedicados a nudez, ainda assim, os consumidores associavam a marca com sexo. Isso deu à marca poder e foco inigualáveis que possibilitaram seu rápido crescimento.

Nos anos 1960, à medida que a visão de Hugh Hefner para a Playboy se expandia para incluir interesses sociais e políticos, os consumidores inevitavelmente ficaram confusos. A marca com a qual eles faziam uma associação tão estreita com o sexo passou a incluir muito mais. Os consumidores precisaram escolher se aceitavam a estratégia de marca mais ampla ou não. A sorte foi que a grande maioria dos leitores da Playboy tinha opiniões políticas e sociais similares e recebeu bem a estratégia de marca mais ampla, ou a ignorou totalmente e decidiu prestar atenção apenas ao foco original da marca, bem como às experiências da Playboy disponíveis que pessoalmente atraíam o consumidor e que ele não encontrava facilmente em outro lugar. De qualquer maneira, a marca continuou a prosperar durante os anos 1960 apesar de uma estratégia de marca que poderia ter provocado uma enorme confusão e recusa por parte dos consumidores.

Quadro 5.2. Estratégias e riscos da extensão de marca

As empresas normalmente estendem as marcas por várias razões principais:

1. *Para reduzir os custos associados ao lançamento de um novo produto.* Como uma marca tradicional já é conhecida, uma empresa pode prescindir de grande parte dos custos de marketing relacionados ao desenvolvimento da conscientizaçao e do reconhecimento da marca. Os fabricantes de automóvel, como a Toyota, utilizam com frequência essa estratégia de extensão de marca quando acrescentam novos modelos de carros a uma linha de produtos existente sob o mesmo nome de marca (por exemplo Toyota Aveo, Toyota Camry, Toyota Corolla, Toyota Matrix e assim por diante).

2. *Para reduzir os riscos associados ao lançamento de um novo produto.* Em outras palavras, um nome de marca reconhecido traz consigo percepções preconcebidas para a marca, mesmo quando lançada em uma nova categoria, e esse nome de marca pode levar a uma aceitação instantânea. Por exemplo, quando a Apple entrou no mercado de telefones celulares, a marca foi bem-recebida por já ser confiável e os consumidores já terem expectativas para ela, independente do mercado em que a empresa entrasse.

3. *Para estender o ciclo de vida de uma marca oferecendo novas formas para os consumidores a vivenciarem.* À medida que as preferências do consumidor e o mercado evoluem, uma empresa muitas vezes precisa lançar novos produtos e serviços para satisfazer essas necessidades e demandas. Por exemplo, empresas como a Coca-Cola lançam várias formas para o consumo de seus produtos, oferecendo-os em novas embalagens, novos sabores e assim por diante para atingir as necessidades e demandas do consumidor em constante transformação.

4. *Diluir a dependência em um único produto ou linha de produtos.* Nunca é uma boa ideia para uma empresa investir tudo em uma coisa só. Para diluir a dependência e o risco associado, as empresas podem estender uma marca existente. Se um produto de uma marca fracassar, os investimentos já feitos no desenvolvimento da marca não precisam necessariamente fracassar também. Exemplos disso incluem o vinho da Disney, o refrigerante Life Savers e ao comida congelada Colgate. Cada uma dessas extensões de marca foram rápidos fracassos, mas a marca mãe foi forte o suficiente para sobreviver.

O problema para a Playboy na década de 1960 era seguir uma estratégia de extensão da marca para atender as excentricidades e interesses de Hugh Hefner em vez de analisar as oportunidades de ▸

extensão e selecionar somente aquelas que verdadeiramente se adequassem à marca e à empresa. Nem todas as extensões de marca têm sucesso, uma lição que Hugh Hefner e a Playboy só viriam a aprender nos anos 1970. Existem riscos inerentes à extensão de uma marca, como:

- diluir a força da marca saturando o mercado com ela;
- confundir os consumidores estendendo a marca a mercados, produtos ou serviços que contradizem a promessa original da marca;
- enfraquecer o valor da marca diluindo-a demais com vínculos muito distantes com a marca mãe;
- prejudicar a marca mãe se as extensões fracassarem ou gerarem publicidade negativa;
- enfraquecer o desempenho da marca porque os recursos estão diluídos demais para sustentá-lo;
- prejudicar a marca mãe porque não há conhecimento especializado disponível nas várias categorias para as quais a marca foi expandida para fazer com que todas prosperem.

Apesar de ser tentador estender a marca, isso não deve ser implementado sem uma análise cuidadosa tanto das oportunidades de sucesso da extensão da marca quanto dos efeitos potenciais sobre a marca mãe. Essa foi uma providência que a Playboy muitas vezes deixou de tomar à medida que as recompensas do crescimento de curto prazo com frequência prevaleciam sobre o planejamento estratégico de longo prazo.

Retração da marca

A retração da marca se relaciona diretamente com o foco da marca. O argumento aceito é o seguinte: as marcas são mais fortes quando o foco é estreito (veja o Quadro 5.3 para exemplos de marcas que foram forçadas a se retrair). No decorrer da década de 1960, a marca Playboy se estendeu para vários mercados e se tornou um verdadeiro império de entretenimento, mídia e bens imobiliários. O foco se perdeu e a marca poderia ter sofrido muito e de forma imediata. Contudo, Hugh Hefner e a Playboy estavam mais uma vez no lugar certo e no momento certo, e a marca era forte o suficiente para se sustentar.

Quadro 5.3. Exemplos de marcas forçadas a se retrair

A Playboy não é a única marca que perdeu o foco em algum ponto durante seu ciclo de vida e foi forçada à retração. Por exemplo, a AT&T cresceu na década de 1990 para ser uma das maiores e mais abrangentes empresas do mundo, com uma grande variedade de projetos. Ela começou com um foco de marca primário em serviços de telecomunicações. Nos Estados Unidos, a AT&T era conhecida como a empresa de telefonia. Contudo, em meados da década de 1990, a empresa estendeu sua marca para incluir produção de equipamentos de telecomunicações (grandes e pequenos), lojas de varejo, computadores, caixas eletrônicos, *leasing* de equipamentos, revenda de equipamentos, financiamento de automóveis, cartões de crédito, entre outros.

Em 1996, a empresa não conseguia mais sustentar suas amplas extensões de marca e foi forçada a se dividir em três empresas separadas. O nome AT&T continuou a ser usado para o negócios de serviços de telefonia enquanto a divisão de fabricação de equipamentos adotou o nome Lucent Technologies e o negócio relacionado a computadores foi revertido ao nome de marca original, NCR. Hoje em dia, as três empresas continuam a operar como negócios não relacionados, separados e distintos.

Um outro exemplo de uma marca que perdeu o foco e se encontrou na posição em que a retração de marca era necessária foi a IBM, que deu início à sua ascensão se concentrando no desenvolvimento de computadores de grande porte. À medida que o mercado e o mundo mudavam, a IBM não se adaptou com agilidade suficiente. Outras empresas entraram em cena e se tornaram líderes do mercado em categorias como computadores pessoais. A IBM tentou competir, mas acabou sendo vítima das próprias extensões de marca. Envolvida com computadores pessoais, impressoras, copiadoras, telefones e uma miríade de outros produtos, a IBM perdeu o foco da marca e, ao longo de vários anos, se retraiu lentamente vendendo os empreendimentos que não complementavam as competências essenciais da empresa e redefinindo aos poucos seu negócio e marca para atender as necessidades do novo mercado. A IBM continua em dificuldades em uma indústria altamente competitiva. Como a Playboy, ela é vítima do próprio sucesso e muitas vezes reacionária demais para reconquistar sua posição como líder do mercado.

Os consumidores queriam e *precisavam* de um veículo como a Playboy para expressar as opiniões liberais de uma minoria cada vez maior. A Playboy se tornou um símbolo da revolução sexual, da busca de liberdade pessoal e da luta por igualdade que tantas pessoas nos Estados Unidos desejavam na década de 1960. Apesar de um foco supostamente amplo demais e uma estratégia de extensão de marca que a maioria dos especialistas em marketing desaconselharia, a Playboy continuou a prosperar nos anos 1960, simplesmente por se voltar a um nicho cada vez maior e por preencher uma lacuna. Em outras palavras, ela continuou a concretizar uma verdade fundamental dos negócios – é mais fácil criar um produto para satisfazer uma necessidade existente do que criar uma necessidade percebida para atingir objetivos de negócios para um produto existente.

No entanto, à medida que Hugh Hefner se envolvia cada vez mais profundamente nas questões políticas da década (como discutiremos no Capítulo 6) do que no lado dos negócios da empresa, era difícil encontrar um foco. Uma revista que antes se promovia como uma publicação masculina de estilo de vida estava se transformando em um panfleto político com uma grande tendência liberal para a esquerda. Se a marca não fosse tão forte e a exigência social de liberdade sexual e pessoal e igualdade não fosse tão intensa na década de 1960, a Playboy teria sofrido as consequências. Em vez disso, a marca e a empresa conseguiram surfar na onda de uma demanda por transformações ao longo dos anos 1960 e grande parte dos anos 1970 antes da inevitável mudança da maré. Mas a lei da retração da marca mais cedo ou mais tarde chegaria para assombrar Hefner e a Playboy.

A questão para a Playboy na década de 1960 era: quanto tempo mais a época das vacas gordas duraria? Quanto tempo uma única empresa conseguiria sustentar uma estratégia de marca ampla e sem foco? À medida que a década chegava ao fim, o fim da época das vacas gordas ainda não despontava no horizonte. As vendas continuavam a crescer e os lucros continuavam a entrar. Hugh Hefner era um multimilionário e a marca Playboy se expandiu para se tornar um ícone global.

Em 1968, um novo programa de televisão da marca Playboy apresentado por Hugh Hefner, *Playboy After Dark*, foi lançado na CBS em rede nacional. O estilo de vida representado nos primeiros anos da Playboy e até mesmo no primeiro programa de televisão da marca Playboy, o *Playboy's Penthouse*, deixara de se concentrar exclusivamente na gratificação pessoal. Agora, a marca tinha conotações sociais, políticas, religiosas e culturais, e o *Playboy After Dark* assumiu um novo significado (veja o Capítulo 7 para mais informações sobre o *Playboy After Dark*). A festa da Playboy continuou, mas a fantasia da Playboy evoluiu e nunca mais seria a mesma. Em breve Hugh Hefner e a Playboy teriam de enfrentar ataques de todos os lados dos debates políticos, religiosos e sociais da época, incluindo ataques de seu principal público. O mundo tinha mudado e a Playboy mudou com ele, mas o mundo poderia preferir que a Playboy não tivesse mudado. Parecia que o sexo, as drogas e o rock and roll davam uma boa combinação, mas sexo, drogas e política não – pelo menos não por muito tempo.

DEFENDENDO A MARCA

Capítulo 6

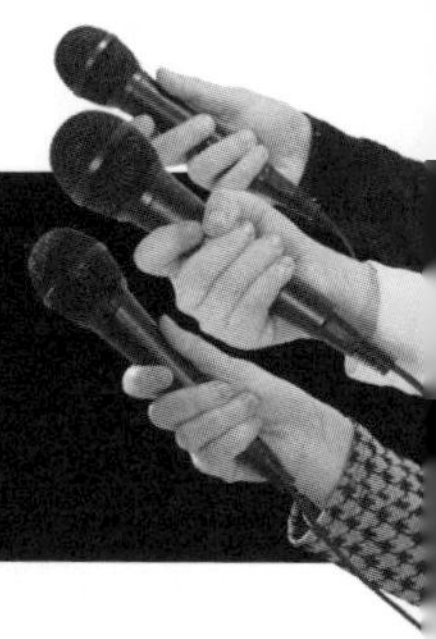

"Eu nunca pensei na *Playboy* como uma revista sobre sexo. Era uma revista de estilo de vida."

Hugh Hefner, em entrevista para Charlie Rose em 2003

A sociedade norte-americana mudou acentuadamente nos anos 1960. As normas de comportamento social ensimesmadas e centradas na família não eram mais suficiente para as pessoas à medida que as comunicações ficavam mais rápidas e elas se viam com mais tempo de lazer graças a uma tecnologia melhor. As pessoas começaram a protestar contra desigualdades sociais e a liderança governamental com a qual discordavam. O estilo de vida simples e hedonista apresentado nas páginas da *Playboy* precisaria mudar com a sociedade para permanecer relevante. Para Hugh Hefner, a meta não era tanto manter a relevância da marca, mas ser visto como um líder defendendo as liberdades pessoais e lutando contra as desigualdades que ele tanto abominava.

Seguro da posição de sua revista e impulsionado pela percepção que tinha de sua influência sobre a sociedade americana, Hugh Hefner tomou a ousada decisão de expandir o conteúdo da *Playboy* nos anos 1960. Apesar de definir expectativas claras para a marca na apresentação da primeira edição em dezembro de 1953, que afirmava "Não nos envolveremos com questões políticas nacionais", Hefner considerava um dever para sua busca contínua de liberdade pessoal incluir uma vertente social, cultural e política à revista. A revista masculina de estilo de vida se tornou um agente de mudança para o mundo da política e a sociedade, questionando as normas e regras que Hefner considerava tão repressoras durante sua juventude e ainda mais hipócritas quando chegou à idade adulta.

No início da década de 1960, Hefner conduziu conscientemente a revista *Playboy* a uma nova direção. Ele queria que a Playboy não se limitasse a ser uma parte da mudança que ocorria a seu redor, mas que *liderasse* essa mudança. A revista *Playboy* ainda incluiria as seções e as imagens que os consumidores esperavam da marca masculina de estilo de vida. Por exemplo, o Playboy Advisor, foi lançado em 1960, incluía todo o conjunto de instruções de Hefner para responder perguntas frequentes sobre namoro, moda, gastronomia, entretenimento e assim por diante. A seção continua viva meio século mais tarde. Contudo, Hugh Hefner acreditava que, para que a *Playboy* continuasse a crescer, o foco precisaria mudar para as questões de uma época que tendia a bloquear o caminho dos leitores que viviam a fantasia representada na revista. Em uma manobra que poderia ter isolado seus principais consumidores, Hefner incluiu comentários às páginas da Playboy sobre temas relacionados a sociedade, cultura, religião e política. Sua sorte foi que essa decisão se pagou e a *Playboy* se tornou um símbolo da voz liberal da jovem Geração Baby-boomer na década de 1960 (veja o Quadro 6.1 para mais informações sobre a Geração Baby-boomer).

Quadro 6.1. A Geração Baby-boomers

Os membros da Geração Baby-Boomer nasceram aproximadamente entre 1946 e 1954 e se tornaram uma força notável quanto atingiram a idade adulta, simplesmente devido a seu grande número (há mais de 76 milhões de Baby-Boomers em comparação com 50 milhões de membros da Geração Silenciosa que a precedeu). A Geração Baby-Boomers é caracterizada como a primeira a crescer com uma expectativa de que o mundo e a vida seriam melhores do que na geração que a precedeu. A Geração Baby-Boomer pôde usufruir de privilégios e prosperidade relativa, sendo considerada a geração mais saudável e abastada (até então).

Os Baby-Boomers cresceram com um senso de merecimento e lutaram contra desigualdades sociais em uma tentativa de mudar as normas políticas, religiosas e sociais contidas e repressivas. Eventos como o movimento dos direitos civis, o desenvolvimento do movimento feminista, protestos contra a guerra, desobediência civil, entre outros, viriam a ser o legado de uma geração concentrada nos direitos individuais, causas sociais, liberdade e igualdade. Os baby-boomers eram otimistas e realmente acreditavam que poderiam forçar a adoção das mudanças pelas quais lutavam.

A filosofia da Playboy

Apesar de alguns americanos terem sido catalisadores da mudança na década de 1960, a Playboy se manteve como um símbolo tangível da mudança que muitas pessoas ainda não estavam prontas para aceitar. Dessa forma, a Playboy e Hugh Hefner se tornaram alvos de ataques de uma longa lista de pessoas e grupos. Tanto Hugh Hefner quanto a

Playboy vinham recebendo muita publicidade na imprensa. Artigos em periódicos como *Time*, *The Wall Street Journal*, *The New Yorker*, entre outros, reconheciam os sucessos de negócios de Hefner e da Playboy, mas não sem expressar desaprovação em relação ao homem e à marca, que representavam as mudanças para as quais os americanos conservadores ainda não estavam prontos. Hefner apareceu em documentários e entrevistas em importantes programas de televisão, incluindo *Firing Line* com *Warren Buffet*, *The Today Show* na NBC e *The Jack Paar Show* para se defender, defender sua marca e suas opiniões.

Hefner e a Playboy se tornaram inseparáveis na mente das pessoas e tanto o homem quanto a marca foram expostos a novos públicos. Hugh Hefner posicionou a si e à sua revista como promotores da liberdade sexual, dos direitos e das liberdades civis, com foco na liberdade de expressão e na igualdade. Contudo, nem todos concordaram com ele e essa controvérsia intensificou ainda mais o *buzz* em torno de Hefner e da Playboy. Em consequência, o interesse em Hefner e em sua marca se espalhou amplamente, e os negócios da Playboy continuaram a crescer e a prosperar.

Já em 1960, Hefner tinha tomado medidas para dar uma orientação mais política à revista *Playboy*, quando lançou o Playboy Panel e convidou os leitores a discutir questões da atualidade. Ao convidar os consumidores a se envolver pessoalmente por meio do Playboy Panel, Hefner estava criando uma conexão emocional mais profunda com a marca Playboy e obteve a resposta de um segmento específico de consumidores. O Playboy Panel permitia que os consumidores escolhessem uma nova forma de vivenciar a inclusiva marca Playboy, e convidava os consumidores a assumir o controle dessa experiência.

O Playboy Panel podia ser comparado ao marketing de mídia social *on-line* do século XXI, no qual o usuário gera o conteúdo e a interatividade com a marca reina suprema. A qualquer momento os consumidores podem assumir o controle de sua interação pessoal com uma marca e uma conexão mais profunda é desenvolvida. Dessa forma, a Playboy tinha outra oportunidade de se tornar uma marca de relacionamento mais forte por meio do Playboy Panel. Hugh Hefner certamente não percebeu o que estava fazendo na época, em termos de tomar medidas para construir uma forte marca de relacionamento, mas, felizmente, foi exatamente o que aconteceu. Os consumidores se envolveram com a revista, e suas estrelas e de Hugh Hefner, junto, continuaram sua trajetória de ascensão.

No início da década de 1960, Hefner praticamente desapareceu dos olhos do público e, ao longo de vários anos, uniu o que ele chamava de credo editorial da *Playboy* às próprias observações sobre a sociedade e o papel da revista nessa sociedade. O resultado foi uma ruidosa reação de pessoas de todo tipo. Hefner estava obcecado com o que chamou de "Filosofia da Playboy" e acabou publicando-a em uma série de 25 partes ao longo de um período de três anos, incluindo 150 mil palavras dedicadas a suas opiniões sobre a sociedade, a cultura, a política e o mundo na década de 1960. Hefner saía do quarto o tempo suficiente para dar entrevistas em defesa de Filosofia da Playboy. Ele lançou o Playboy Forum em 1963, de forma que os leitores da *Playboy* pudessem expressar suas opiniões sobre a Filosofia da Playboy e chegou a conduzir, em 1965, uma turnê de palestras em universidades para discutir a filosofia com parte de seu público-alvo.

Do início a meados da década de 1960, a Filosofia da Playboy foi uma obsessão para Hugh Hefner. Apesar de poder ter distanciado alguns consumidores originais da Playboy, que sem dúvida estavam confusos com a transformação da marca, um maior número de pessoas estava intrigado, ou porque concordava com ele ou por ter se contagiado pelo *buzz* publicitário que acompanhava Hefner e a *Playboy*. O resultado foi um crescimento continuado da Playboy, que permitiu que a marca se estendesse a mais mercados e categorias do que nunca, como vimos no Capítulo 5. Isso também deu mais notoriedade a Hefner e fez com que ele fosse visto como uma personalidade importante na luta pela liberdade civil. Em 1962, ele recebeu um dos primeiros prêmios pelo seu comprometimento à luta pela igualdade.

Quando Hefner foi preso em 1963 sob acusações de obscenidade devido a fotos de Jayne Mansfield nua publicadas na revista Playboy, e mais tarde absolvido, ele surgiu como um símbolo da defesa da liberdade de expressão. Em resumo, ele simbolizava a liberdade que um grupo crescente de americanos desejava, e não tinha medo de falar a respeito como um dos líderes do movimento. Isso chamou a atenção do mundo e, em 1969, o *London Sunday Times* nomeou Hugh Hefner uma das pessoas mais influentes do século.

A Playboy como uma marca inclusiva

A Playboy não é apenas uma marca de relacionamento para algumas pessoas, mas sim uma marca de relacionamento para todos. Em outras palavras, desde o início, ela foi uma marca acessível a pessoas de todas as etnias, formações, religiões e assim por diante. Desde a sua juventude, Hugh Hefner abominava os preconceitos e a desigualdade, então não é surpresa que a marca que ele criou possa ser usufruída por todos. Em muitos aspectos, Hugh Hefner e a Playboy eram os maiores símbolos de igualdade racial na década de 1960.

Em uma época em que não se via pessoas de culturas diferentes assumirem uniões e parcerias em público, o Playboy's Penthouse e o Playboy After Dark sempre incluíam um grupo diverso de apresentadores e convidados. As portas dos Playboy Clubs estavam abertas a artistas e convidados de todas as raças e religiões. Na verdade, quando o Playboy Club de Nova Orleans foi vendido a um franqueador nos anos 1960 e Hefner ficou sabendo que a franquia não estava admitindo clientes negros no clube, ele a recomprou para garantir que as portas ficassem abertas a todos os convidados que quisessem usufruir do estilo de vida da Playboy. Em outras palavras, não havia fronteiras para quem podia viver a fantasia da Playboy.

A primeira *playmate* negra apareceu na revista Playboy em março de 1965, uma época na qual a segregação racial ainda era comum em muitas partes do país. A *Playboy* rompeu barreiras e abriu o caminho para mudanças sociais, culturais e políticas e depois cumpriu sua recém-elaborada promessa de marca expressando-se continuamente contra a desigualdade e a recusa de liberdades. Contudo, Hugh Hefner e a *Playboy* sempre vieram acompanhados de controvérsia e até as tentativas por parte de Hefner de lutar pelas liberdades civis seriam criticadas.

Na segunda metade da década de 1960, muitas das liberdades que Hefner defendia com tanto ardor nas páginas da revista *Playboy* estavam se tornando uma realidade. Contudo, um novo movimento, liderado por um grupo de mulheres feministas, contestaria Hefner e a marca Playboy de uma nova maneira. Durante muitos anos, Hefner posicionou a *Playboy* como uma revista masculina de estilo de vida, afirmando em entrevistas que as mulheres não deveriam ser iguais aos homens, mas sim complementares a eles. Esse era o ponto de vista aceito nos anos 1950 e ainda não tinha sido questionado ou contestado. Mais tarde, essas palavras retornariam para assombrar Hefner. Ele viria a ser rotulado como um hipócrita que lutava pela igualdade, mas não para todas as pessoas. Em 1963, a famosa jornalista Gloria Steinem trabalhou disfarçada de coelhinha no Playboy Club e expôs Hefner como uma farsa. Ela escreveu uma matéria mordaz descrevendo exatamente como a Playboy reprimia as mulheres e posicionou Hefner e a Playboy como símbolos do movimento antifeminista (veja o Quadro 6.2 para mais informações sobre o artigo "Eu fui uma coelhinha da Playboy", de Steinem).

Quadro 6.2. "Eu fui uma coelhinha da Playboy", por Gloria Steinem

Em 1963, uma jovem jornalista chamada Gloria Steinem estava tentando deslanchar sua carreira. Ela aceitou uma missão da revista *Show* para trabalhar disfarçada no Playboy Club na cidade de Nova York como uma coelhinha da Playboy, descobrir o que acontecia nos bastidores e, se desse sorte, expor a marca como degradante, repressora e injusta em relação às empregadas do sexo feminino. Steinem começou a missão achando que entrevistaria algumas pessoas e desenvolveria opiniões com base nisso, mas em pouco tempo ela se viu contratada e vestida em uma fantasia azul de coelhinha. Ela concluiu o treinamento necessário das coelhinhas da Playboy e trabalhou no Playboy Club de Nova York por aproximadamente um mês.

Dessa experiência, Steinem tirou várias conclusões sobre a Playboy, a maioria delas bastante negativa, prejudicando em muito a marca. Ela afirmou que a Playboy oferecia às candidatas de US$ 200 a US$ 300 por semana, mas, assim que elas começavam a trabalhar, descobriam que só ganhariam US$ 12 por dia até serem promovidas ao cargo mais lucrativo, chamado Table Bunny. Em uma época em que o movimento feminista estava começando a ganhar força, o artigo de Steinem se concentrou nas muitas horas-extras que as coelhinhas da Playboy eram forçadas a cumprir, alegando que as mulheres recebiam muito pouco e eram continuamente degradadas por empregados e clientes do sexo masculino. Muitas coelhinhas da Playboy discordaram da descrição de Steinem, mas, em um mundo no qual os problemas das mulheres estavam ganhando cada vez mais evidência, a história instigou um público amplo. Quando a *Esquire* publicou o artigo, a matéria foi um sucesso e alavancou a carreira de Steinem, dando-lhe notoriedade por sua posição como uma feminista.

Para a Playboy, o artigo foi apenas mais um caso de publicidade negativa que Hugh Hefner precisou combater, e foi o que ele fez. Na época, Hugh Hefner não acreditava que explorava as mulheres na revista *Playboy*. Ele realmente acreditava, na década de 1960, que estava libertando as mulheres. Infelizmente, para Hugh Hefner e o império da Playboy, o artigo de Steinem viria a ser fundamental para pessoas em busca de evidências contra a marca Playboy durante muitos anos no futuro.

A batalha entre as feministas e a Playboy evoluiria na década de 1970, mas já se podia prever, desde 1963 que desafios estavam por vir e que uma nova estratégia de marca a longo prazo seria desesperadamente necessária. Nos anos 1960, a *Playboy* se concentrou no crescimento de curto prazo, tirando uma lição das páginas da própria revista, usufruindo dos ganhos de curto prazo e satisfazendo seus desejos sem pensar muito na sustentabilidade a longo prazo. Contudo, com grande parte do país exigindo mudanças na década de 1960, a *Playboy* se tornou um símbolo de certos aspectos dessa mudança e continuou a prosperar. Será que foi um golpe de sorte ou a genialidade de Hugh Hefner que ajudou a *Playboy* a prosperar na década de 1960? Mais uma vez, parece ser um caso de se estar no lugar certo na hora certa, comprometido a preencher uma lacuna que ninguém mais estava disposto a arriscar preencher.

Quadro 6.3. Como a Toyota e a Pepsi influenciaram o macroambiente com diferentes resultados

Nos anos 2000, os consumidores estavam mais preocupados do que nunca com o ambiente e o crescente preço da gasolina. A Toyota reconheceu essa crescente preocupação e tomou medidas para que essas mudanças no macroambiente beneficiassem a marca e a empresa, desenvolvendo um veículo mais amigável ao ambiente, o Prius. O Prius levou vários anos para se popularizar, mas, quando o preço da gasolina foi às alturas em 2008, o número de consumidores nos Estados Unidos que trocaram seus enormes utilitários bebedores de gasolina por carros menores e ambientalmente amigáveis, como o Toyota Prius, também decolou. A Toyota usou uma estratégia proativa para prever o comportamento futuro na compra de carros com base no macroambiente, e isso permitiu à empresa perdas menores durante a retração econômica do final dos anos 2000 em relação à maioria das outras fabricantes de automóvel ao redor do mundo.

Um outro exemplo de influência do macroambiente na extensão de uma marca provém da Pepsi-Cola. No início dos anos 1990, a defesa do ambiente e a vida saudável se tornaram as questões da moda. Consumidores de todas as partes do mundo passaram a se preocupar mais com essas duas causas e as empresas de produtos de consumo reagiram a essa crescente conscientização social, ►

▶ redefinindo suas marcas como ambientalmente amigáveis e saudáveis. Uma das primeiras e mais simples mudanças que as empresas fizeram no início da década de 1990 foi alterar os processos de fabricação de produtos de consumo para que os já existentes parecessem mais sustentáveis e, dessa forma, também mais saudáveis. Por exemplo, o sabão Ivory, que sempre foi conhecido (e promovido) por conter uma substância branca cremosa, de repente se tornou transparente. A moda da transparência varreu várias categorias e mercados. Deu certo para muitos, mas, para outros, foi uma extensão de marca que não decolou e, na verdade, confundiu os consumidores. A Crystal Pepsi foi um desses produtos. Os consumidores simplesmente não acreditaram na mensagem "transparente" da Pepsi. De fato, até o pessoal do *Saturday Night Live* questionou a Crystal Pepsi com um comercial humorístico do Crystal Gravy – um molho de carne transparente. Em um ano, a Pepsi retirou a Crystal Pepsi de sua linha de produtos devido ao baixo volume de vendas.

Na década de 1960, como na década que a precedeu, o macroambiente exerceu um importante papel no crescimento e sucesso da marca Playboy (veja o Quadro 6.3 para exemplos de marcas que alavancaram o macroambiente) e, como nos anos 1950, os consumidores sentiram um intenso envolvimento emocional com a marca Playboy. Contudo, nos anos 1960, esse envolvimento emocional assumiu um novo nível de importância à medida que a marca passava a simbolizar um movimento cultural que afetava um público muito mais amplo do que o mercado de consumo primário da Playboy. É possível argumentar que, sem os fatores macroambientais da década de 1960, a *Playboy* teria crescido para se tornar uma revista masculina popular similar a outras no mercado, mas, depois que adotou uma pauta política, o público potencial cresceu substancialmente. Na década de 1960, a Playboy cresceu para se tornar uma forte marca *cult* (veja o Capítulo 7 para mais informações sobre a Playboy como uma marca *cult*) e desenvolveu seguidores fiéis até então desconhecidos no mercado editorial de revistas.

A Playboy nos anos 1960 se tornou ainda mais forte como uma marca emocional. A marca não apenas atingia elementos emocionais das pessoas, como a satisfação dos desejos e o prazer, como também atingia as pessoas em pontos que ninguém esperava no início. Sem dúvida, quando a Playboy foi lançada em 1953, ninguém teria imaginado que menos de duas décadas mais tarde a revista viria a incluir um "Gráfico de preferências políticas da Playboy", pontuando os candidatos às eleições de 1970 com base em suas opiniões liberais. Por outro lado, quem teria imaginado na inauguração da Mansão Playboy em Chicago, em 1959, um símbolo de satisfação dos desejos e prazer, que, apenas 15 anos mais tarde, a mansão receberia vários eventos do Partido Democrata? Mais uma vez, seria possível argumentar que as mudanças promovidas na marca Playboy foram geniais em termos de rápido crescimento da marca ou insanas em termos de extensão excessiva da marca, muito além de seu nicho e foco, até o ponto em que ela não poderia mais ser sustentada ao longo prazo. Independente de você se posicionar de um lado ou de outro, contudo, uma coisa é certa – a manobra funcionou, pelo menos por um tempo.

VIVENDO A MARCA

Capítulo 7

"Isso também faz parte do todo e não é totalmente acidental."

Hugh Hefner, sobre o fato de que parte do sucesso da Playboy provém da publicidade ao redor de sua própria vida, em uma entrevista para Greg Jackson no ABC News em 2003

Apesar de passar muito tempo defendendo a marca Playboy na década de 1960, o papel de Hugh Hefner como o rosto da marca também cresceu. Ele aproveitou as oportunidades de defender a Filosofia da Playboy em revistas, jornais e na televisão. Um documentário canadense sobre Hefner intitulado *The Most* foi lançado em 1961, e Hefner apareceu em programas de televisão tão diversos quanto o *Firing Line*, de Warren Buffet, e *The Tonight Show* e *Laugh-In*. Artigos e entrevistas com

Hefner foram publicados em revistas e jornais tão variados quanto a *Business Week*, a *Barron's*, a *Newsweek* e a revista *Mad*. Hefner e a Playboy estavam por toda parte e, a ascensão de Hefner era acompanhada pelos lucros da Playboy. Nos anos 1960, Hefner se tornou aquilo que tanto o fascinava durante grande parte da sua juventude – uma celebridade.

O início dos anos 1960 também levou Hugh Hefner e a Playboy a um público global. Apesar de a empresa só se concentrar no crescimento global da marca uma década mais tarde, o início da década de 1960 apresentou Hugh Hefner e a Playboy a pessoas na Itália, Alemanha, Inglaterra, América do Sul e mais, à medida que revistas ao redor do mundo publicavam artigos sobre o homem e sua marca. A maior exposição permitiu que a Playboy expandisse seu alcance por meio de inúmeras extensões de marca, incluindo um extravagante Playboy Club and Casino em Londres, inaugurado em 1966 que rapidamente se espalhou a várias outras cidades do Reino Unido, oferecendo uma série de opções de jogos de azar, como apostas em cavalos e bingos, além de cassinos mais tradicionais.

Apesar de Hefner passar grande parte da década de 1960 defendendo a *Playboy*, escritores reconhecidos estavam contribuindo com artigos, e celebridades mais famosas participavam das Playboy Interviews (veja o Quadro 7.1 para mais informações sobre celebridades e renomados autores na *Playboy* durante os anos 1960). Para garantir que o conteúdo da *Playboy* fosse sempre da melhor qualidade e compatível com a imagem da marca, a empresa tomou uma decisão consciente de pagar aos escritores mais do que qualquer outra revista pelas colaborações.

Quadro 7.1. Celebridades e articulistas da Playboy na década de 1960

Durante a década de 1960, a revista *Playboy* atingiu as metas de Hugh Hefner de ser uma revista literária de alta qualidade. Escritores renomados contribuíam com um conteúdo atrativo, entre eles: ▶

- Ray Bradbury
- Roald Dahl
- Ian Fleming (o personagem de James Bond foi lançado nas páginas da *Playboy*)
- Alex Haley
- Ernest Hemingway
- John Irving
- James Jones
- Jack Kerouac
- Carl Sandburg
- Irwin Shaw
- John Steinbeck
- John Updike
- Kurt Vonnegut Jr.

A revista *Playboy* também atraiu grandes celebridades de Hollywood e dos movimentos sociais, da política e dos esportes para as Playboy Interviews, incluindo:

- Miles Davis
- Peter Sellers
- Jackie Gleason
- Frank Sinatra
- Helen Gurley Brown
- Malcolm X
- Richard Burton
- Jimmy Hoffa
- Albert Schweitzer
- Vladimir Nabokov
- Jack Lemmon
- Ingmar Bergman
- Salvador Dali
- Cassius Clay (Muhammad Ali)

- Martin Luther King Jr.
- Beatles
- Jean-Paul Sartre
- Peter O'Toole
- Sean Connery
- Princesa Grace
- Bob Dylan
- Mel Brooks
- Sammy Davis Jr.
- Fidel Castro
- Orson Welles
- Woody Allen
- Johnny Carson
- Norman Mailer
- Truman Capote
- Paul Newman
- Stanley Kubrick
- Ralph Nader
- Bill Cosby
- Gore Vidal
- Jesse Jackson
- Joe Namath

Os anos 1960 também trouxeram oportunidades para a Playboy se expandir à filantropia corporativa. Em 1965, a Playboy Foundation foi criada para concretizar a Filosofia da Playboy. A organização fez doações a organizações dedicadas a combater a censura, defender a liberdade de expressão e lutar pela liberdade sexual. A fundação também representava uma reação direta às pessoas que atacavam Hefner e a marca Playboy na década de 1960, transformando a publicidade negativa em um ponto positivo para a empresa.

É interessante notar que, à medida que o foco da Playboy mudava para adotar a voz política liberal de seu fundador, o rosto da marca se tornava menos visível. Durante os primeiros anos da década de 1960, quando Hugh Hefner se concentrou completamente na Filosofia da Playboy e em sua defesa, a marca perdeu de vista parte de sua proposição de valor essencial – viver a boa vida que as pessoas merecem. Parecia que as prioridades tinham mudado e lutar para garantir que mais pessoas pudessem conquistar liberdades pessoais passou a ser mais importante do que viver a boa vida. As excentricidades de Hefner (um *workaholic* com tendência à reclusão) na primeira metade dos anos 1960 sustentaram essa mudança de orientação da marca e o mesmo pode ser dito sobre o conteúdo apresentado nas páginas da revista *Playboy*. No entanto, os consumidores já estavam tão emocionalmente envolvidos na personalização original da marca que a promessa dela continuou a prosperar nos Playboy Clubs, Playboy Resorts e assim por diante. Em outras palavras, os consumidores continuaram a vivenciar a marca e a personalizá-la, independentemente do reposicionamento da revista promovido por Hugh Hefner.

Hugh Hefner se reinventa pela terceira vez

No final da década de 1960, Hugh Hefner se reinventou mais uma vez. O defensor da marca surgiu das profundezas da Mansão Playboy em Chicago e deixou de lado sua "Filosofia da Playboy" para retornar ao mundo como o símbolo do estilo de vida da Playboy. Contudo, esse estilo de vida agora incluía um interesse essencial pela política e pelas desigualdades sociais da época.

Em 1967, Hugh Hefner se reinventou como a celebridade que agora ele acreditava ser. Ele não apenas mudou sua aparência, incluindo um novo guarda-roupa, como também se distanciou de grande parte das operações cotidianas da empresa que antes costumava controlar em todos os aspectos. Ele delegou responsabilidades e se apresentou ao público como uma personalidade pública influente. Sua transformação provocou uma nova onda de empolgação em relação à marca Playboy à medida que as festas na Mansão Playboy cresciam em termos de frequência e tamanho bem como em termos das histórias sensacionalistas que provocavam.

Para acompanhar a grande popularização de Hugh Hefner e da marca Playboy no fim da década de 1960, um novo prédio da matriz da Playboy foi inaugurado em Chicago, em 1966. O arranha-céu de 37 andares era maior e mais ousado, com gigantescas letras iluminadas formando as palavras "Playboy Building", que lembravam o letreiro de Hollywood nos morros de Los Angeles, Califórnia. A marca Playboy voltara a ser o maior símbolo de extravagância, e essa mensagem da marca foi transmitida ainda mais claramente quando Hefner comprou o próprio jato DC-9 em 1969, o pintou de preto e estampou um logo do coelhinho da Playboy. Ele o chamou de Big Bunny, contratou uma tripulação de oito coelhinhas, que chamou de "Jet Bunnies", e dava festas nas alturas. O jato incluía um quarto, uma sala de cinema, uma sala de jogos, uma sala de jantar e mais, e se tornou um Playboy Club voador. Em uma época na qual poucas pessoas tinham o próprio jato, o Big Bunny representava o maior símbolo de um homem vivendo a promessa da marca.

As extensões de marca na década de 1960 foram influenciadas pelo estilo de vida extravagante que passou a ser a nova fantasia da Playboy e de Hugh Hefner. Por exemplo, os Playboy Resorts em Wisconsin e Nova Jersey incluíam tudo o que se poderia esperar do agora opulento estilo de vida da Playboy: compras, boa comida, entretenimento, esqui, espetáculos, salas de jogos, campos de tênis e de golfe e bares, tudo feito para satisfazer convidados afluentes que desejavam vivenciar a marca. Além disso, o segundo programa de televisão da Playboy, o Playboy After Dark, foi lançado em 1968 e demonstrou ainda mais a sedução do estilo de vida exuberante da Playboy. Diferentemente do *Playboy's Penthouse* original, o novo programa de televisão da Playboy foi uma produção de Hollywood. Em outras palavras, ele foi filmado em cores e com todos os adereços de Hollywood que se poderia esperar de uma marca como a Playboy, que defendia uma vida extravagante. Os convidados eram famosos, as atuações eram incríveis e a festa era no mínimo espetacular. Essa era a marca Playboy do fim da década de 1960. Ela cresceu e evoluiu, mas, no coração da marca, ainda havia o desejo de liberdade pessoal e satisfação acima de todo o resto. E ninguém simbolizava essa fantasia melhor que Hugh Hefner, o maior defensor da marca.

Quadro 7.2. A estratégia de marca inclusiva da campanha presidencial de Barack Obama em 2008

Em 2008, o senador norte-americano Barack Obama decidiu que se tornaria o 44º presidente dos Estados Unidos. Ele era jovem, inexperiente e negro. Esses três fatores podiam prejudicá-lo, mas o que acabou acontecendo é que ele se beneficiou disso. Em reação à estratégia de marketing excludente empregada pelo candidato republicano John McCain, cujos anúncios se voltavam claramente a um grupo demográfico específico (seus partidários conservadores), os anúncios, discursos e ações de Obama convidavam a população em geral a se unir e trabalhar como uma nação unificada. Enquanto John McCain dizia repetidamente que não conversaria com determinados líderes mundiais, Obama queria dar início a um diálogo com todos os líderes mundiais, independentemente dos relacionamentos atuais e eventos passados, para todos progredirem juntos. Era uma mensagem de inclusão que os cidadãos norte-americanos receberam muito bem. No final, o jovem negro e inexperiente teve o apoio da maioria dos americanos, que votou pela mensagem e pela promessa de inclusão, rejeitando a exclusão.

A mensagem da marca Playboy nos anos 1950 era clara – as pessoas devem ser livres para superar seus sentimentos de culpa em relação ao sexo. Nos anos 1960, essa mensagem de marca tinha sido ampliada – as pessoas devem ser livres para superar seus sentimentos de culpa em relação ao prazer, independentemente de esse prazer ser relacionado ao sexo, ao materialismo ou a qualquer outra coisa. À medida que a mensagem da marca evoluía, ela continuava a ser inclusiva – todos poderiam usufruir da promessa da marca Playboy (veja o Quadro 7.2 para mais informações sobre o poder de uma estratégia de marca inclusiva).

A Playboy como uma marca *cult*

Na década de 1960, a Playboy tinha crescido para se transformar numa colossal marca *cult* (veja o Quadro 7.3 para mais exemplos de marcas *cult*). Um alto nível de envolvimento emocional combinado a uma grande publicidade e *buzz* marketing pode levar uma marca ao *status* de *cult*. Marcas *cult* como a Harley Davidson têm um componente central em comum – elas sempre incluem um alto nível de personalização por parte dos consumidores. É essa personalização que permite que os consumidores desenvolvam uma profunda ligação emocional com a marca à medida que relacionam a marca e seus produtos à sua própria vida. Como vimos nos capítulos anteriores, cada extensão da marca Playboy permitiu que os consumidores vivenciassem a marca e a personalizassem de novas maneiras. Os consumidores recebiam a chance de assumir o controle de seus vínculos com a marca, o que lhes permitia desenvolver profundos laços emocionais com ela.

Quadro 7.3. Marcas *cult*

Uma marca *cult* é aquela que desenvolveu um grupo de seguidores que são fervorosamente fiéis a ela, buscam novas formas ►

de vivenciá-la e compartilham algumas dessas experiências com outros membros do grupo (ou culto). A fidelidade resulta de um forte vínculo emocional com a marca.

Um exemplo de marca *cult* é o Mustang da Ford. Os proprietários de Mustangs, que são obsessivamente fiéis à marca, entram em clubes de proprietários de Mustangs, participam de eventos relacionados ao carro e compram mercadorias da marca. Os consumidores do culto se unem com base em seu envolvimento emocional compartilhado com a marca e seu desejo de vivenciar a marca tanto pessoalmente quanto em grupo.

Um outro exemplo é o Blackberry da RIM, conhecido como o aparelho celular dos empresários. Os usuários fiéis acreditam que não conseguem viver sem seus Blackberries, que lhes proporcionam acesso a *e-mails*, telefone, internet, e muito mais. Os membros do culto do Blackberry se reúnem como membros do mesmo "clube". Até o presidente dos Estados Unidos, Barack Obama, é um membro do culto ao Blackberry. Quando ele foi eleito em 2008, o governo norte-americano precisava encontrar uma forma de garantir a segurança do Blackberry do presidente (originalmente, Obama foi informado de que seu adorado Blackberry não atendia os requisitos de segurança), porque ele se recusou a abrir mão do aparelho. Na cabeça dos seguidores do Blackberry, "ou você está conosco ou contra nós". O extremo oposto vem de clientes fiéis ao iPhone da Apple, que posicionam seu culto como muito diferente mas não menos importante em comparação aos clientes do Blackberry. É uma batalha interessante e, até agora, as duas marcas desenvolveram um sólido posicionamento em seus respectivos nichos.

A cada nível de experiência com a marca Playboy, os consumidores podiam ampliar suas conexões emocionais com ela. Em outras palavras, os consumidores percorreram os três estágios de envolvimento emocional do consumidor, mostrado na Figura 7.1: pensar, agir e sentir. Quando um consumidor entra em contato com uma marca pela primeira vez, ele provavelmente interagirá apenas pensando sobre a marca. Para os consumidores da Playboy, isso pode incluir olhar a revista *Playboy* ou assistir ao *Playboy After Dark*. À medida que seu relacionamento com a marca evolui, ele age em relação a ela. Os consumidores Playboy podem agir ao participar de um Playboy Jazz Festival ou ao usar um produto da marca. Finalmente, o consumidor desenvolve um vínculo emocional com a marca que faz com que ele tenha intensos sentimentos em relação a ela. Para os consumidores da Playboy, os intensos sentimentos são resultado inevitável das experiências com a marca, como ir a um Playboy Club ou visitar um Playboy Resort.

Figura 7.1. Os três estágios de envolvimento emocional do consumidor

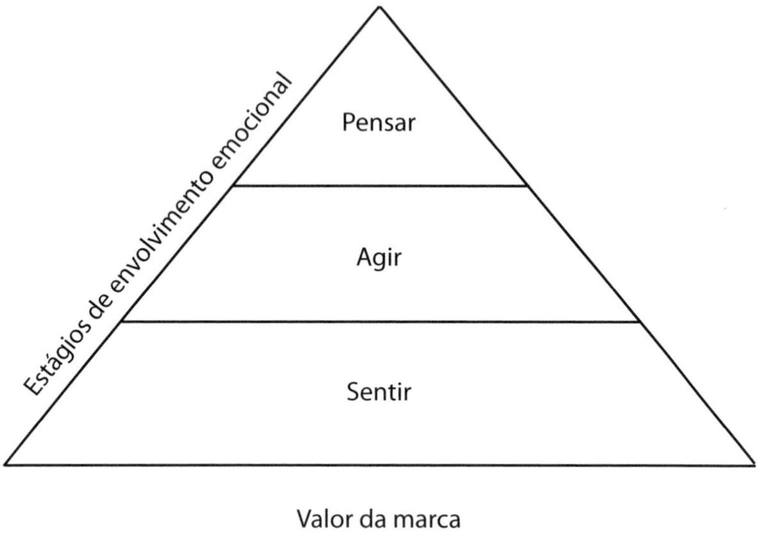

Quando intensos sentimentos em relação a uma marca são desenvolvidos, os consumidores muitas vezes procuram outras pessoas com sentimentos similares para compartilhar essas experiências. Os seres humanos são sociais por natureza, e todas as marcas *cult* evoluem nas mãos de uma rede de pessoas por trás dessas marcas que verdadeiramente acreditam nelas e querem compartilhá-las. A Playboy começou com a convicção de Hugh Hefner e cresceu para atrair e converter milhões de consumidores em adeptos genuínos do estilo de vida e da promessa da marca. Observar Hugh Hefner como a incorporação viva da marca faz com que a promessa pareça muito mais concretizável e aciona vários elementos emocionais que vinculam ainda mais intensamente as pessoas à marca.

À medida que os clubes, *resorts*, teatros, produtos etc. da Playboy eram disponibilizados, os consumidores encontravam novas formas de ampliar seu relacionamento com a marca Playboy e com a rede de consumidores que compartilhavam o vínculo emocional com ela. Ter uma chave do Playboy Club se tornou um símbolo de *status* e um símbolo da crença na mensagem e no estilo de vida da Playboy. A marca *cult* chegou a fazer uma aparição na cultura popular quando James Bond revelou que tinha uma chave do Playboy Club no filme *007: Os diamantes são eternos*. No caso da Playboy, a marca *cult* assumia uma aura de exclusividade que espelhava a fidelidade de seus consumidores. Essa fidelidade leva a influenciadores veementes da marca que a compram, a apoiam, tentam converter os outros e a defendem incansavelmente. A Playboy representava, nos anos 1960, o tipo de fidelidade à marca com a qual os gestores de marca sonham, mas que raramente conseguem reproduzir.

Com frequência, a ascensão de uma marca ao *status* de *cult* coincide com um momento na cultura popular no qual essa marca preenche uma lacuna, permitindo que os clientes satisfaçam uma necessidade. Em nenhum caso isso é mais verdadeiro do que no caso da Playboy. A marca preencheu várias lacunas e, com o tempo, evoluiu para continuar a preencher novas lacunas à medida que a sociedade mudava em termos de liberdade pessoal, satisfação dos desejos, igualdade, pensamento político liberal, liberdade de expressão, materialismo, entre outros. Contudo, todas as marcas atingem o auge em algum momento. Apesar de a vida ser boa para a Playboy e para Hefner nos anos 1960, a boa vida estava chegando ao fim. Em apenas alguns anos, tudo mudaria e, dessa vez, a Playboy não estaria pronta nem seria capaz de mudar com o resto do mundo.

PARTE 3

A marca se globaliza – Os anos 1970

A marca se globaliza – Os anos 1970

Tabela III: Cronologia – Os anos 1970	
1970	Feministas invadem o palco do *Dick Cavett Show* durante uma entrevista com Hugh Hefner. Gloria Steinem publica uma entrevista com Hugh Hefner na revista McCall's, comparando a *Playboy* a literatura nazista. A *Penthouse*, lançada em 1969, começou a roubar participação de mercado da *Playboy*.
1972	Agência de Combate às Drogas abre uma investigação contra Hugh Hefner e a Playboy. A circulação da *Playboy* atinge o auge, superando a marca de 7 milhões de exemplares por mês. A Playboy Enterprises compra e lança a revista *Oui*.
1973	A Playboy declara um informe de rendimentos brutos no valor de US$ 20 milhões.
1974	Hugh Hefner carrega no erotismo das imagens da Playboy em reação a ataques competitivos.
1975	Hugh Hefner é absolvido das acusações de envolvimento com drogas. Christie Hefner entra na Playboy Enterprises, Inc. A primeira versão estrangeira da revista *Playboy* é lançada na Alemanha. A Playboy declara um informe de rendimentos brutos no valor de US$ 2 milhões.
1976	O nome da marca Playboy é retirado do *resort* em Nova Jersey e do hotel da empresa em Chicago. As ações da Playboy caem para US$ 4 por ação. A Playboy declara um informe de rendimentos brutos no valor de US$ 5 milhões.
1977	Hugh Hefner apresenta o *Saturday Night Live*. O Playboy Resort na Jamaica e Playboy Club em Baltimore são fechados.
1978	Um novo Playboy Casino é aberto nas Bahamas.
1979	Christie Hefner cria o Hugh M. Hefner Awards da Playboy Foundation. O Playboy Jazz Festival é revivido no Hollywood Bowl. O Encontro das playmates para comemorar o 25º aniversário da Playboy é realizado na Mansão Playboy West.

A MARCA É VISTA E É ALVO DE PROTESTOS AO REDOR DO MUNDO

Capítulo 8

"Eu gosto das fantasias do público sobre como eu vivo quase tanto quanto gosto de como eu realmente vivo."

Hugh Hefner, *Playboy 2000*: The Party Continues

À medida que os anos 1960 chegavam ao fim, uma década na qual os americanos entraram em confronto em relação a várias questões sociais e políticas, a Playboy se viu com uma visão bastante diferente da que tinha em 1953. Não mais dedicada a defender um estilo de vida específico para os homens, nos anos 1960, a Playboy defendia o pensamento e a política liberal ao mesmo tempo em que exemplificava a satisfação dos desejos. À medida que o público se reunia ao redor de causas relacionadas à liberdade e à igualdade, Hugh Hefner e a Playboy abriam o caminho e se tornavam mais influentes e mais controversos a cada ano que passava. A notoriedade muitas vezes vem acompanhada de críticas e a Playboy se posicionou no centro das reações negativas ao longo da década de 1970.

Ao mesmo tempo, a Playboy continuava a se expandir e a alavancar sua popularidade, e a imprensa tanto positiva quanto negativa começou a se intensificar. O passo mais significativo da Playboy na década de 1970 foi sua expansão para o exterior. Pessoas no mundo todo já conheciam bem Hugh Hefner e a Playboy e compravam avidamente a revista *Playboy*, visitavam os Playboy Clubs internacionais, falavam e discutiam sobre a marca controversa, intrigante e formadora de tendências.

Contudo, a década de 1970 trouxe consigo uma nova era de mudanças para os americanos e para as pessoas do mundo todo. A economia se digladiava com a inflação; os índices de desemprego estavam batendo recordes; o governo tropeçava com a resignação do ex-presidente Richard Nixon; conflitos ao redor do mundo, particularmente o crescente abismo entre Estados Unidos e União Soviética e a Guerra Fria, afetavam praticamente a todos; e a vida se concentrava mais na sobrevivência do dia a dia para os membros da Geração Jones do que viver a boa vida e se divertir (veja o Quadro 8.1 para mais informações sobre a Geração Jones). Isso não quer dizer que tudo era desolador. A era das discotecas mantinha a festa viva e as drogas e o sexo se tornavam cada vez mais populares à medida que um novo espírito de experimentação e rebeldia se manifestava.

Quadro 8.1. A Geração Jones

Os membros da Geração Jones nasceram entre 1955 e 1964. Os membros mais velhos dessa geração foram crianças durante a década de 1960, um período marcado por otimismo e um desejo compartilhado de mudanças positivas para a vida humana. Eles começaram a entrar na idade adulta durante os turbulentos anos 1970, uma época na qual as pessoas passavam por dificuldades financeiras e econômicas mais do que a Geração dos Baby-boomers jamais teria vivenciado com a mesma idade na década anterior. As mudanças que os baby-boomers promoveram durante a década de 1960 não resultaram na prosperidade e boa vida que os membros da Geração Jones esperaram. Como consequência, a geração tem sido caracterizada como pessimista e ávida por mais do que encontraram quando atingiram a idade adulta durante a difícil década de 1970.

No entanto, influências macroambientais afetaram significativamente a marca Playboy na década de 1970. Por exemplo, a Guerra Fria estava no auge, a Guerra do Vietnã se prolongava e duas crises do petróleo afetaram diretamente o modo de vida das pessoas. A economia americana estava em desespero, enfrentando as piores condições desde a Grande Depressão. Quando o ex-presidente Richard Nixon sofreu um *impeachment* e o governo provou ser corrupto, os americanos se viram no centro de um furacão político e econômico. Além de todo esse tumulto, ainda havia a agitação social que se seguiu às ações de antissegregação, e tumultos raciais se tornaram comuns. Em resumo, os anos 1970 constituíram uma década difícil para os americanos e as pessoas do mundo todo. As mudanças exigidas pelas pessoas na década de 1960 estavam se concretizando, mas os resultados não foram exatamente o que se esperava.

Ao longo dos tumultuados anos 1970, as pessoas buscavam formas de escapar dos problemas do dia a dia. Álcool, drogas e sexo eram as principais formas de escapismo. No mundo pré-AIDS, o estilo de vida festivo apresentado nas páginas da *Playboy* se tornou mais atraente do que nunca, apesar de concretizar essa fantasia parecer muito *menos* realista agora. Quando a pílula anticoncepcional foi disponibilizada para mulheres solteiras em 1972, o estilo de vida de liberação sexual da Playboy cresceu em popularidade, mas viver a boa vida em todos os aspectos ainda era um grande sonho que parecia inatingível. Na década de 1970, parecia que Hugh Hefner, o defensor da marca, ainda era a única pessoa a viver o sonho.

Uma marca na defensiva

A fantasia da Playboy estava sob ataque nos anos 1970 e, à medida que a década passava, os ataques se tornavam maiores e mais ruidosos. Opositores organizados começaram a participar de eventos e a se expressar contra a Playboy em números cada vez maiores e com mais frequência do que nunca. É interessante notar que muitos dos protestos contra a Playboy começavam em campus universitários, um dos principais mercados-alvo da marca Playboy. Em 1972, a revista *Playboy* atingiu seu auge com uma circulação superando 7 milhões de exemplares mensais, mas, no decorrer da década, a mensagem da *Playboy* de um estilo de vida hedonista não atraía mais grandes números de consumidores, que estavam lutando para pagar as contas e entender a turbulência política, social e econômica da época.

Talvez o maior obstáculo diante da Playboy na década de 1970 foi o crescente movimento feminista, que atacava diretamente a Playboy e Hugh Hefner como símbolos de tudo o que impedia as mulheres de atingir a igualdade. Apesar de Hugh Hefner acreditar que a missão da marca Playboy era conquistar a liberdade para todos, as feministas acusavam tanto

Hefner quanto sua marca Playboy de oprimir e explorar as mulheres. Verdade seja dita, elas não estavam tão erradas em muitos aspectos.

Nos anos 1950 e 1960, os homens dominavam a sociedade nos Estados Unidos. A Playboy levou essa dominância um passo além e manteve um ponto de vista distintamente antifeminista. Hefner admitiu em entrevistas e nas páginas da revista *Playboy* que não acreditava que as mulheres eram iguais aos homens e não achava que elas deveriam *querer* ser iguais. Ele alertava os homens contra permitir que as mulheres conquistassem poder demais. Ele afirmava que a sociedade estava tentando fazer com que as mulheres fossem *menos* femininas enquanto ele e a Playboy queriam *aumentar* a feminilidade das mulheres. O argumento não foi aceito pelo movimento feminista, que se organizou para atacar de frente Hefner e a Playboy.

Protestos organizados pelas feministas contra Hugh Hefner e a Playboy se tornaram comuns na década de 1970. Já na primavera de 1970, as feministas tentaram deixar sua marca contra a Playboy aos olhos do público quando duas ativistas dos direitos das mulheres invadiram o palco do popular programa de TV *Dick Cavett Show* durante uma entrevista com Hefner. Mas os ataques feministas contra a Playboy se tornaram uma causa nacional em 1970 quando a já famosa jornalista Gloria Steinem escreveu um artigo baseado em uma entrevista com Hugh Hefner que foi publicado na revista *McCall's*, no qual, entre outras coisas, ela comparava a *Playboy* à literatura nazista, afirmando que "pedir a uma mulher para ler a *Playboy* é como pedir a um judeu para ler literatura nazista". Em 1972, Steinem foi nomeada Mulher do Ano pela *McCall's*.

A reação de Hugh Hefner viria a definir o posicionamento da Playboy em relação ao feminismo. Em entrevistas e na revista *Playboy*, Hefner tentou mudar sua posição original. Ele afirmou que a Playboy era a favor dos direitos das mulheres, mas não da total liberdade, o que ele chamou de "radicalismo". Em vez de apoiar completamente a igualdade, a Playboy começou a se referir às feministas como "militantes que odeiam homens". Essa abordagem resultou na transformação da marca, antes extremamente inclusiva, a uma marca excludente com uma mensagem que dizia aos consumidores "ou você está conosco ou está contra nós". Uma marca que antes dizia aos consumidores que todos estavam convidados para a festa e que podiam se divertir juntos e com igualdade, agora dizia que eles podiam vir para a festa, mas havia papéis específicos a serem exercidos e crenças a serem apoiadas se quisessem ser incluídos. Foi uma mudança na mensagem da marca Playboy que causou confusão e não passou despercebida pelos consumidores, intensificando a controvérsia e o debate por parte dos opositores da Playboy.

Ao longo década de 1970, Hefner e a Playboy recuaram em relação ao feminismo, percebendo que excluir o influente grupo não estava ajudando a marca. Hefner tentou, no final dos anos 1970, mudar sua imagem de um conquistador de mulheres a um defensor dos direitos iguais. Ele passou a endossar publicamente a igualdade salarial e a lutar pela liberdade das mulheres. Contudo, o mal já tinha sido feito. O antes onipotente Hugh Hefner e a Playboy tinham sido caracterizados como hipócritas, o que era verdade. A reação negativa ao ataque confundiu as expectativas dos consumidores para a marca e uma estratégia de reposicionamento que prometia muito pouco, e tarde demais, não foi o suficiente para salvar a Playboy.

O golpe final na marca Playboy veio no início da década de 1970 quando a Mansão Playboy em Chicago se tornou o centro de uma investigação relacionada a drogas. A investigação, que teve início em 1972, foi divulgada na imprensa alegando que as drogas eram usadas livremente na Mansão Playboy e pelas estrelas de Hollywood que a frequentavam. A imprensa acusou Hugh Hefner de tentar encobrir fatos quando as investigações tiveram início, o que prejudicou irrevogavelmente a imagem tanto de Hefner quanto da Playboy.

Quando, em 1974, a Agência de Combate às Drogas prendeu a assistente-executiva de Hefner, fora da Mansão Playboy em Chicago, por posse de drogas, o escândalo pareceu mais concreto, maculando a marca Playboy. O escândalo ainda demoraria muito a ser aplacado. Em meados da década de 1970, vários outros empregados da Playboy foram presos por acusações relacionadas a drogas. Apesar de Hugh Hefner negar ter usado drogas pesadas e nunca terem sido encontradas evidências contra ele, o dano já tinha sido feito e a Playboy foi diretamente relacionada à cultura das drogas da década de 1970 aos olhos dos consumidores. Não ajudou, é claro, o fato de Hefner ter defendido em público o uso de maconha no passado, citando a droga como uma outra liberdade pessoal que as pessoas deveriam lutar para conquistar.

Hefner pagou todas as despesas jurídicas de sua assistente-executiva, mas, no dia 12 de janeiro de 1975, ela se suicidou com uma overdose de drogas e álcool. Hefner imediatamente convocou uma entrevista coletiva na qual atacou o governo, chamando a investigação de uma "caça às bruxas", politicamente motivada para macular tanto a sua reputação quanto a marca Playboy. Ele posicionou a si mesmo e à Playboy como as vítimas, e o júri da opinião pública começou a simpatizar com ele. Em 1975, as acusações de drogas contra Hefner foram abandonadas e o chefe da Agência de Combate às Drogas pediu demissão. Uma declaração foi divulgada ao público afirmando que nenhuma evidência foi encontrada contra Hefner, mas os danos à marca Playboy não seriam esquecidos tão cedo. No final, fatores macroambientais levaram a uma outra fase do ciclo de vida da marca Playboy e afetaram diretamente os resultados financeiros da empresa à medida que as vendas da revista *Playboy* começavam a cair em números recordes.

A Playboy se globaliza

No decorrer da década de 1970 e apesar de as reações negativas contra Hugh Hefner e a marca Playboy se intensificarem, a marca conseguiu sobreviver. No início da década, a Playboy se viu sem um guardião da marca. Hugh Hefner, que antes se torturava em relação a cada detalhe da revista, da marca e da empresa, tinha se distanciado das operações do dia a dia. Seu foco passou dos negócios à celebridade. Ele comprou uma nova casa na Califórnia, a Mansão Playboy West, e passava cada vez menos tempo em Chicago. Ele ainda decidia as metas da marca e atuava como o rosto da marca, mas as operações da empresa foram deixadas aos empregados. Sem um guardião da marca, sem um posicionamento claro e sem foco, a empresa tropeçava.

Em 1971, a Playboy abriu o capital com o nome de Playboy Enterprises, Inc. causando muita empolgação e fazendo de Hugh Hefner um dos empreendedores que, apesar de terem vindo do nada, estavam entre os mais ricos da história, mas esse entusiasmo não duraria muito. Na época, a Playboy estava chegando ao auge, com uma circulação da revista de mais de 7 milhões de exemplares por mês (respondendo por metade da receita de US$ 132 milhões e a maior parte do lucro líquido de US$ 9,2 milhões da empresa em 1970), 23 clubes, *resorts*, hotéis e cassinos com quase 1 milhão de membros ao redor do mundo. No decorrer da década, o preço das ações da Playboy foi volátil à medida que a marca lutava contra opositores, um escândalo relacionado a drogas e uma economia fraca nos Estados Unidos. Mesmo em 1974, a celebração do 20º aniversário não conseguiu salvar a marca e a empresa das dificuldades.

Em 1975, a revista *Playboy* teve uma das maiores perdas de leitores de sua história, quando a circulação caiu em quase 20%, de um auge de 7 milhões em 1972 a 5,8 milhões três anos mais tarde. Em 1975, a Playboy garantiu aos anunciantes uma circulação de 6 milhões, uma promessa que não estava sendo cumprida. Em consequência, a empresa foi forçada a estender o crédito aos anunciantes, e a receita de anúncios caiu 7,6%. Ao mesmo tempo, os anunciantes começaram a abandonar a revista diante das controvérsias e dos escândalos relacionados a drogas enfrentados pela Playboy em meados da década de 1970 e uma empresa que antes transformava tudo o que tocava em ouro agora tinha dificuldades de se encontrar. Todo o foco se perdeu.

A marca, que incluía publicação de livros, artigos de merchandising, uma agência de modelos, um serviço de limusines, uma gravadora, uma produtora de televisão e cinema, *resorts*, clubes, cassinos etc., era grande demais para se sustentar e mudanças precisariam acontecer. Já em 1970, os Playboy Clubs vinham apresentando dificuldades e as operações hoteleiras da Playboy estavam perdendo dinheiro. No entanto, a revista *Playboy* ainda era forte. Hugh Hefner investiu aproximadamente US$ 30 milhões em um novo *resort* em Nova Jersey e mais US$ 3 milhões financiando a adaptação cinematográfica de *Macbeth*, de Roman Polanski. As decisões de negócios, claramente, ainda estavam sendo tomadas mais com base nos interesses de Hefner do que em estratégias de crescimento de longo prazo.

É possível argumentar que o que salvou a marca Playboy na década de 1970 foi a globalização. À medida que a tecnologia avançava e a comunicação entre fronteiras se intensificava, o mundo ficava cada vez menor e a Playboy encontrou um novo público fora dos Estados Unidos. Em 1972, a primeira edição estrangeira da revista Playboy foi lançada na Alemanha, com outras edições internacionais sendo lançadas na Austrália, Brasil, Japão e México na mesma década. O Playboy Club and Casino de Londres estava prosperando e Playboy Clubs foram abertos nas Filipinas, Jamaica (também um *resort*) e Montreal. Os anos 1970 levaram novos Playboy Clubs ao Reino Unido (Portsmouth e Manchester) e Japão (Tóquio, Osaka e Nagoya) e um novo cassino foi inaugurado nas Bahamas. A expansão fora dos Estados Unidos foi rápida e lucrativa na década de 1970 à medida que o mistério da marca e o interesse do mundo pela vida do defensor da marca, Hugh Hefner, se espalhavam pelo globo graças à imprensa e às controvérsias que cercavam tanto o homem quanto a marca.

O *buzz* pode fazer milagres a uma marca. Ele pode impulsionar resultados a curto prazo, mas sustentar essa agitação para impulsionar o crescimento de longo prazo requer uma estratégia focada. O problema para a Playboy era que a expansão internacional não tinha como solucionar os problemas centrais da empresa e, depois de atingir o auge em 1972, a empresa e a marca começaram a entrar em declínio. Acrescente uma nova concorrência aos impactos do macroambiente e a Playboy não estava pronta para a retração dos negócios que viria com a segunda metade da década de 1970.

A MARCA CHEGA AO AUGE

Capítulo 9

"Eu não queria acabar imitando os imitadores."

Hugh Hefner, em dezembro de 2008, em entrevista para o Askmen.com sobre seus sentimentos em relação aos ataques da concorrência nos anos 1970

Em 1972, a Playboy atingiu o auge de sua popularidade. A revista *Playboy* usufruía de uma circulação de mais de 7 milhões de exemplares por mês e estava posicionada como a revista masculina líder, bem como uma das revistas mais influentes do mundo. Dezenas de clubes, cassinos, hotéis e resorts da Playboy operavam rentavelmente e com aproximadamente 1 milhão de membros. A marca se expandiu a vários mercados e categorias, incluindo artigos de merchandising, produção de televisão e cinema, gravação de músicas, agenciamento de modelos e serviços de limusine, entre outros. Já se antecipava que o crescimento da marca Playboy não poderia ser mantido, mas nunca foram tomadas medidas para proteger a empresa de um colapso inevitável.

Em 1972, a Playboy ainda era considerada um império com potencial ilimitado, mas, em pouco tempo, os aplausos cessariam e a Playboy seria acusada de administração incompetente e falta de experiência em estratégia de negócios. Hugh Hefner tinha se afastado das operações do dia a dia da empresa em 1970. Apesar de permanecer às vistas do público como o maior defensor da marca e a personificação da promessa da marca, ele estava ausente das operações da empresa. Seu foco passou a seu *status* de celebridade, seu papel como defensor e representante da promessa da marca. Ele ainda controlava decisões importantes de negócios, mas estava ausente da gestão operacional.

Em vez disso, ele comprou uma nova casa, a Mansão Playboy West, em uma área exclusiva de Beverly Hills, Califórnia, e mergulhou no estilo de vida das celebridades que ele idolatrava desde a infância. Com o Big Bunny, seu jato DC-9, com a série de televisão *Playboy After Dark* e com mais dinheiro do que conseguia gastar, Hefner estava vivendo a fantasia da Playboy em todos os aspectos.

Ao mesmo tempo, a empresa começou a ter dificuldades. Depois que a Playboy abriu o capital em 1971, os lucros começaram a cair rapidamente. A Playboy começou a sentir os efeitos negativos do macroambiente. Os americanos se viam em dificuldades financeiras e políticas e as investigações relacionadas a drogas, discutidas no Capítulo 8, causaram um impacto direto sobre as vendas da revista *Playboy* e na imagem da marca na mente dos consumidores. Várias reestruturações foram realizadas na tentativa de trazer uma forte equipe gerencial capaz de revitalizar o negócio antes que fosse tarde demais. Contudo, com uma estratégia de negócios ainda sem foco, as tentativas acabaram sendo insuficientes e tardias e os lucros mergulharam perigosamente a baixos níveis. Em 1973, os lucros brutos eram de US$ 20 milhões, mas, em 1975, tinham caído para apenas US$ 2 milhões. Em 1976, as ações da Playboy atingiram um mínimo de apenas US$ 4 por ação.

Ataques competitivos à marca pioneira

Em 1969, os consumidores começaram a ver anúncios de uma nova revista masculina, a *Penthouse*. A nova publicação atacava a *Playboy* de modo direto e arrogante. Grande parte dos conceitos utilizados na *Penthouse* foram copiados das páginas da *Playboy* sem permissão, incluindo seções, títulos e assim por diante. A *Penthouse* foi lançada na Inglaterra em 1965, mas a nova década a traria aos Estados Unidos. Com uma mensagem de marca que rotulava a *Playboy* como uma revista que se arrastava no obsoletismo, a *Penthouse* se posicionava como a revista masculina da nova geração. O conteúdo era muito mais sexualmente explícito do que os consumidores encontravam nas páginas da *Playboy*, o que diferenciava a nova revista da marca pioneira e atraiu imediatamente a atenção do público (veja o Quadro 9.1 para mais informações sobre estratégias de posicionamento competitivo de mercado).

Quadro 9.1. Estratégias de posicionamento competitivo

Os profissionais de marketing normalmente definem quatro estratégias principais de posicionamento competitivo no mercado:

- *Líder de mercado*: Como o nome sugere, a posição de líder do mercado é a posição número 1, com a maior participação de mercado e a maior força. A *Playboy* foi o líder do mercado e a marca pioneira (a primeira no mercado), o que lhe proporcionou uma enorme força até a década de 1970. Um outro exemplo é o McDonald's, o líder de mercado no setor de restaurantes de *fast-food* nos Estados Unidos.
- *Desafiante de mercado*: As empresas na posição de desafiante de mercado tentam roubar direta e agressivamente participação ►

de mercado do líder. Tanto a *Penthouse* quanto a *Hustler* foram desafiantes de mercado nos anos 1970. Infelizmente, a revista *Oui* da Playboy também foi um desafiante de mercado para a líder. De forma similar, o Burger King é o desafiante de mercado do McDonald's, o líder do mercado. Ao diferenciar suas ofertas como grelhadas e não fritas e ao atacar diretamente o McDonald's desde a sua fundação em 1954 (quatorze anos após o lançamento do McDonald's), o Burger King sempre seguiu uma estratégia de tentar agressivamente roubar participação de mercado do McDonald's. Hoje em dia, o Burger King é a segunda maior rede de *fast-food* dos Estados Unidos, atrás do McDonald's.

- *Seguidor de mercado*: Empresas na posição de seguidor de mercado não querem arriscar um desafio direto ao líder do mercado. Em vez disso, essas empresas se satisfazem roubando clientes insatisfeitos tanto do líder do mercado quanto dos desafiantes e que estejam em busca de uma alternativa. A Wendy's poderia ser definida como uma seguidora de mercado no setor de *fast-food*. Apesar de a Wendy's ter feito tentativas claras de diferenciar a marca do líder e dos desafiantes de mercado (pense na famosa campanha "Onde está a carne?" nos Estados Unidos na década de 1980) seu foco tem sido roubar clientes que têm problemas específicos com os produtos e serviços oferecidos pelo líder e pelos desafiantes de mercado. Hoje em dia, a Wendy's (fundada em 1969) é a terceira maior cadeia de restaurantes de *fast-food* nos Estados Unidos.
- *Ocupantes de nicho de mercado*: As empresas na posição de ocupantes de nicho de mercado são pequenas e normalmente não ameaçam o líder de mercado. Essas empresas ocupam muito pouco espaço no mercado e não apresentam um desafio aos concorrentes maiores. Elas normalmente concentram seus esforços em alguns poucos mercados-alvo selecionados. Uma empresa como a Hardee's pode ser considerada uma ocupante de nicho de mercado no setor de restaurantes de *fast-food*. A Hardee's se concentra em ser conhecida como uma rede de hambúrgueres que desenvolve sua presença em pequenas cidades onde as redes maiores de *fast-food* não investem, particularmente no Meio-oeste e Sudeste dos Estados Unidos. A Hardee's mantém um forte posicionamento como ocupante de nicho de mercado. Desde a sua fundação em 1960, a Hardee's cresceu para ser a quarta maior cadeia de *fast-food* nos Estados Unidos. Já o Boston Market, lançado em 1985, pode ser considerado

▶ um ocupante de nicho de mercado simplesmente devido a seu foco em servir alimentos mais saudáveis com mais rapidez (principalmente produtos de frango).

No começo, Hefner ordenou que seu pessoal ignorasse a *Penthouse*, mas, ao assistirem às vendas da nova concorrente decolarem de 235 mil exemplares da primeira edição publicada nos Estados Unidos em setembro de 1969 a 2 milhões de exemplares em meados de 1972, a concorrente não podia mais ser ignorada. A *Penthouse* estava rapidamente roubando participação de mercado da *Playboy* e convertendo consumidores para acreditar que a *Playboy* estava obsoleta e que não estava conseguindo acompanhar as necessidades dos consumidores em relação a uma revista masculina. O primeiro contra-ataque da Playboy (veja o Quadro 9.2 para detalhes sobre as estratégias de posicionamento ofensivo e defensivo) veio na forma de uma nova revista, mais explicitamente pornográfica. Em 1972, Hefner comprou a revista *Oui* de uma editora francesa por meio da Playboy Enterprises. A *Oui* era uma publicação conhecida na França, com um conteúdo mais sexualmente explícito do que o que Hefner publicava na Playboy, e ele acreditava que, ao adquirir uma revista que competisse diretamente com a *Penthouse*, conseguiria vencer o proprietário da concorrente, Robert Guccione, usando as mesmas estratégias de seu rival. No entanto, o tiro saiu pela culatra: Em vez de roubar participação de mercado da *Penthouse*, a *Oui* só conseguiu transferir parte da participação da Enterprises Playboy no mercado de revistas masculinas da *Playboy* para a *Oui*.

Em 1976, as vendas da *Penthouse* chegaram a algo entre 4,5 a 5 milhões, enquanto a circulação da *Playboy* tinha caído de seu auge de

7 milhões de exemplares mensais a algo entre 5 e 6 milhões de exemplares por mês. Enquanto a *Playboy* não conseguia garantir os números de circulação aos anunciantes mês após mês, a *Penthouse* aumentou em meio milhão a garantia de circulação aos anunciantes. Em resumo, as estratégias e táticas da Playboy para combater a concorrência na década de 1970 foram completamente reativas e malsucedidas.

Uma outra revista masculina concorrente, a *Hustler*, foi lançada em 1974. Apesar de seu conteúdo ser muito mais pornográfico do que tanto a *Playboy* quanto a *Penthouse*, a revista conseguiu roubar participação de mercado dos líderes da categoria e, em seu auge, a circulação da *Hustler* chegou a 3 milhões de exemplares por mês. Em uma segunda tentativa de contra-atacar a *Penthouse* e outros concorrentes, Hefner tomou a decisão de reposicionar mais uma vez a *Playboy*. A revista que defendia uma liberdade sexual de bom gosto se tornou mais erótica, com imagens mais explicitamente pornográficas. A batalha das fotos explícitas entre a *Penthouse* e a *Playboy* foi apelidada de Guerras Púbicas na década de 1970, enquanto as marcas concorriam desafiando cada vez mais os limites da decência. Contudo, os consumidores da *Playboy*, que há muito tempo associavam a marca a um estilo de vida positivo, sofisticado e consumista, ficaram confusos com o que pode ser considerada uma mudança do erotismo à obscenidade.

Quadro 9.2. Estratégias de posicionamento ofensivo e defensivo

Os profissionais de marketing geralmente seguem três estratégias principais de posicionamento ofensivo e quatro estratégias principais de posicionamento defensivo que podem ser diretamente aplicadas ao ambiente competitivo da *Playboy* na década de 1970.

Estratégias de posicionamento ofensivo

Ataque frontal: O desafiante de mercado ataca diretamente o líder do mercado em seu mercado principal. Tanto a *Penthouse* ▸

quanto a *Hustler* utilizaram estratégias de ataque frontal para atacar a *Playboy* nos anos 1970.

Ataque pelos flancos: O desafiante de mercado encontra e explora o ponto fraco do líder do mercado para roubar participação de mercado. A Apple utilizou essa estratégia com sucesso nos últimos anos ao atacar as vulnerabilidades (como a maior propensão de pegar vírus) do líder do mercado, o Microsoft Windows.

Ataque de guerrilha: O desafiante de mercado utiliza uma série de pequenas e contínuas táticas para frustrar ou prejudicar o líder e aumentar a conscientização do público em relação ao desafiante de mercado em segmentos específicos. O líder de mercado provavelmente não verá um pequeno ataque de um concorrente aparentemente insignificante como uma grande ameaça, mas, se esses ataques puderem ser sustentados, eles podem acabar tendo um impacto significativo sobre o sucesso do pequeno desafiante de mercado. O navegador Firefox, da Mozilla, é um bom exemplo de uma marca que utilizou com sucesso a estratégia de ataque de guerrilha contra o líder do mercado, o Internet Explorer, da Microsoft.

Estratégias de posicionamento defensivo

Defesa de posição: O líder do mercado lança uma variedade de produtos para criar uma barreira defensiva ao redor de sua marca e manter os concorrentes de fora. Em outras palavras, os desafiantes de mercado têm dificuldades de encontrar lacunas a serem preenchidas ou oportunidades para romper a linha de defesa do líder do mercado.

Defesa antecipada: Para frustrar um ataque iminente, o líder de mercado pode lançar suas próprias táticas ofensivas para combater o ataque e neutralizar seus efeitos. O Google, com sua ampla variedade de aplicações, produtos e serviços on-line, é um excelente exemplo de uma marca que utiliza a estratégia de defesa de posição. A Playboy tentou essa estratégia defensiva com a aquisição da *Oui*.

Defesa contraofensiva: O líder do mercado reage a um ataque do desafiante de mercado com um ataque ainda maior, ao qual o desafiante menor não tem recursos para reagir adequadamente.

Retirada estratégica: Quando um líder de mercado estende demais sua marca e recursos, será necessário realizar uma retirada estratégica dos empreendimentos de baixo desempenho para recuperar o foco nos ativos mais valiosos. A Playboy se viu nessa posição defensiva na década de 1970.

Naturalmente, as controvérsias ao redor das Guerras Púbicas e da concorrência entre a *Playboy* e a *Penthouse* abasteceram o *buzz* em relação às duas marcas e atraíram a atenção do público, aumentando o conhecimento em relação a elas, mas também obscurecendo a promessa da marca Playboy. Uma das chaves da construção bem-sucedida de uma marca é a coerência das mensagens. Quando a revista *Playboy* passou do erotismo à pornografia mais explícita, as demandas dos consumidores fiéis não estavam sendo necessariamente satisfeitas. À medida que uma marca se desenvolve, mensagens coerentes e o contínuo cumprimento da promessa da marca cria expectativas na mente dos consumidores provenientes dos três principais fatores do desenvolvimento da fidelidade do cliente:

1. *Solidez*: Os clientes se tornam fiéis a um produto quando esse produto (ou marca) envia uma mensagem coerente.
2. *Sustentabilidade*: Os clientes se tornam fiéis a um produto quando esperam que esse produto (ou marca) os acompanhe por muito tempo ou pelo menos por um período específico com um fim claramente definido.
3. *Segurança*: Os clientes se tornam fiéis a um produto quando esse produto (ou marca) lhes dá a sensação de conforto ou paz de espírito.

Desde o seu lançamento em 1953, a revista *Playboy* representou um estilo de vida livre e de alta qualidade que os homens aspiravam atingir. O conteúdo pode ter evoluído ao longo de seus vinte primeiros anos de existência, mas os consumidores sentiam a estabilidade da mensagem essencial coerente de viver um tipo de vida específico. Ao mesmo tempo, os clientes sabiam que a próxima edição da revista *Playboy* chegaria em um período específico a cada mês, sem falhas. Os assinantes da revista respondiam pela grande maioria das vendas da *Playboy*, demonstrando que os clientes queriam ter um longo e constante relacionamento com a marca. Além disso, os clientes se sentiam seguros com a marca Playboy. Mês após mês, o produto entregava uma mensagem de marca e uma proposição de valor coerentes – viver a boa vida que as pessoas merecem. As seções da revista se mantiveram similares ao longo dos vinte anos de vida da marca, e os consumidores se sentiam bem sabendo o que esperar da *Playboy*.

Contudo, em meados da década de 1970, a Playboy tomou a decisão desesperada de mudar completamente a imagem da revista para concorrer diretamente com desafiantes como a *Penthouse* e a *Hustler*. Foi uma decisão ousada que, na opinião da empresa, poderia manter a revista relevante na mente dos consumidores. Com a nova proliferação de conteúdo sexual em vários mercados e categorias na década de 1970, a Playboy tomou uma decisão que contradizia totalmente sua imagem de marca e sucumbia às pressões competitivas. Apesar de as novas imagens, sexualmente explícitas, que começaram a ser publicadas na *Playboy* poderem ter agradado alguns consumidores existentes e atraído alguns novos clientes, um grande número de clientes fiéis ficou confuso com a mudança. Clientes fiéis que tinham altas expectativas em relação à marca Playboy de repente não sabiam mais o que esperar. O resultado foi uma perda ainda maior nos números de circulação da revista *Playboy* (veja o Quadro 9.3 para mais exemplos de marcas que mudaram de direção e confundiram os consumidores).

A confusão dos clientes não foi o único resultado negativo da decisão da *Playboy* de se tornar mais sexualmente explícita. Os anunciantes ficaram igualmente confusos e abandonaram a revista rapidamente e em massa. A meta de Hefner tinha sido tentar garantir a relevância da *Playboy* com base no sucesso da *Penthouse* e do óbvio mercado para um conteúdo mais sexualmente explícito. Contudo, os consumidores e anunciantes não estavam preparados para a mudança da marca pioneira para concorrer diretamente com seu concorrente menor.

Quadro 9.3. Marcas que não conseguiram atingir as expectativas do cliente

Em abril de 1985, a Coca-Cola Company lançou um produto que ficou conhecido na história como uma das piores estratégias de marca já desenvolvidas. O produto se chamava New Coke e foi desenvolvido para concorrer diretamente com a Pepsi, que estava conquistando rapidamente participação de mercado na época no competitivo mercado de refrigerantes. A New Coke foi lançada com um sabor diferente do que os consumidores esperavam da Coca-Cola. Se a Coca-Cola tivesse simplesmente lançado a New Coke como uma extensão de marca, a estratégia poderia ter funcionado (apesar de ser possível argumentar que a manobra teria feito pouco mais do que roubar participação de mercado da própria Coca-Cola), mas a empresa lançou a New Coke como substituta de um produto ao qual os consumidores já eram muito fiéis. Eles tinham expectativas em relação à Coca-Cola, e a New Coke não satisfazia essas expectativas. A Coca-Cola voltou ao mercado apenas três meses depois do lançamento da New Coke.

Um outro exemplo de uma marca que não conseguiu satisfazer as expectativas do cliente foi a Saturn. Quando a empresa começou a perder dinheiro no final dos anos 1990 e 2000, a General Motors tomou medidas para cortar muitos dos diferenciadores que os clientes passaram a esperar da marca Saturn. De repente, "uma empresa automobilística diferente, um carro diferente" passaram a se parecer muito com todas as outras marcas do mercado. A promessa de marca ficou confusa e os consumidores simplesmente não acreditavam mais nela. Em consequência, uma marca que representava algo bastante diferente de qualquer outra empresa automobilística no início da década de 1990 se tornou indistinguível das outras marcas no mercado.

A marca pioneira, na posição de líder da categoria, tinha cometido um erro, e Hefner percebeu isso. Em 1975, ele ordenou um retorno à visão de marca original da *Playboy* para que o sexo e a nudez fossem aceitáveis na sociedade americana sem a culpa e a repressão que ele vivenciou na juventude. A *Playboy* retomou sua missão essencial de ser uma revista masculina de estilo de vida que também incluía conteúdo e imagens de natureza sexual. Os artigos voltaram a se concentrar no romantismo e no estilo de vida livre que a *Playboy* tinha defendido duas décadas antes. Uma nova campanha publicitária foi lançada em 1977 para anunciar o retorno da *Playboy* às raízes da revista como uma fornecedora de informações, ideias e inspiração para viver um estilo de vida específico.

Contudo, nos anos 1970 a *Playboy* não enfrentava apenas a concorrência do mercado editorial. Ao longo da década de 1970, a *Playboy* enfrentaria a concorrência de uma variedade de fontes, à medida que o sexo se tornava menos tabu e mais popularizado. *Sex shops*, clubes de *strip-tease*, livros relacionados ao sexo, filmes pornográficos etc. se tornavam comuns nos Estados Unidos e consumidores de todos os tipos passaram a ter acesso a esses produtos de várias formas. Apesar de Hugh Hefner ter argumentado desde o lançamento da *Playboy* em 1953 que não se tratava de uma revista de sexo, mas sim de uma revista masculina de estilo de vida, grande parte do público consumidor associava a marca ao sexo, particularmente desde que a agitada vida sexual de Hefner começou a ser divulgada na imprensa. A nova disponibilidade do sexo por meio de tantos produtos, categorias e experiências obscureceu o mistério que a *Playboy* conseguiu manter décadas antes e a revista teve dificuldades de encontrar sua relevância em uma sociedade sexualmente liberada e economicamente oprimida. Em resumo, a *Playboy* e a Hugh Hefner foram vítimas do próprio sucesso. As causas pelas quais Hefner lutou durante os anos 1950 e 1960 foram vencidas (ou quase) e a marca Playboy deixou de ter um posicionamento de mercado, uma mensagem ou uma identidade clara.

Os sinais de problema se concretizam

A decisão de Hugh Hefner em 1975 de reposicionar a *Playboy* para voltar às raízes e se distanciar da pornografia dos concorrentes foi um passo na direção certa para salvar a marca Playboy, mas não seria o suficiente. Durante décadas, a marca Playboy vinha sendo estendida em excesso e a expansão irrestrita de uma marca não pode ser sustentada (veja o Quadro 9.4 para um outro exemplo de expansão de marca sem restrições).

Quadro 9.4. Expansão de marca sem restrições

Em 1983, o primeiro restaurante Hooters foi aberto na Flórida. Atualmente, existem mais de 400 restaurantes de franquias em 43 estados e quase 30 países e territórios ao redor do mundo. A empresa não tenta esconder que sua promessa de marca é boa comida com mulheres bonitas. Na página "Sobre a empresa" do website Hooters.com, os visitantes são informados que "o apelo sexual é legal e vende". A descrição continua: "O marketing da Hooters, enfatizando a Hooters Girl e seu apelo sexual, além de seu comprometimento às operações de qualidade continua a se desenvolver e contribui para o sucesso da rede. O lema de negócios da Hooters resume tudo: 'você pode vender o chiado da fritura, mas precisa entregar o bife'". A Hooters não pede desculpas por contar com a sexualidade feminina para vender seus produtos. A página "Sobre a empresa" do website afirma claramente: "A empresa não tem planos de alterar o conceito e sente que fazer isso seria um enorme prejuízo a seus franqueados, empregados e clientes".

A mensagem e a promessa da marca Hooters não poderiam ser mais claras. Extensões de marca como calendários das garotas da Hooters, um concurso internacional de Miss Hooters, um programa de recompensas do MasterCard com a marca Hooters (os usuários ganham pontos que podem ser usados nos restaurantes da Hooters) e roupas personalizadas, tudo isso funciona para estender essa promessa de marca. Vários patrocínios em esportes profissionais como golfe, corrida de automóveis, corrida de barcos e uma equipe de motocicleta também apelavam ao público-alvo e alinhavam a empresa às expectativas dos consumidores em relação à marca.

Contudo, nos anos 2000, a Hooters se aventurou em novos negócios fora das competências essenciais da empresa. A marca começou a se expandir sem as restrições necessárias e os consumidores foram apresentados à Hooters Air, em 2003, e à bebida energética Hooters, em 2007. Ambos fracassaram em satisfazer as expectativas dos clientes para a marca e fizeram pouco mais do que confundir os clientes, que não conseguiam ver a relação entre uma companhia aérea, uma bebida energética e a promessa de marca da Hooters de boa comida com mulheres bonitas. O salto foi grande demais e os dois produtos fracassaram rapidamente.

Além disso, a Hooters entrou no mercado de hotéis e cassinos em Las Vegas em 2006. Este era um outro negócio no qual a ▸

empresa tinha pouco conhecimento e experiência, o que ficava claro para os clientes. Em 2008, o fluxo de caixa estava caindo e um grupo de investimentos tentou comprar a propriedade da Hooters. A negociação fracassou, e o futuro do Hooters Casino Hotel ainda permanece incerto. Da mesma forma como a Playboy fez várias tentativas de aproveitar sua popular marca expandindo-a amplamente, a Hooters cometeu o erro de expandir sua marca sem restrições. Era possível prever o que aconteceria já em 2000, quando, em uma entrevista na CNN/Money sobre os planos da Hooters para comprar a falida Vanguard Airlines, o vice-presidente de marketing da Hooters, Mike McNeil, disse: "o primeiro passo é avaliar se existe o desejo de entrar nesse negócio, o que vai levar esses sujeitos de volta ao ar, tentar entender o negócio, porque francamente, não o entendemos muito bem ainda". Não é de se surpreender que a Hooters Air tenha fechado em 2006 depois de apenas três anos em operação. Quando uma marca se distancia demais de sua promessa principal e os consumidores não conseguem fazer as conexões necessárias entre as extensões e suas expectativas em relação à marca, essas extensões provavelmente falharão e a empresa e a marca sofrerão as consequências.

Em meados da década de 1970, a revista *Playboy* ainda era lucrativa, mas muitos Playboy Clubs estavam perdendo dinheiro e os hotéis e *resorts* da Playboy estavam enfrentando dificuldades. O primeiro grande filme produzido pela Playboy Productions, *Macbeth*, de Roman Polanski, foi aclamado pela crítica mas foi um desastre de bilheteria. Em 1973, a Playboy Enterprises usufruía de US$ 20 milhões de lucros brutos, mas, em 1975, esse número tinha despencado para US$ 2 milhões. A empresa tinha crescido com pouco foco e, em meados dos anos 1970, praticamente todos os aspectos dos negócios estavam perdendo dinheiro com exceção da revista *Playboy* e do Playboy Club and Casino de Londres. De fato, os Playboys Clubs, anteriormente considerados a maior experiência da marca Playboy, eram o empreendimento que mais perdia dinheiro durante a recessão econômica da década de 1970, e o *resort* de US$ 30 milhões construído em Nova Jersey na década anterior ainda não tinha conseguido se pagar.

Em 1975, uma força-tarefa foi montada para fazer recomendações a Hefner e salvar a Playboy. Em 1976, uma reestruturação estava sendo implementada, com um novo chefe executivo de operações, Victor Lownes (um confidente de Hugh Hefner) e um plano para retomar o foco da empresa. Lownes rapidamente ganhou o apelido de "Ax Man" (o homem do machado) entre os empregados da Playboy depois de agilmente cortar o orçamento da empresa para as operações dos hotéis e clubes da Playboy em mais de 35%. Lownes descontinuou a revista *VIP* distribuída a membros do Playboy Club e cortou 50 empregados da Playboy. Uma mudança que afetou muito o moral dos empregados da Playboy foi a demissão de todo o "departamento Bunny", que mantinha arquivos atualizados e cadastros de todas as coelhinhas da Playboy nos Estados Unidos. Nem o próprio Hugh Hefner foi poupado das táticas de corte de custos corporativos de Lownes. O Big Bunny, o jato preto DC-9, um símbolo icônico da promessa da marca Playboy, foi vendido e a Mansão Playboy de Chicago só faltou ser fechada.

Victor Lownes acreditava que o estilo de vida e a celebridade de Hugh Hefner não tinham mais valor para a Playboy. Em vez disso, ele se concentrou inteiramente na retenção dos lucros por meio de medidas drásticas e rápidas de corte de custos. Lownes reestruturou o modelo de negócios da Playboy de operar seus vários negócios de modo centralizado e passou a fechar acordos de licenciamento e *franchising*. Ele relativizou as regras rigorosas nos clubes e hotéis da Playboy, referentes à apresentação uniforme da marca Playboy, e incentivou os gestores a reprojetar os clubes como achassem melhor. Levando essa ideia adiante, eliminou a regra que proibia as coelhinhas dos Playboy Clubs de namorar os convidados. Lownes chegou a retirar o nome da Playboy dos hotéis da empresa em Chicago e Nova Jersey. O único negócio no qual Lownes não tinha autoridade era a revista *Playboy*, que Hefner continuava a controlar com firmeza.

A reestruturação coincidiu com um artigo no *Wall Street Journal* prevendo um futuro sombrio para a *Playboy*, afirmando que a revista estava sofrendo uma queda na circulação e anunciantes, as divisões fonográfica e cinematográfica estavam perdendo dinheiro e os hotéis, *resorts* e Playboy Clubs nos Estados Unidos estavam operando no vermelho. Talvez o mais revelador para o público tenha sido o relato no artigo do *Wall Street Journal* de que a Playboy perdera duas linhas de crédito bancário no valor de US$ 6,5 milhões durante o escândalo relacionado às drogas em meados da década de 1970. Com todas as forças aparentemente atuando contra a Playboy em 1975, a empresa entrou em 1976 com uma nova estrutura corporativa e a meta de criar um foco para a marca, que há tanto tempo estava ausente da estratégia de negócios.

O primeiro passo para salvar a Playboy em meados dos anos 1970 foi definir o foco da marca, como vimos no Capítulo 5. No início de 1976, a Playboy Enterprises considerou o nome da marca Playboy prejudicial a alguns de seus empreendimentos. Para atrair um público mais amplo, incluindo convenções de negócios conservadoras, o nome da marca Playboy foi removido de seu *resort* em Nova Jersey e do hotel de Chicago. Em meados de 1977, a estratégia se voltou a eliminar os excessos – eliminar os empreendimentos que não estavam funcionando e nos quais a empresa tinha pouca experiência ou conhecimento. O *resort* da Playboy na Jamaica foi fechado, bem como o Playboy Club de Baltimore, simbolizando o início de uma série de fechamentos que viria a ocorrer nos próximos anos. Os teatros da Playboy foram vendidos, bem como as divisões fonográfica e cinematográfica. Em setembro de 1977, a Playboy

Enterprises demitiu 70 empregados e a empresa ganhou lucros modestos tanto em 1977 quanto 1978, graças ao sucesso contínuo da revista e do cassino de Londres.

A indústria dos jogos de azar constituía a nova fonte para a Playboy no final dos anos 1970 e, à medida que o dinheiro continuava a entrar no cassino de Londres, a empresa abriu um segundo cassino nas Bahamas em 1978 e começou, em 1979, a construir um hotel e cassino de US$ 135 milhões em Atlantic City, Nova Jersey. Infelizmente, os jogos de azar não estavam incluídos na competência essencial da Playboy e nem eram o foco da empresa. Em um momento no qual a marca deveria estar se concentrando na retração, ela se expandia ainda mais em uma área fora de sua especialidade. Não é de se surpreender que apenas alguns anos mais tarde os cassinos da Playboy tenham entrado em colapso.

No final da década de 1970, contudo, o foco era nos lucros de curto prazo dos cassinos, com pouca consideração à estratégia de longo prazo. A empresa caiu nessa armadilha vez após vez durante as três primeiras décadas da marca Playboy, mas, apesar das decisões incoerentes de branding no nível corporativo na década de 1970 e da falta de restrição da marca desde o lançamento da marca em 1953, um fator permanecia constante – Hugh Hefner como o maior defensor da marca e seu status de celebridade, que continuava em ascensão independente do desempenho da empresa. Ele era a melhor tática promocional que uma marca poderia ter, e Hefner e o pessoal da Playboy Enterprises sabiam disso.

A MARCA RECONHECE SEUS ERROS E TENTA REAGIR

Capítulo 10

"A marca não passa de uma permissão para jogar. Ela não é uma garantia de sucesso."

Christie Hefner em uma entrevista para a *ContextMag* em 1999

Em fevereiro de 1970, o Big Bunny, o jato particular DC-9 de Hugh Hefner, decolou para seu voo inaugural de Chicago a Los Angeles. Decolaram com ele uma tripulação de coelhinhas e dez repórteres, além do defensor da marca Playboy e um grupo de amigos. O estilo de vida da Playboy tinha crescido tanto que a terra firme ficou pequena demais para ele, e a festa precisou invadir os céus. No jato, nasceu um Playboy Club. O avião foi projetado para se parecer com um apartamento voador, com área de dança, área de jogos, sala de projeção de filmes, música, comida, drinques e mulheres. Em uma época na qual poucas empresas usavam jatos privados e menos pessoas ainda tinham um, o Big Bunny representava a epítome da extravagância e foi apenas o primeiro passo na busca de Hugh Hefner de se posicionar como uma celebridade de sucesso vivendo a fantasia da Playboy.

Já no final dos anos 1950, Hefner tomou a decisão consciente de viver a marca que criou. Ele mudou sua personalidade tímida para ser mais extrovertida, comprou um Mercedes-Benz 300SL e começou a fumar cachimbo e a usar pijamas para intensificar seu mistério e o prestígio da marca Playboy. No início dos anos 1970, Hefner tinha se distanciado das operações diárias da Playboy, concentrando mais tempo do que nunca em sua imagem pública. Na estreia do *Playboy After Dark*, Hefner usou o Big Bunny para voar de um lado a outro de Chicago a Los Angeles, onde o programa era gravado em um estúdio de Hollywood. À medida que o novo programa de televisão de Hefner assumia uma aparência de Hollywood, o mesmo acontecia com Hefner e a marca Playboy. Não é de se surpreender que Hefner fosse atraído ao estilo de vida das celebridades de Hollywood. Ele disse em inúmeras entrevistas que, desde sua infância, ele usava os filmes para escapar de sua criação repressora e a sedução continuou ao longo de sua vida adulta.

No dia 3 de fevereiro de 1971, Hefner comprou uma nova mansão para passar mais tempo em Hollywood, o que ele passou a apreciar cada vez mais. Por mais de US$ 1 milhão, Hefner comprou a Mansão Playboy West (na época, a maior transação imobiliária na história de Los Angeles) e, depois de várias reformas inspiradas por uma recente viagem à África, ele a apelidou de Disneylândia para adultos. A inauguração oficial da Mansão Playboy West foi realizada como um evento para angariar fundos para a American Civil Liberties Union (ACLU) – União Americana pelas Liberdades Civis. A nova mansão representava uma festa constante e cresceu para se tornar um ícone da satisfação dos desejos e extravagância. Em 1975, Hefner estava completamente imerso no estilo de vida de Hollywood e se mudou permanentemente para a Mansão Playboy West. Ele usou a mansão como uma ferramenta para se reinventar novamente na década de 1970 e exerceu à perfeição o papel de conquistador de mulheres, para o desprazer das ativistas do movimento feminista, mas para grande satisfação dos seguidores da marca Playboy.

No final dos anos 1970, Hefner tinha se tornado o maior ícone da promessa da marca Playboy. Ele apresentou o *Saturday Night Live* em 1977, o que o tornou acessível a um novo público e consolidou sua posição como uma grande celebridade. Ele também permitiu que vários especiais da ABC-TV fossem filmados na mansão no final da década de 1970 e trabalhou para restaurar o letreiro de Hollywood em Los Angeles, Califórnia. Mais tarde ele recebeu uma estrela na Calçada da Fama em Hollywood por seu trabalho. Ao mesmo tempo, ele continuava a ganhar prêmios e reconhecimentos por sua luta contínua pela liberdade de expressão e igualdade (veja o Quadro 10.1 para uma lista de prêmios recebidos por Hefner durante a década de 1970).

Em outras palavras, o mundo dos negócios nunca foi o principal interesse de Hefner e, na década de 1970, ele decidiu levar a vida que sempre quis sem restrições. Ele assumiu o papel não apenas de defender e promover a marca Playboy, como também o de viver o estilo de vida da Playboy ao extremo. Afinal, se ele não pudesse viver a vida da Playboy, quem poderia? Nos anos 1970, a reputação e a celebridade de Hefner cresceram tanto que as pessoas ou o idolatravam ou o abominavam. Não havia meio-termo e a publicidade e as controvérsias que cercavam o homem, a revista e a empresa simplesmente abasteciam o *buzz* e intensificavam o mistério da marca.

Quadro 10.1. Prêmios e tributos recebidos por Hugh Hefner durante a década de 1970

(Adaptado de: <http://www.playboyenterprises.com>)

- 1971: A ACLU (American Civil Liberties Union – União Americana pelas Liberdades Civis) do sul da Califórnia nomeia Hugh Hefner o Homem do Ano.
- 1974: Hugh Hefner é homenageado por sua "profunda influência na mentalidade legislativa e judicial" pela Associação de Advogados Criminalistas de San Fernando.
- 1976: Hugh Hefner é nomeado editor do ano pela Associação de Atacadistas Independentes de Revistas da Costa do Pacífico.
- 1977: Hugh Hefner recebe um "prêmio humanitário especial" da divisão de Beverly Hills-Hollywood da NAACP (Associação Nacional para o Progresso de Pessoas de Cor).
- 1978: O prefeito de Los Angeles, Califórnia, Tom Bradley, declara o dia 4 de dezembro o Dia de Hugh M. Hefner.
- 1978: Hugh Hefner atua como presidente do conselho honorífico do 11º Image Awards anual da NAACP do Los Angeles Century City Plaza.

Enquanto Hugh Hefner se concentrava em si mesmo na década de 1970, levando a promessa da marca Playboy ao extremo, a Playboy Enterprises sofria as consequências. A opinião pública mais uma vez se via com sentimentos mistos em relação a Hugh Hefner e à marca Playboy. Apesar de muitos o virem como um líder influente e agente de mudança pela liberdade civil, outros o viam como um símbolo de extravagância que não se adequava às dificuldades econômicas que os americanos vinham enfrentando. Ele foi rotulado como irresponsável por defender um estilo de vida de gratificação pessoal enquanto a maioria dos americanos passava por problemas financeiros e se via diante de crescentes índices de divórcio, abuso de drogas, tumulto racial, crianças geradas fora do casamento e doenças venéreas. Muitas pessoas acreditavam que Hugh Hefner e a marca Playboy estavam totalmente cegos à turbulência social do macroambiente. No decorrer dos anos 1970, grande parte do conteúdo da revista *Playboy* passou a se concentrar em Hefner e sua vida e alguns consumidores não conseguiam mais se vincular a um estilo de vida que parecia tão inatingível. Em consequência, as vendas da revista *Playboy* começaram a cair e a marca e a empresa enfrentaram um novo desafio após outro à medida que lutavam para sobreviver na década de 1970.

Mudando de rumo e salvando a honra por meio da construção da marca

Com o passar da década de 1970, a marca Playboy perdia relevância, participação de mercado e dinheiro. Como vimos no Capítulo 9, uma reestruturação corporativa e um foco renovado nas competências essenciais ajudaram a tirar a empresa do vermelho, mas também era necessário reenergizar a marca; a Playboy nunca tinha se visto diante de uma reconstrução da marca. Desde o início, a marca Playboy cresceu rapidamente sem nenhum obstáculo. Nos anos 1970, o mundo, os consumidores e o mercado tinham mudado. A Playboy tinha se estendido a mais mercados e categorias do que era capaz de sustentar e precisava abrir mão de alguma coisa. A marca tinha atingido o seu auge e foi forçada a se retrair para desacelerar seu avanço para o lado negro do ciclo de vida de produtos.

Em 1975, Hugh Hefner convenceu sua filha, Christie, a entrar na Playboy Enterprises com a esperança de que um dia ela aceitasse o papel de herdeira do império Playboy. Foi um passo na direção certa para que Hefner mantivesse o controle da marca Playboy sem se envolver diretamente nas operações diárias da empresa. Se um dia sua filha assumisse a empresa, ele poderia manter alguém de confiança no escritório de Chicago, para manter sua empresa no rumo certo, sem seu envolvimento direto.

Apesar de a Playboy ter aberto o capital em 1971, Hefner ainda era o acionista majoritário e tomava todas as grandes decisões. Uma reestruturação foi implementada em 1975 para controlar e melhorar o microambiente da Playboy, mas não era possível fazer muita coisa para afetar o macroambiente além do trabalho de Hefner e da Playboy no apoio à igualdade, liberdades civis e assim por diante. Hefner não tinha como mudar a economia. Ele não tinha como acabar com as crises do petróleo, nem como consertar um governo vacilante. Em vez disso, foram feitas tentativas de reconstruir a marca aos olhos dos consumidores de dentro para fora.

A Mansão Playboy West recebeu muitos eventos políticos ao longo da década de 1970 e especiais de televisão foram filmados em uma tentativa de lembrar os consumidores que a Playboy representava não apenas o excesso e o materialismo, mas também diversão e liberdade. Em 1979, o Playboy Jazz Festival foi revivido no Hollywood Bowl na Califórnia e se tornou maior e melhor do que nunca, permitindo que todas as pessoas voltassem a vivenciar a marca. No mesmo ano, 136 ex-*playmates* se reuniram na Mansão Playboy West para um Encontro das *playmates*. O entusiasmo e a publicidade ao redor do Encontro das *playmates* geraram um novo *buzz* positivo e empolgação em relação à marca que não se via há algum tempo.

Talvez na ação mais importante nos anos 1970, Christie Hefner criou o Hugh M. Hefner Awards da Playboy Foundation, em 1979, para homenagear pessoas que fizeram significativas contribuições na proteção e na promoção dos direitos de liberdade de expressão para os americanos. O programa de prêmios ajudou a reposicionar a marca Playboy como uma marca interessada em mais do que a satisfação dos desejos e lembrou os consumidores que Hugh Hefner e a Playboy representavam mais do que sexo e extravagâncias.

Enfrentando um mercado diferenciado

À medida que a década de 1970 chegava ao fim, a Playboy se via diante de um mercado diferenciado para o qual a empresa não estava preparada. Até então, a marca tinha tido sucesso proporcionando uma variedade de produtos visando a promover ricas experiências aos consumidores e lhes permitindo o controle e a personalização desses produtos. Na década de 1970, influências externas, como o macroambiente e a nova concorrência, forçariam o mercado a se diferenciar organicamente. Tanto as pessoas, a sociedade quanto o mercado de consumo da Playboy mudaram. Seu nicho cresceu e necessariamente se dividiu em grupos menores ou subnichos com desejos e necessidades variados em relação à marca. A Playboy não estava preparada para reconhecer e se adaptar a uma estratégia de marketing diferenciado.

Quando a *Penthouse* foi lançada em 1969 e imediatamente começou a roubar participação de mercado da revista *Playboy*, ficou claro que o ataque frontal estava funcionando e que um segmento dos clientes da Playboy passaria para o novo produto, que conseguia satisfazer melhor suas novas necessidades específicas. As tentativas de contra-ataque pouco planejadas da Playboy não seguiam uma estratégia de longo prazo, se concentrando em táticas de curto prazo. Em vez de analisar o mercado em evolução e criar estratégias de diferenciação comportamental e demográfica, a Playboy afobadamente promoveu alterações que deixaram de atingir os objetivos esperados. Os principais consumidores da empresa ficaram confusos, os anunciantes ficaram irados e as táticas reacionárias produziram resultados negativos.

Se uma análise de *clusters*, ou grupos, tivesse sido conduzida no início dos anos 1970, os clientes poderiam ter sido agrupados com base em características similares, e objetivos mensuráveis poderiam ter sido definidos para cada segmento com o desenvolvimento de táticas eficazes de marketing para atingir esses objetivos. Uma análise de *clusters* é uma técnica utilizada para diferenciar organicamente os clientes com base em características existentes. Essas características podem ser baseadas em características comportamentais e demográficas. A meta da análise de *clusters* é agrupar os clientes de forma que todos os membros de um grupo específico sejam similares uns aos outros. Pela natureza do processo, cada grupo será distintivamente diferente do outro. Em outras palavras, uma análise de *clusters* permite que os profissionais de marketing segmentem os clientes em grupos singulares com necessidades, desejos e expectativas inigualáveis.

A diferenciação permite que os profissionais de marketing criem mensagens e posicionamentos diferenciados e estratégias que atinjam objetivos tanto de curto quanto de longo prazo relacionados a esses segmentos específicos. Em vez de utilizar uma abordagem do tipo "tudo ou nada", uma abordagem diferenciada identificaria lacunas, oportunidades e ameaças, permitindo à Playboy se concentrar nos segmentos mais lucrativos e maximizar o retorno sobre o investimento. Infelizmente, a empresa levou ainda muitos anos para reconhecer essa estratégia ou empregá-la em sua totalidade.

Durante a década de 1970, a Playboy ainda agia de acordo com muitos dos caprichos de Hugh Hefner. O defensor da marca tinha se distanciado das operações diárias da Playboy Enterprises, mas ainda controlava as principais decisões. Essa separação e a falta de pensamento estratégico de longo prazo impossibilitariam a Playboy de se redefinir e reposicionar sua marca icônica nos anos 1970. Infelizmente, o pior ainda estava por vir. Os anos 1980 viriam acompanhados de um novo conjunto de grandes problemas tanto para Hugh Hefner quanto para a marca Playboy.

PARTE 4

O declínio da marca – Os anos 1980

O declínio da marca – Os anos 1980

Tabela IV: Cronologia – Os anos 1980	
1980	Estreia do Playboy Channel. A *playmate* Dorothy Stratten é assassinada. Hugh Hefner recebe uma estrela na Calçada da Fama em Hollywood.
1981	A Playboy Enterprises anuncia a venda de todos os seus cassinos na Inglaterra depois de o Magistrado Britânico revogar a licença da empresa para suas operações de jogos de azar. A Playboy não recebe uma licença para operações de jogo de azar em Nova Jersey e precisa aceitar a Elsinore Corporation como uma parceira de negócios para abrir Playboy Casino em Atlantic City.
1982	Christie Hefner é nomeada presidente da Playboy Enterprises, Inc.
1984	Peter Bogdanovich publica um livro responsabilizando Hugh Hefner pelo assassinato de Dorothy Stratten. A Playboy vende sua participação de seu cassino em Atlantic City, Nova Jersey, depois de dois anos de petições indeferidas para adquirir uma licença de operações de jogos de azar.
1985	O Procurador Geral dos Estados Unidos cria uma equipe federal para analisar a pornografia, apelidada de Comissão Meese. Hugh Hefner sofre um derrame.
1986	A Comissão Meese acusa 23 importantes varejistas de venda ou distribuição de pornografia, fazendo muitos deixarem de vender a revista *Playboy* em suas lojas. O Relatório Meese é divulgado. Um artigo no *Newsweek* anuncia que a Playboy está prestes a desmoronar.
1988	Hefner abdica de sua posição como presidente do conselho e CEO da Playboy Enterprises, Inc. e nomeia Christie Hefner como a nova presidente do conselho e CEO. O último Playboy Club é fechado em Lansing, Michigan.
1989	Hugh Hefner se casa com Kimberley Conrad e desaparece de seu papel de defensor da marca. O Playboy Building em Chicago é fechado.

UM MUNDO EM EVOLUÇÃO

Capítulo 11

"Acho que o mundo e a sociedade durante os anos 1980 e 1990 estavam em uma espécie de momento mais política, social e sexualmente conservador."

Hugh Hefner, em entrevista para o *Hollywood Reporter* em 2003

A Playboy Enterprises se viu em um território desconhecido e desconfortável durante a segunda metade da década de 1970, mas os problemas da marca aumentariam muito rapidamente. Os anos 1980 vieram acompanhados de um novo foco no conservadorismo no macro-ambiente dos Estados Unidos como um todo, afetando todas as partes da Playboy. Se a marca não fosse tão forte e tão reconhecida ao redor do mundo, com uma base de consumidores existentes fiéis, a década de 1980 poderia ter marcado o fim da empresa.

A Playboy se viu imersa em problemas nos anos 1980. Na frente financeira, a revista estava perdendo participação de mercado, os Playboy Clubs estavam perdendo dinheiro e o Playboy Casino em Londres estava perdendo tudo. Politicamente, o governo assumia uma postura linha-dura contra o que chamava de ameaça da pornografia e, socialmente, o surgimento da AIDS fez as pessoas questionarem o estilo de vida da Playboy em geral. Em resumo, praticamente não restava nenhum fator macroambiental que não estivesse desafiando a marca Playboy no decorrer da década.

A política *versus* a Playboy na década de 1980

Em 1980, grande parte da agitação política se referia às eleições presidenciais nos Estados Unidos em novembro do mesmo ano. A eleição de Ronald Reagan abriu caminho para um movimento conservador que não estava sendo gentil com a Playboy ou Hugh Hefner, o defensor da marca Playboy. De fato, grande parte da campanha de Reagan em 1980 se concentrou em uma necessidade de retornar aos valores conservadores e familiares e atacava abertamente a pornografia (entre outras coisas). Seus seguidores vieram a ser conhecidos como a "Nova Direita", refletindo sua mentalidade política conservadora. Muitos de seus partidários eram membros da Geração Jones, que viveram o otimismo da década de 1960, nutrido pela Geração Baby-Boomer, mas se depararam com juros e taxas de desemprego nas alturas, crises econômicas e desequilíbrio político na década de 1970. Nos anos 1980, muitos americanos se uniram ao redor de uma mensagem que se baseava nos conservadores e prósperos anos

1950. Quando Ronald Reagan foi eleito, o país deu início a uma transição imediata a uma ideologia mais conservadora, e a pornografia se tornou um dos alvos de seus ataques. Dessa forma, a Playboy e Hugh Hefner foram pegos no centro das controvérsias.

Naturalmente, Hugh Hefner já estava acostumado a ser alvo de ataques. Desde o lançamento da revista *Playboy* em 1953, ele vinha combatendo críticos e grupos que se opunham ao estilo de vida da Playboy e às imagens de mulheres nuas encontradas nas páginas da revista. Hefner reagiu aos ataques da década de 1980 do mesmo modo como fez nas três décadas anteriores – escrevendo artigos na revista *Playboy* que defendiam a marca e criticavam seus opositores. É possível dizer que os anos 1980 marcaram uma década de menos turbulência para os americanos em relação ao que eles vivenciaram no passado recente e, dessa forma, as pessoas tinham mais tempo disponível para atacar coisas como a pornografia e rotulá-las como as raízes dos problemas da sociedade. Contudo, as mensagens provenientes do mundo político que denunciavam a pornografia deram ao movimento conservador uma voz forte e de grande alcance.

Ao mesmo tempo, a administração Reagan anunciou uma guerra contra as drogas usando todos os recursos disponíveis. Durante anos, Hugh Hefner usou a revista *Playboy* como uma ferramenta para anunciar seu apoio ao consumo de maconha e deixou claro que suas opiniões sobre a droga eram as da marca Playboy. Depois do escândalo envolvendo drogas que abalou a marca na década de 1970, a Playboy e as drogas passaram a ter uma estreita relação na mente das pessoas e essa conexão não passou despercebida pelos políticos por trás da guerra contra as drogas. Na verdade, o movimento antidrogas dos anos 1980 e as rigorosas medidas da polícia contra a utilização de drogas muitas vezes foram relacionados ao tipo de estilo de vida defendido pela Playboy. Mais uma vez, a marca não conseguiu escapar das críticas e das controvérsias nas mãos do governo e dos políticos americanos em busca de aprovação dos americanos conservadores, muitos dos quais concordavam que a Playboy representava uma das causas dos problemas da sociedade na década de 1980.

A sociedade *versus* a Playboy na década de 1980

Na década de 1980, as doenças sexualmente transmitidas estavam em ascensão, os índices de divórcio aumentavam e, apesar da disponibilidade de recursos contraceptivos como a pílula, o número de crianças geradas fora do casamento também aumentava, um cenário pouco favorável à Playboy. Contudo, a marca não estava preparada para a ampla disseminação da AIDS, que, ao longo de toda a década, criaria uma reação negativa contra a Playboy e o estilo de vida promovido pela marca, o que não podia ser ignorado. Na realidade, o medo da AIDS, que atingiu o ponto de histeria na década de 1980, levou diretamente a uma redução dos lucros da Playboy Enterprises. De repente, participar do estilo de vida sexualmente liberal representado nas páginas da revista Playboy não era mais seguro para ninguém e uma marca que não dá segurança aos leitores está fadada a ter problemas.

Além disso, a sociedade seguia as influências dos líderes políticos da época e se voltaram a um foco mais intenso no patriotismo, valores familiares e religião como os ideais a serem perseguidos. As liberdades individuais pelas quais as pessoas lutaram nas duas décadas anteriores foram delegadas a segundo plano à medida que a economia dos Estados Unidos prosperava e o materialismo tinha se tornado mais do que um sonho. À medida que o mundo se globalizava, cada vez mais os americanos começaram a olhar para fora de suas fronteiras, na direção da verdadeira globalização, e menos para dentro, na direção das liberdades pessoais.

Apesar de a vida americana não ser perfeita nos anos 1980, ela se aproximava mais do ideal nostálgico dos anos 1950 do que dos anos 1960 ou 1970. O movimento feminista continuava ativo, mas com menos fervor à medida que mais mulheres se viam em posições mais altas nas esferas pública e privada e as famílias de dupla renda passaram a ser a definição-padrão de uma família americana. À medida que os índices de divórcio continuavam a aumentar e a AIDS a se espalhar, as pessoas se concentravam mais na importância do casamento e da monogamia do que no estilo de vida apresentado nas páginas da revista Playboy. Na verdade, o estilo de vida da Playboy se tornou um símbolo de irresponsabilidade. A Geração dos Baby-Boomers estava envelhecendo e os valores americanos estavam mudando com eles. A marca Playboy não estava posicionada para enfrentar a mudança sem levar uma surra.

Em *The century of sex: Playboy's history of the sexual revolution,* 1900-1999, o autor, James R. Patterson, chama a década de 1980 de a época da "Grande Repressão". Contudo, apesar do movimento conservador, com a programação da televisão a cabo, filmes e livros desafiando os limites da decência aceitos, o sexo se tornou mais popular do que nunca nos Estados Unidos. À medida que especialistas em sexo como a Dra. Ruth Westheimer ganhavam fama, a década lutava entre "a grande repressão" e a "grande permissividade" que havia se desenvolvido durante década anterior (p. 378). Os consumidores americanos lutavam entre a acessibilidade do sexo e o movimento conservador e, é claro, esta controvérsia chegou, mais uma vez, à Playboy e a Hugh Hefner.

No entanto, diferentemente da reação que Hefner e a Playboy receberam às mensagens de liberdade sexual e liberdades individuais nas três décadas anteriores, na década de 1980, a marca Playboy se viu diante de uma oposição mais intensa por parte de políticos e ativistas em busca de um "grande culpado". A simples retaliação com artigos na revista *Playboy* não seria suficiente para defender a marca na década de 1980.

Em vez disso, a década forçaria mais uma reestruturação da empresa e as extensões de marca se tornariam mais focadas. Décadas de crescimento sem precedentes chegaram a um fim e mudanças precisariam ocorrer para que a marca sobrevivesse.

A longevidade da marca Playboy

A marca Playboy tinha atingido o nível de maturidade na década de 1970 e já estava em declínio no início da década de 1980. Este é o ciclo de vida que todas as marcas seguem. A meta da empresa por trás de uma marca em declínio é encontrar novas formas de injetar vida na marca e mantê-la viva. Inevitavelmente uma maior concorrência, um macroambiente em evolução e mudanças das preferências do consumidor forçarão a marca que não elaborou um bom planejamento de longo prazo a entrar em declínio. Nos anos 1980, a Playboy se tornou uma marca forçada ao declínio sem ter um plano implementado para estender seu ciclo de vida (veja o Quadro 11.1 para mais exemplos de marcas em declínio).

As empresas podem utilizar uma série de táticas para prolongar o ciclo de vida de uma marca. Cada uma requer constante monitoramento e análise do posicionamento da marca no mercado e em relação aos concorrentes, das influências sobre o ambiente de mercado em relação a novas tecnologias, das preferências do consumidor e assim por diante. Por exemplo, as empresas podem:

- *Lançar extensões de linha:* conduzir pesquisas contínuas para revelar oportunidades para estender a marca lançando novos produtos em um mercado já existente. A Coca-Cola é um exemplo de uma marca que prospera com extensões de linha como a Coca-Cola, Coca-Cola Light, Coca-Cola Zero e assim por diante.

- *Expandir-se a novos mercados:* encontrar novos mercados para expandir o alcance da marca, incluindo a globalização. Por exemplo, a Disney Company expandiu sua marca de parques temáticos a vários países fora dos Estados Unidos como a China (Hong Kong), Japão (Tóquio) e França (Paris).
- *Lançar extensões de categoria:* encontrar novas categorias nas quais o nome da marca poderia funcionar em um produto novo ou existente (redefinição da marca). A indústria de produtos de consumo de saúde e beleza utiliza essa tática com frequência. Por exemplo, a Dove, da Unilever, começou apenas como sabonetes em barra. Hoje em dia, é possível encontrar o nome de marca Dove em sabonete líquido para as mãos, sabonete líquido para banho, xampus, condicionadores, antitranspirantes, entre outros.
- *Criar novas utilizações para produtos existentes da marca:* criar novas maneiras nas quais os consumidores possam utilizar os produtos existentes. Por exemplo, os aparelhos celulares começaram apenas como telefones. Hoje em dia, com produtos como o iPhone da Apple, os consumidores podem utilizar seus telefones celulares como câmeras e calculadoras, para enviar mensagens de texto, e-mails, para navegar na internet, para jogos e muito mais.

Quadro 11.1. Marcas que enfrentaram o declínio e sobreviveram com vários resultados

Harley Davidson, Polaroid, Apple, Microsoft... esses são apenas alguns exemplos de marcas famosas que se viram em declínio. Para a Harley Davidson, o declínio veio na década de 1970 na forma de motocicletas baratas de concorrentes japoneses que roubaram sua participação de mercado. Para concorrer, a Harley Davidson cometeu o erro de lançar suas próprias motocicletas menos dispendiosas. A manobra confundiu os consumidores fiéis da ►

marca, que esperavam alta qualidade. A marca Harley Davidson e as vendas sofreram as consequências e, no final, a empresa fez significativos investimentos para recuperar seu posicionamento como uma marca de alta qualidade e engenharia inovadora. Hoje em dia, a Harley Davidson continua sendo uma das mais fortes marcas *cult* da história.

A história da Polaroid foi um pouco diferente. O declínio da Polaroid foi resultado da complacência da empresa, que deixou de reconhecer as mudanças do macroambiente. Os avanços tecnológicos na década de 1990 provocaram efeitos negativos sobre a Polaroid, que vinha dominando a categoria de fotografias instantâneas durante anos. Quando as câmeras digitais chegaram ao mercado e rapidamente se tornaram o padrão, a Polaroid se arrastou na tentativa de acompanhar as mudanças. A marca Polaroid conseguiu sobreviver, mas não sem que a empresa abrisse falência. Hoje em dia, Polaroid detém uma pequena participação de mercado enquanto empresas como a Canon e a Nikon dominam o mercado de fotografia digital.

Um outro exemplo de marca em declínio foi a Gap, que percebeu na década de 1990 que seu mercado-alvo estava envelhecendo e que os consumidores mais jovens eram muito mais atraentes em termos de impulsionar o faturamento a curto prazo. Dessa forma, a Gap praticamente deu as costas a seus clientes fiéis quando lançou uma série de campanhas de marketing claramente voltadas a adolescentes e jovens. A base primária de clientes da Gap foi ignorada e os clientes reagiram indo fazer compras em outras lojas.

Para ser mais eficaz, cada estratégia relacionada anteriormente requer um planejamento estratégico de longo prazo *antes* que a marca atinja a maturidade. Na década de 1980, a marca Playboy já tinha passado da maturidade e já estava em declínio. As estratégias normalmente empregadas para estender o ciclo de vida de uma marca não tinham sido implementadas. A rápida e excessiva expansão da marca nas três décadas anteriores deixou-a sem os recursos e sem a habilidade necessária para sustentar todos os negócios e a empresa precisaria abrir mão de alguma coisa. Além disso, a crescente concorrência proveniente de outras revistas e programas de televisão deixavam a Playboy sem uma sólida mensagem de diferenciação. Em vez disso, uma série de posicionamentos, mensagens de marca e extensões de marca desalinhadas e conflitantes confundiram ainda mais os consumidores.

Em resumo, o macroambiente dominou grande parte do declínio da marca Playboy nos anos 1970 e 1980. Os novos interesses dos consumidores, o maior número de pontos de distribuição e comunicação e novos concorrentes (muitos dos quais eram concorrentes de baixo custo capazes de avançar mais rapidamente do que a Playboy) desafiavam a Playboy de todos os lados, mas a empresa não conseguiu acompanhar a evolução do macroambiente e fazer os investimentos necessários para lidar proativamente com essas mudanças de dentro para fora. É possível dizer que grande parte dos problemas da Playboy resultaram de uma administração que se sentia à vontade demais com o sucesso da marca Playboy e permitiu que ela saísse do controle antes de inevitavelmente entrar em declínio.

Também é possível argumentar que a marca Playboy sobreviveu ao macroambiente da década de 1980 por ser a marca pioneira, com um extraordinário valor. Costuma ser aceito entre os especialistas de marketing que é melhor ser o primeiro no mercado (a marca pioneira) do que o melhor (a marca desafiante), porque a marca pioneira tem a oportunidade de conquistar um espaço na mente dos consumidores antes de os concorrentes poderem desafiá-la e diluir o poder dessa associação da marca. A Playboy definitivamente se beneficiou de ser a marca pioneira durante a década de 1980. Sem o valor da marca que ela desenvolveu desde seu lançamento em 1953, sua história poderia ter sido diferente (veja o Quadro 11.2 para mais exemplos de marcas que sobreviveram graças a seu valor existente). A marca Playboy já estava profundamente enraizada na cultura americana na década de 1980. Ela já era uma sólida marca *cult*, com um público central de consumidores que se sentiam profundamente fiéis a ela. As perdas que a Playboy Enterprises vivenciou nos anos 1980 resultaram do crescimento explosivo nas décadas anteriores que praticamente nenhuma marca ou empresa seria capaz de sustentar por muito tempo.

Quadro 11.2. Histórias de sobrevivência da marca

Várias marcas sobreviveram ao declínio graças a seu imenso valor. Talvez um dos exemplos mais interessantes seja o caso de Martha Stewart, que passou anos desenvolvendo sua marca por meio de uma variedade de extensões direcionadas, como programas de televisão, livros, uma revista, um website, produtos para o lar – como roupas de cama, produtos de mesa e banho, entre outros. No auge do sucesso de sua marca, Stewart foi considerada culpada de violar leis de negociações privilegiadas e foi condenada a passar vários meses na prisão. Muitas pessoas acreditaram que a sentença marcaria o fim da carreira de Martha Stewart, de sua empresa e de sua marca. No entanto, a marca de Martha Stewart tinha um enorme valor. Os consumidores ainda acreditavam na promessa coerente da marca e a maioria deles foi capaz de desassociar os problemas financeiros de Stewart de sua marca. No final, Martha Stewart, sua empresa e sua marca sobreviveram e elas continuam a crescer e a prosperar.

Um outro exemplo de uma marca que sobreviveu graças ao seu valor inerente é o Fusca da Volkswagen. O Fusca foi lançado em 1938, e se tornou um carro icônico tanto por seu *design* quanto por sua presença na cultura popular no decorrer dos anos 1960 e 1970. No entanto, ele ficou obsoleto e fora de moda para os consumidores americanos ao longo dos anos 1970. A Volkswagen transferiu o foco do Fusca para outros modelos, como o Golf, e o Fusca se tornou uma marca que perdeu posicionamento e popularidade. Ninguém esperava o lançamento do New Beetle pela Volkswagen em 1998. Beneficiando-se do valor de marca que o Fusca ainda mantinha, a nostalgia de consumidores mais velhos que se lembravam de dirigir os primeiros modelos do Fusca na juventude, e incluindo um *design* moderno, o New Beetle chamou atenção imediata. Inicialmente a empresa produziu um pequeno número de New Beetles para criar uma escassez percebida e alinhou essa estratégia a criativas campanhas de marketing tanto on-line quanto off-line. O New Beetle foi um sucesso instantâneo e é um exemplo de como o valor de marca pode sobreviver mesmo após a marca ter praticamente saído de cena.

O fato de a Playboy ter crescido tanto e tão rapidamente é um testemunho do fato de o produto da Playboy ter seguido a verdade de negócios fundamental discutida ao longo deste livro: é muito mais fácil criar um produto para satisfazer as necessidades existentes dos consumidores do que criar uma necessidade percebida para atingir os objetivos de negócios de um produto existente. Em segundo lugar, isso também é um exemplo do poder de um forte defensor da marca, Hugh Hefner, exercendo o papel de um paladino visível da marca desde a sua criação. A parte mais incrível da história é que a Playboy não somente sobreviveu à década mas sobreviveu com uma esperança renovada para o futuro. Grande parte da reestruturação da Playboy nos 1980 foi promovida pela nova CEO, Christie Hefner, com base em um novo foco sobre o que a a marca Playboy originalmente deveria representar quando foi criada. O foco renovado nos anos 1980 viria injetar, nos anos 1990 e 2000, uma nova vida na marca que ninguém poderia ter previsto.

TROCA DE GUARDA

Capítulo 12

"Eu não entrei na Playboy achando que ficaria."

Christie Hefner, em entrevista para Charlie Rose em 2003

Nos anos 1970, os cassinos da Playboy na Inglaterra estavam em plena ascensão. Enquanto outras divisões da Playboy Enterprises se viam em dificuldades, com os Playboy Clubs fechando, com as vendas da revista Playboy em queda e com um futuro aparentemente sombrio pela frente, a empresa tinha muita esperança no sucesso de seus cassinos.

Basicamente, a empresa cometeu o mesmo erro vez após vez – mais uma vez se concentrando em ganhos de curto prazo em vez de estratégias sustentáveis de longo prazo. Em 1979, os problemas começaram para os cassinos da Playboy na Inglaterra quando o Conselho Britânico de Jogos de Azar começou a investigar os cassinos britânicos em busca de atividades ilegais – mais especificamente, provas de que uma empresa americana, a Playboy Enterprises, estaria controlando estes cassinos e violando a Lei Britânica de Jogos de Azar.

Em 1980, o *Wall Street Journal* informou que os cassinos ingleses da Playboy Enterprises respondiam por 85% dos lucros da empresa. Quando o Magistrado Britânico analisou as evidências coletadas durante as investigações das operações dos cassinos da Playboy na Inglaterra, o veredito foi contra a Playboy Enterprises e a empresa perdeu sua licença para operar no setor de jogos de azar na Grã-Bretanha em outubro de 1981. O golpe para a empresa foi quase catastrófico. Todas as esperanças de sobrevivência da empresa estavam nos cassinos britânicos, e a Playboy perdeu 85% de sua renda de uma única vez. A empresa não conseguiria se recuperar e a Playboy Enterprises foi forçada a vender toda a sua operação de jogos de azar na Inglaterra em novembro 1981 por apenas US$ 31,4 milhões – um décimo de seu valor.

A Playboy Enterprises perdeu a maior parte dos lucros quando foi forçada a vender seus cassinos na Inglaterra e a empresa se viu em desespero. Infelizmente, os negócios em seu país natal também não estavam indo muito bem. Em 1979, a Playboy Enterprises deu início à construção de um enorme cassino em Atlantic City, Nova Jersey, esperando atingir o mesmo tipo de sucesso que tinha vivenciado no exterior. A construção do cassino levou dois anos e custou US$ 135 milhões. De acordo com a *Business Week*, a Playboy Enterprises investiu metade do total do patrimônio líquido da empresa no projeto mas considerava que o investimento era justificado, acreditando que ele retornaria mais de US$ 30 milhões por ano em lucro bruto. A maioria dos observadores considerava o investimento extremamente arriscado. Os americanos estavam diante de uma economia fraca e foram muito afetados pela crise do petróleo de 1979. O mercado de jogos de azar em Atlantic City já era extremamente competitivo, e a incursão da Playboy no setor já era vista de forma negativa muito antes de as notícias sobre os problemas dos cassinos da empresa na Inglaterra serem divulgados. No entanto, a Playboy Enterprises, com base no sucesso das operações na Inglaterra, decidiu dar continuidade ao projeto em Atlantic City em 1979.

Quando as construções tiveram início em Atlantic City, foi divulgada a notícia da investigação de atividades ilegais nos cassinos ingleses da Playboy. Os problemas cresceriam exponencialmente à medida que a data de inauguração do cassino de Atlantic City se aproximava. Incapaz de obter financiamento e uma licença para operar no setor de jogos de azar em Atlantic City devido aos problemas da empresa com os cassinos da Playboy na Inglaterra, a Playboy Enterprises foi forçada a aceitar um parceiro de negócios, a Elsinore Corporation. Ao permitir que a Elsinore Corporation rodasse as operações, as empresas conseguiram obter uma licença temporária.

As portas do novo cassino na costa de Nova Jersey foram abertas em abril de 1981, com o logo da Playboy exibido em destaque no alto do prédio de 22 andares e coelhinhas da Playboy trabalhando no saguão do cassino; no entanto as coisas se deteriorariam muito rapidamente. Quando o Magistrado Britânico negou a licença para os cassinos britânicos da Playboy em outubro de 1981, o veredito não passou despercebido pela Divisão de Jogos de Azar de Nova Jersey. Em novembro de 1981, a petição da Playboy por uma licença permanente para operar no setor de jogos de azar em Atlantic City foi indeferida.

Diferentemente da rápida venda dos cassinos na Inglaterra, a Playboy Enterprises estava preparada para combater o indeferimento da licença para operar em Atlantic City. Com um investimento de US$ 135 milhões em risco, a empresa simplesmente não tinha como se dar ao luxo de recuar sem lutar. No entanto, após dois anos recorrendo judicialmente, a Playboy decidiu cortar as perdas e vendeu sua participação de 45,7% no cassino à Elsinore Corporation em abril de 1984. Em junho do mesmo ano, todos os vestígios da marca, incluindo o letreiro da Playboy, tinham sido removidos do cassino. Com todas as áreas de seus negócios apresentando desempenhos sofríveis, a Playboy Enterprises tinha chegado ao fundo do poço, ou pelo menos era o que se achava.

O Relatório Meese ataca a Playboy

No dia 20 de maio de 1985 Edwin Meese, o Procurador Geral dos Estados Unidos, anunciou que lideraria uma investigação, ordenada pelo presidente Ronald Reagan, da pornografia, particularmente em relação aos crimes sexuais. Meese e sua equipe seriam chamados de Comissão Meese. O grupo se voltou à *Playboy*, à *Penthouse* e à *Hustler* como as causas primárias de estupros, assédio sexual de crianças e crimes violentos em um relatório de 1.960 páginas publicado em julho de 1986 (apelidado de Relatório Meese). Os problemas para a Playboy não foram provenientes do conteúdo do relatório final, que foi atacado por pessoas de todo tipo por ser tendencioso, mas sim, provenientes de todo o processo investigativo.

Ao longo da investigação da Comissão Meese, financiada pelo governo federal e que levou um ano, a Playboy e Hugh Hefner foram continuamente atacados, o que inevitavelmente macularia a marca com o tempo. A culpa pelos problemas da sociedade foi colocada diretamente sobre os ombros de Hugh Hefner e do estilo de vida da Playboy que ele defendia. Durante as investigações, Hefner foi comparado a Hitler e o conteúdo da Playboy, à literatura nazista. Aquela não foi a primeira vez que uma analogia parecida foi feita. Uma década antes, Gloria Steinem fez uma comparação similar em um artigo publicado na revista *McCall's* (discutido em mais detalhes no Capítulo 8). No Relatório Meese final, a pornografia era comparada ao comunismo: "O fato de o Partido Comunista ser uma organização legal não impede a maioria dos americanos de considerar seus princípios abomináveis e o mesmo se aplica a uma ampla variedade de material sexualmente orientado". Esse não era o tipo de publicidade da qual a Playboy precisava na década de 1980.

De junho de 1985 a janeiro de 1986, a Comissão Meese realizou uma série de audiências públicas extremamente divulgadas em uma tentativa de relacionar a pornografia à violência e às mazelas da sociedade. Durante esse período, nomes de marca como a Playboy foram continuamente mencionados e criticados. O tribunal da opinião pública votou contra a Playboy durante as investigações da Comissão Meese. No início de 1986, a Comissão Meese começou a se voltar não apenas aos produtores de pornografia mas também aos distribuidores, enviando cartas a 23 varejistas, incluindo empresas como a Coca-Cola, Time, Inc., CBS, Simon & Schuster, Vogue, Southland Corporation (proprietária do 7-11), entre outras, alertando-as que a comissão planejava divulgar uma lista de distribuidores de pornografia. As cartas informavam as empresas que não reagir seria considerado o mesmo que consentir. Muitas das empresas da lista reagiram às ameaças da Comissão Meese e retiraram a *Playboy* e publicações similares das prateleiras de suas lojas. Em meados de 1986, a Southland Corporation, Rite Aid Drug Stores, Dart Drug Corporation, Stop-N-Go, Lawson's Milk Company e J.C. Penney deixaram de vender produtos da Playboy.

A Playboy Enterprises, com a Associação Americana de Livreiros e o Conselho da Associação de Distribuidores de Periódicos, abriram um processo em 1986 alegando que a Comissão Meese estava criando uma lista negra que coagia as empresas a recusar-se a vender produtos que não fossem considerados obscenos por um tribunal de justiça. Em julho de 1986, um juiz de um tribunal do distrito federal decretou que as cartas eram ao mesmo tempo coercivas e ameaçadoras e forçou a Comissão Meese a revogá-las; no entanto, os danos já tinham sido feitos. O número de distribuidores da revista Playboy e produtos relacionados não foi totalmente recuperado e o nome da marca foi irremediavelmente maculado.

No final, o Relatório Meese foi divulgado no mesmo mês e se tornou o centro de seu próprio campo minado de publicidade quando as pessoas questionaram seu propósito e suas conclusões. Apesar de o relatório final não ter encontrado nenhum vínculo específico entre a pornografia e a violência, a marca Playboy foi suficientemente golpeada. Após o colapso dos cassinos da Playboy dois anos antes, muitos acharam que a marca não se recuperaria em 1986. Com efeito, um artigo de capa da Newsweek em agosto de 1986 anunciou que a Playboy Enterprises estava à beira do colapso.

Christie Hefner assume o controle

Apesar de a Playboy Enterprises se ver imersa em problemas na década de 1980, a empresa estava prestes a receber uma injeção de ânimo. Christie Hefner se formou pela *Brandeis College summa cum laude* e entrou na Playboy Enterprises em 1975. Apesar de planejar se tornar uma advogada, seu pai sugeriu que ela experimentasse o mundo dos negócios na esperança de ela se tornar a herdeira de seu legado. Christie entrou na Playboy Enterprises como assistente especial do pai e dessa forma foi exposta rapidamente a muitas áreas da empresa. Seu primeiro grande papel foi assumido logo depois que começou na Playboy Enterprises, quando se tornou operadora da Playtique, a butique no Playboy Building em Chicago, uma experiência que, segundo ela, lhe desenvolveu a visão necessária para dirigir um negócio. Ela gerenciou as relações públicas da celebração do 25º aniversário da revista *Playboy* – uma celebração que durou o ano inteiro –

e presidiu o conselho do Grupo de Novas Publicações, no qual ela e uma equipe analisaram oportunidades de novas revistas.

Em 1978, Derick Daniels foi nomeado novo presidente da Playboy Enterprises durante a reorganização corporativa que teve início em 1976, depois que a Playboy Enterprises percebeu que estava perdendo dinheiro com poucas chances de recuperação. Quando Daniels entrou na empresa, ele percebeu que parte de seu papel seria orientar Christie Hefner. Em 1978, ela tinha subido a vice-presidente corporativa e editora de dois guias de consumo da Playboy. Durante sua rápida ascensão na pirâmide da Playboy Enterprises, ela era vista como um grande contraste em relação ao pai. Enquanto Hugh Hefner deixava claro o seu desinteresse pelos negócios, Christie Hefner mostrava um aguçado tino para eles. Seu talento para os negócios não era a única característica que a Playboy Enterprises gostava nela. Ela também era uma mulher, o que significava que ela neutralizava muitos dos ataques feministas contra a marca Playboy. Christie era bem aceita, inteligente e tinha o sobrenome Hefner. Sua presença na Playboy Enterprises trouxe esperanças renovadas.

Em 1982, Hugh Hefner nomeou a filha presidente da Playboy Enterprises. A jovem de 29 anos assumiu o controle de uma empresa que estava perdendo dinheiro após o fechamento dos cassinos na Inglaterra, a derrocada do cassino em Atlantic City, a queda das vendas da revista *Playboy* e anos de clubes e hotéis operando no vermelho. Era um momento no qual muitas pessoas acharam que a jovem presidente não teria condições de causar um grande impacto sobre a empresa e que uma revitalização seria improvável. No entanto, Christie Hefner imediatamente mostrou seu talento para os negócios e se comprometeu a recuperar o foco da empresa concentrando-se nos pontos fortes da marca.

Em outras palavras, Christie Hefner fez exatamente o que precisava ter sido feito anos antes e recuperou o foco da marca que tinha se expandido muito em pouco tempo. A marca deveria ter sido retraída há muito tempo, mas Christie Hefner e a Playboy Enterprises esperavam que não fosse tarde demais. Naturalmente, a maior prioridade da empresa era a solvência de curto prazo. Para atingir essa meta, Christie Hefner desinvestiu a empresa de seus projetos menos lucrativos para realocar recursos e concentrar a empresa no negócio principal. Ela vendeu a Playboy Books já nos primeiros meses no cargo de presidente e começou a fechar mais Playboy Clubs. Em meados da década de 1980, a maioria dos Playboy Clubs tinha sido fechada, incluindo os de Chicago, Nova York e Los Angeles. Os consumidores tinham mostrado que vivenciar a marca Playboy em clubes não interessava mais. As preferências dos consumidores tinham mudado e a Playboy demorou para reconhecer a mudança. No entanto, em 1988, o último Playboy Club foi fechado em Lansing, Michigan.

Depois que Christie Hefner assumiu a posição de presidente da Playboy Enterprises, a estratégia da empresa passou de tentar ser uma marca com um foco amplo a uma marca extremamente focada. Hefner acreditava que a força da empresa era como uma empresa de comunicações e que todas as atividades da marca deveriam sustentar essa competência essencial. Um foco estreito permitiria que a marca dominasse seus mercados principais e crescesse por meio de estratégias bem elaboradas em vez das abordagens de curto prazo utilizadas nas décadas anteriores. O mundo tinha mudado, já era a hora de a marca Playboy mudar para acompanhar os novos tempos.

Christie Hefner reconhecia a televisão como a próxima mídia que a marca Playboy poderia conquistar proporcionando aos clientes da Playboy uma nova forma de vivenciar a marca. A estratégia fazia sentido para uma marca de relacionamento inclusiva como a Playboy, que se baseava em proporcionar uma variedade de maneira que permitissem que os consumidores selecionassem como desejavam interagir com a marca e vivenciá-la. Com a estreia do Playboy Channel em 1980 (que discutiremos no Capítulo 13), muitos esforços seriam alocados no desenvolvimento de uma estratégia de televisão para a marca Playboy no decorrer da década. A incursão da Playboy na televisão não seria realizada sem obstáculos, particularmente de grupos religiosos que pressionavam as empresas de TV a cabo a deixar de oferecer a Playboy Channel para seus assinantes. No entanto, Hefner e a Playboy Enterprises continuaram a buscar uma maior presença na televisão para a marca Playboy, apesar das dificuldades.

Ao mesmo tempo, mais atenção foi alocada à revista *Playboy*. O carro-chefe da marca ainda era a revista masculina número 1 do mundo, apesar de a circulação ter caído para menos de 4 milhões de exemplares por mês em meados dos anos 1980. A Playboy Enterprises retomou o foco no ponto forte da marca e buscou formas de alavancar esse valor de marca para reconstruir a empresa. Em 1986, o relatório anual da Playboy Enterprises declarava que a empresa tinha perdido US$ 62 milhões e que a revista *Playboy* tinha se tornado o símbolo da esperança para o futuro. A revista estava menor do que havia sido na década anterior, mas ainda era lucrativa. A meta em meados da década de 1980 era encontrar formas de fazer com que a revista e a marca Playboy voltassem a ser relevantes. A chave para o sucesso se tornou encontrar maneiras de reconstruir a marca após os danos causados a ela nos anos anteriores.

No início dos anos 1980, a revista *Playboy* vinha tendo dificuldades com a redefinição de seu papel no mercado de revistas masculinas. Ataques competitivos de publicações de pornografia explícita, como a *Penthouse* e a *Hustler* na década de 1970, fizeram com que a Playboy adotasse uma estratégia reacionária e, em vez de liderar o setor como a marca pioneira, a Playboy alterou sua estratégia para concorrer com os desafiantes da marca. A estratégia foi um tiro pela culatra; toda a diferenciação se perdeu e os consumidores da Playboy ficaram confusos. O novo foco da revista na década de 1980 significava que o conteúdo precisaria ser ajustado para diferenciar a marca dos concorrentes, mas as expectativas dos clientes para a marca ainda precisariam ser satisfeitas. Era necessário encontrar o equilíbrio correto entre a pornografia e o conteúdo de bom gosto para reposicionar a *Playboy* como uma revista masculina de interesse geral.

Grande parte das seções encontradas nas páginas da *Playboy* no início da década de 1980 permaneceriam iguais, como entrevistas, histórias, artigos sobre cultura pop e artigos escritos do ponto de vista liberal defendendo as liberdades pessoais. No entanto, para manter a revista relevante a uma nova geração de consumidores, a *Playboy* foi ajustada em meados da década. Os leitores encontrariam menos artigos políticos e mais matérias sobre serviços e estilo de vida, similar ao formato da revista *Playboy* original dos anos 1950. Artigos sobre gastronomia, roupas, decoração e assim por diante para agradar o público masculino em evolução que agora era composto de um número crescente de homens divorciados e homens que escolhiam se casar mais tarde. A revista buscava atrair um novo público de jovens profissionais urbanos na faixa dos 20 e 30 anos, os "yuppies" da década de 1980. Esse público era caracterizado por um maior interesse no materialismo do que na política. Eles tinham segurança financeira, muitas vezes adiavam o casamento e os filhos e se interessavam em avançar mais economicamente. O público era naturalmente compatível com a nova revista *Playboy*.

Ao mesmo tempo, medidas foram tomadas para fazer com que a revista apresentasse uma qualidade superior à dos concorrentes. Um novo formato sem grampos foi lançado para dar à revista uma aparência sofisticada e mais artigos sobre negócios, finanças, sucesso e o corporativismo dos EUA foram incluídos. Imagens e artigos sobre homens e mulheres de negócios agora podiam ser encontrados nas páginas da revista. Sob a orientação de Christie Hefner, a *Playboy* se reposicionou como uma publicação que defendia que o casamento, os relacionamentos e o amor podiam coexistir com o trabalho e o sexo. A revista se concentrou em homens e mulheres morando juntos, trabalhando juntos, amando juntos e se divertindo juntos. A marca Playboy voltou a ser uma marca de relacionamento inclusiva e os consumidores reagiram de forma positiva à mudança (veja o Quadro 12.1 para outros exemplos de marcas que foram reposicionadas com sucesso).

Em setembro de 1988, Hugh Hefner se retirou completamente das operações diárias de negócios da empresa que ele fundara 43 anos antes e nomeou Christie Hefner presidente do conselho e CEO da Playboy Enterprises, Inc. enquanto se mantinha envolvido apenas com as principais decisões estratégicas. Um ano mais tarde, Christie Hefner transferiu a Playboy Enterprises do enorme prédio que a empresa ocupava em Chicago para um escritório menor, poupando à empresa milhões de dólares anuais. Sob sua liderança, a empresa tentou reposicionar a marca Playboy para atrair um público mais amplo com uma nova mensagem de marca: "Diversão de qualidade para adultos" (Watts, p. 423).

Christie Hefner acreditava que o novo público para uma marca Playboy reposicionada poderia chegar a 40 milhões. Medidas foram tomadas para reconstruir a marca como o líder de seus mercados principais e recuperar o foco nos seus segmentos mais lucrativos, e uma marca que poderia ter desaparecido nos anos 1980 surgiu no fim da década com uma boa chance de sobrevivência. A próxima década encontraria a marca e o preço das ações da Playboy Enterprises em uma trajetória de ascensão relativamente estável.

Quadro 12.1. O reposicionamento da Clorox e da Hyundai

A Clorox sempre foi relacionada a alvejante. Independentemente de o cliente precisar alvejar as roupas ou lavar o piso da cozinha, a Clorox é uma das primeiras marcas (e possivelmente a única) que vem à mente dos consumidores americanos. A palavra "alvejante" na mente dos consumidores pertence à Clorox. Ela é a marca pioneira e domina seu mercado. No entanto, quando os consumidores passaram a ser mais ambientalmente conscientes e começaram a buscar produtos que não utilizavam substâncias químicas agressivas (incluindo alternativas para o alvejante), a Clorox começou a sentir o incômodo nas vendas. Hoje em dia, a Clorox continua tentando reter participação de mercado apesar da tendência "livre de substâncias químicas". Extensões de marca como os produtos da Clorox, elaborados especificamente para limpeza pesada, incluindo limpeza de pisos e vasos sanitários, foram lançadas, bem como uma linha de produtos de limpeza ecológicos chamada Clorox Green Works. Contudo, a Clorox ainda precisava encontrar uma maneira de garantir que seu alvejante (seu produto principal) sobrevivesse apesar das mudanças das preferências do consumidor para produtos de limpeza menos agressivos (de forma similar a como a Playboy Enterprises precisou encontrar maneiras de garantir que sua revista sobrevivesse).

Durante anos, a Clorox tem tentado reposicionar seu produto como menos agressivo do que as pessoas sempre acharam. Uma campanha publicitária lançada em janeiro 2009 utilizou comerciais de televisão para mostrar aos consumidores que o Clorox pode ser utilizado com segurança para desinfetar itens domésticos e até itens para bebês, como mamadeiras e brinquedos. A Clorox está diante de uma árdua batalha para converter um grande número de consumidores a mudar suas percepções da marca como uma substância química agressiva. No entanto, a batalha continua.

Um outro exemplo de uma empresa que buscou o reposicionamento da marca é a Hyundai. No início, a marca conquistou a palavra "barato" na mente dos consumidores. Para reposicioná-la, a empresa reprojetou seus carros para serem mais contemporâneos e lançou um programa de garantia sem precedentes (10 anos ou 100 mil milhas) que os concorrentes ainda estão tentando copiar. As percepções do consumidor mudaram à medida que o novo *design* dos carros foi considerado atraente e a garantia apelava a seu senso de confiabilidade e segurança. Foi uma manobra genial de marketing que deu certo.

UMA MUDANÇA DE RUMO

Capítulo 13

"Eu não sou mais tão motivado quanto costumava ser. Parte disso foi a capacidade de passar parte dos negócios à minha filha e me concentrar na parte da empresa Playboy que realmente me interessava, que é a revista e o lado criativo."

Hugh Hefner, em *80*, de Gerald Gardner e Jim Bellows

Enquanto a Playboy Enterprises se via cercada de desafios financeiros, políticos e sociais ao longo dos anos 1980, Hugh Hefner, o defensor da marca, sempre se via no centro das controvérsias que a envolviam. Um novo movimento conservador marcava as opiniões políticas, religiosas e sociais da década, e Hugh Hefner, bem como a relação que o público fazia entre a marca Playboy e a liberação sexual e drogas eram os temas preferidos de muitos americanos. A nuvem sombria que acompanhava a marca Playboy ficaria ainda mais escura antes de desfazer.

As controvérsias prejudicam o defensor da marca

No dia 15 de agosto de 1980, a *playmate* Dorothy Stratten foi assassinada pelo marido, Paul Snider (quando ele ficou sabendo do caso dela com o diretor de cinema Peter Bogdanovich), que logo depois cometeu suicídio com a mesma arma. O evento causou uma década de problemas para Hugh Hefner e para a Playboy. A morte de Dorothy Stratten foi trágica e deu à mídia uma oportunidade de vincular Hefner e a Playboy diretamente à violência e a um comportamento desviante. No dia 5 de novembro de 1980, Teresa Carpenter, colunista do *Village Voice*, escreveu um artigo mordaz culpando três homens pela morte de Stratten, afirmando: "Dorothy Stratten era alvo dos sonhos e ambições de três homens. Um deles a matou". De acordo com Carpenter, "Dorothy Stratten era menos notável por si só do que pelos desejos que evocava: em Snider, a necessidade de se impor; em Hefner, o anseio por uma estrela; em Bogdanovich, o desejo da eterna inocente. Ela foi o catalisador de um ciclo de ambições que revelou participantes provavelmente menos perversos do que patéticos" (p. 12).

Carpenter escreveu que Hefner usou Stratten para obter legitimidade em Hollywood empurrando-a para uma carreira no cinema e conquistando a oportunidade de dizer que a Playboy tinha criado uma estrela. O artigo de Carpenter foi publicado em várias publicações e foi citado por toda a mídia. Mais tarde, Carpenter ganhou o Prêmio Pulitzer em 1981 pela matéria. Hugh Hefner e a Playboy foram diretamente acusados e o frenesi da mídia que se seguiu não era o que a marca Playboy precisava no início da década de 1980.

Em sua defesa, Hugh Hefner reagiu ao ataque de Carpenter com seu próprio artigo na revista Playboy. Hefner defendeu Stratten e a Playboy em seu artigo e o público formou a própria opinião sobre a relação entre a Playboy e a morte de Stratten. No entanto, os danos à marca já tinham sido feitos e isso simplesmente jogou mais lenha na fogueira do movimento conservador contra a pornografia, a violência e a Playboy, que se seguiria com a eleição do Presidente Ronald Reagan em 1980 e a formação da Comissão Meese em 1985. Quando Peter Bogdanovich publicou seu próprio livro sobre o assassinato de Stratten, *The Killing of the Unicorn: Dorothy Stratten*, 1960-1980, ele acusou Hefner de ser o homem responsável pela morte de Stratten. Hefner estava obcecado em preservar sua reputação na primeira metade da década de 1980. Bogdanovich acabou se desculpando por culpar Hefner pelo assassinato de Stratten, mas, mais uma vez, os danos já haviam sido causados a Hefner e à marca Playboy.

Enquanto Hugh Hefner de desviava dos ataques inimigos da imprensa que se seguiram ao assassinato de Dorothy Stratten, ele também se via diante de uma empresa perto de perder 85% de seus lucros enquanto o Magistrado Britânico investigava a licença da Playboy para operar no setor de jogos de azar. Ele tinha passado os últimos anos se retirando cada vez mais das operações de negócios da Playboy Enterprises e isso ficou aparente em janeiro de 1982, quando ele testemunhou em uma audiência com a Comissão de Controle de Cassinos de Nova Jersey depois do indeferimento em novembro de 1981 por parte da Divisão de Fiscalização de Jogos de Azar da petição da Playboy Enterprises de uma licença para abrir um cassino em Atlantic City. O defensor da marca fracassou miseravelmente, provando que ele não tinha se preparado para a audiência. Ele não conseguia se lembrar de fatos-chave e claramente não tinha lido o relatório da investigação conduzida pela Divisão de Fiscalização de Jogos de Azar antes do julgamento. No final, seu distanciamento da empresa teve um grande e direto impacto negativo sobre a Playboy Enterprises. Em 1984, a empresa desistiu de recorrer judicialmente na tentativa de obter a licença para operar o cassino e vendeu sua participação de 47,5% do Playboy Casino em Atlantic City. O projeto de US$ 135 milhões foi uma perda total tanto financeiramente quanto em termos de seu impacto sobre a marca Playboy.

Quadro 13.1. Prêmios e tributos recebidos por Hugh Hefner durante a década de 1980

(Adaptado de PlayboyEnterprises.com)

1980: Hugh Hefner recebe o First Amendment Freedom Award da Liga Antidifamação B'nai B'rith de Los Angeles por seu trabalho na proteção da liberdade individual.

1980: Hugh Hefner recebe uma estrela na Calçada da Fama em Hollywood.

1983: O prefeito de Chicago, Harold Washington, declara o Dia do Hugh M. Hefner para reconhecer as contribuições de Hefner ao mundo dos negócios.

1984: O prefeito de Los Angeles, Tom Bradley, condecora Hugh Hefner por suas contribuições culturais à cidade, como o Playboy Jazz Festival.

1987: Hugh Hefner recebe o Southern California Cable Association Award por seu trabalho contínuo na defesa da liberdade de expressão.

1989: Hugh Hefner é nomeado para o Hall da Fama do Setor Editorial da revista *Folio*.

Hugh Hefner deixou claro por muitos anos que não se interessava pelo lado dos negócios da Playboy. Ele gostava de exercer seu papel de defensor da marca, trabalhando para preservar as liberdades pessoais, protegendo a liberdade de expressão (veja uma lista de prêmios que Hefner recebeu na década de 1980 no Quadro 13.1) e ver sua celebridade crescer, mas não se interessava nas operações diárias de uma empresa. Ao longo das três últimas décadas, os analistas de negócios repetidamente atacaram Hefner por sua falta de tino nos negócios, vinculando diretamente sua incapacidade de liderar sua organização ao declínio da empresa. Os analistas acusaram Hefner de investir em projetos que se adequavam a seus interesses pessoais por capricho, sem nenhuma pesquisa ou estratégia. Quando a *Newsweek* publicou um artigo em agosto de 1986 afirmando que a Playboy estava perto do colapso, uma foto de Hugh Hefner saiu estampada na capa. Os críticos atacaram a marca Playboy como irrelevante e as festas e estilo de vida de Hefner como entediantes pelos padrões dos consumidores da década de 1980. Eles acusaram a Playboy de ser uma marca presa nas décadas rebeldes dos anos 1960 e 1970 e que deixou de reconhecer que o mundo ao seu redor e as pessoas nesse mundo tinham mudado. Em muitos aspectos, eles estavam certos.

Hefner não caiu sem lutar. Na década de 1980, ele concentrou seus esforços em preservar sua reputação e a marca que tinha passado a maior parte da vida construindo. No entanto, sua saúde sentiu os efeitos da batalha e de seu estilo de vida e, em 1985, o defensor da marca Playboy sofreu um derrame que o tiraria completamente de cena por várias semanas. Em entrevistas após o derrame, Hefner se referiu repetidamente ao incidente como um "golpe de sorte", dizendo que o derrame fez com que ele mudasse o foco de sua vida. Ele se reinventou pela quarta vez em tantas décadas. Hefner parou de fumar e adotou um estilo de vida mais saudável. Em 1988, ele tomou a decisão de abrir mão de seu papel como o líder da Playboy Enterprises e nomeou a filha, Christie Hefner, como presidente do conselho e CEO da empresa.

Voltando-se aos artigos de merchandising

Christie Hefner já tinha se provado capaz de liderar a Playboy Enterprises. Desde que foi nomeada presidente em 1982, ela tomou medidas para consolidar as operações de negócios da empresa e reposicioná-la como uma organização de comunicações líder do mercado. Ela liderou mudanças que afetaram todas as facetas da empresa e reestruturou uma empresa que estava próxima do colapso em 1986 até mostrar sinais de sobrevivência e um possível renascimento no final da década. O principal foco, contudo, era na reconstrução do valor da marca Playboy, o maior ativo da empresa. À medida que a empresa se concentrava na sua essência e desinvestia empreendimentos de negócios que estavam sugando recursos e dinheiro, a força da marca Playboy decolou.

De repente, os artigos de merchandising da marca Playboy se tornaram o segmento mais lucrativo da Playboy Enterprises. Apesar dos vários desafios enfrentados pela marca em seu ciclo de vida de aproximadamente cinquenta anos, ela ainda tinha um enorme valor. Com o crescimento do negócio de artigos de merchandising, a empresa descobriu que a marca Playboy atraía consumidores de vários segmentos de mercado e vários grupos demográficos. Mulheres e homens eram atraídos à marca Playboy e compravam produtos com o logo do coelhinho. O licenciamento do nome da marca Playboy e o icônico logo do coelhinho era um empreendimento lucrativo. Os consumidores normalmente compram artigos de merchandising de marca em padrões que correspondem às mudanças na economia, de forma que o licenciamento originalmente gerou lucros voláteis à Playboy. Contudo, a margem de lucro do negócio de licenciamento da Playboy era muito alta. Era uma área que Christie Hefner reconhecia como capaz de levar a empresa para o longo prazo (veja o Quadro 13.2 para mais histórias de sucesso de artigos de merchandising de marca).

Quadro 13.2. Histórias de sucesso de extensão de marcas e artigos de merchandising

Em 1888, a National Geographic Society foi criada e, nove meses mais tarde, a primeira edição da revista *National Geographic* foi publicada. Ao longo do próximo século, o nome de marca National Geographic se estenderia para especiais na televisão e, mais tarde, sua própria rede de televisão a cabo, outras revistas, livros, ►

artigos de merchandising (vendidos por meio do catálogo da National Geographic), mapas, fotografias e muito mais. Hoje em dia, os consumidores podem vivenciar a marca National Geographic de várias formas e comprar uma miríade de produtos com a marca. O vínculo cria uma percepção de qualidade e confiança graças ao incrível valor de marca da National Geographic, conhecido e reconhecido ao redor do mundo.

O mundo do entretenimento também proporciona uma abundância de exemplos de histórias de sucesso de artigos de merchandising. Marcas como Guerra nas Estrelas, Jornada nas Estrelas e a Disney ganharam bilhões de dólares e sustentaram seus ciclos de vida indefinidamente por meio de artigos de merchandising. Até personagens de histórias em quadrinhos, como o Homem Aranha ou o Batman, evoluíram e cresceram por meio dos artigos de merchandising. As próprias celebridades utilizam o merchandising para estender suas carreiras, percebendo o potencial de renda de licenciar seus nomes. Nos anos 2000, as celebridades licenciavam seus nomes para artigos como vestuário, perfumes etc. Por exemplo, só nos anos 2000, Mariah Carey, Sarah Jessica Parker, Britney Spears, Jessica Simpson, Paris Hilton, Gwen Stefani, Jennifer Lopez, Christina Aguilera, Kate Moss, Kylie Minogue, Celine Dion, Hillary Duff, Victoria (e David) Beckham, Tim McGraw, Sean Combs, Derek Jeter e Usher licenciaram seus nomes para aparecer em frascos de perfumes e colônias. Esta é só uma amostra da lista de celebridades que entraram no barco do licenciamento do nome de marca e colheram belos resultados financeiros.

De forma similar, marcas de produtos de consumo como a Coca-Cola, a Harley Davidson e a Budweiser elevaram os resultados financeiros de suas empresas por meio de artigos de merchandising. Não é incomum ver calendários, camisetas etc. da Coca-Cola, da Harley Davidson ou da Budweiser. Marcas valorizadas podem ganhar muito dinheiro por meio de artigos de merchandising e cada vez mais empresas percebem isso todos os dias. É por isso que muitas estranhas extensões de marca chegam ao mercado (pense nos bifes Donald Trump Steaks e nos caixões Precious Moments Coffins, ambos lançados em 2007). A chave para as empresas é procurar oportunidades de artigos de merchandising e licenciamento que comuniquem com coerência a promessa da marca em vez de confundir os clientes e deixar de satisfazer suas expectativas para a marca.

O processo de reforço do negócio de licenciamento da Playboy na década de 1980 foi iniciado lentamente e utilizou uma abordagem mais focada do que no passado. A empresa tentou selecionar as oportunidades para incluir o logo e o nome da marca Playboy em produtos de alta qualidade e que representavam a marca com precisão. A empresa buscou *joint ventures* com parceiros de negócios que ofereciam experiências e pontos de distribuição que a Playboy Enterprises não tinha, além de licenças com pagamento de direitos autorais vinculadas a elas. A Playboy Enterprises também aproveitou fotos, artigos e entrevistas existentes para utilização em novos produtos (por exemplo, revendendo fotos da *Playboy* ou lançando-as em calendários). No final da década, a Playboy já tinha aproximadamente sessenta licenças de produtos ao redor do mundo e a marca podia ser vista em uma lista cada vez maior de itens encontrados em uma ampla variedade de pontos de venda.

O sucesso e o crescimento continuados da Playboy Enterprises se concentrariam em uma estratégia contínua de retração da marca focada nas áreas de *expertise* essenciais da empresa, mídia e comunicações, bem como em novas extensões de marca extremamente focadas. No entanto, os artigos de merchandising se tornaram uma parte cada vez maior dessa estratégia enquanto outras partes do império da Playboy enfrentavam dificuldades. O valor que foi desenvolvido para a marca Playboy ao longo das três décadas anteriores era grande. Em 1992, em um artigo publicado pela revista *Folio*, Reed Phillips, o então vice-presidente sênior de circulação e planejamento da *Playboy*, disse que a marca Playboy era "a segunda marca comercial mais reconhecida do mundo (depois da onda vermelha e branca da Coca-Cola)." Nos anos 1980, o negócio de licenciamento da Playboy teve uma margem de lucros de 54% em comparação com um margem de lucros esperada de 10% a 15% de uma revista de sucesso. A Playboy Enterprises, liderada por Christie Hefner, tomou a sábia decisão de investir no crescente negócio de licenciamento e essa decisão viria a gerar frutos por vários anos no futuro.

Começando na televisão

Christie Hefner reconheceu a importância de alavancar o mercado da televisão como uma nova forma para os consumidores vivenciarem a marca Playboy. Na década de 1980, a TV a cabo apresentava uma nova oportunidade para a Playboy Enterprises criar uma rede com uma programação original que ajudaria a atingir essas metas. Em uma época na qual a TV a cabo ainda estava começando, a Playboy Enterprises lutou por espaço dentre a pequena opção de 35 a 40 canais que as operadoras de TV a cabo ofereciam. Quando receptores endereçáveis de TV a cabo entraram em cena, a Playboy viu uma nova oportunidade de oferecer seu conteúdo como um serviço *premium* ao lado de outras redes sociais de marca, como o Disney Channel.

A incursão da Playboy para levar sua valiosa marca à televisão mostrou aos líderes da empresa que o público consumidor da Playboy poderia ser dividido em dois públicos principais – seguidores fiéis da marca *cult* e compradores ocasionais, por impulso. Foi esse público de compradores por impulso que ajudou a fazer com que as tentativas da Playboy de entrar na televisão fossem um sucesso desde o início. À medida que a televisão a cabo no sistema *pay-per-view* crescia no final da década, os consumidores mostravam que estavam dispostos a pagar pelo conteúdo da Playboy – tanto consumidores fiéis que pagavam pela assinatura do canal da Playboy quanto compradores por impulso que compravam apenas alguns programas. Na verdade, a Playboy foi a primeira empresa a oferecer conteúdo *pay-per-view* fragmentado, e funcionou. Os consumidores costumavam comprar o conteúdo da Playboy em blocos de tempo, particularmente nas noites de sexta e sábado, sustentando a estratégia da empresa de oferecer os Finais de Semana da Playboy aos consumidores que não estavam interessados em comprar acesso 24 horas ao canal.

A estratégia impulsionaria os lucros até a próxima década e, como de costume, a Playboy Enterprises usufruiria desse sucesso de curto prazo, mas deixaria de planejar além de seu sucesso atual. A tecnologia e as preferências do consumidor vinham mudando rapidamente. A passagem da televisão a cabo analógica à TV a cabo digital e ao modelo de negócios *pay-per-view* ocorreu muito rapidamente. A Playboy usufruía dos lucros provenientes do *pay-per-view*, mas não tinha um plano para a próxima fase dos avanços tecnológico para consumir a programação na televisão.

Apesar de os investimentos da Playboy Enterprises na televisão não terem sido baratos, Christie Hefner acreditava que eles se pagariam com o tempo (veja o Quadro 13.3 para saber sobre a incursão da Hallmark na televisão). Ao entregar um conteúdo original e de marca com a qualidade pela qual a Playboy era reconhecida, a empresa retornou às suas raízes como uma marca de relacionamento que proporcionava várias formas para os consumidores vivenciarem a marca, mas com um *mix* mais apropriado para o público da década de 1980. A meta era encontrar novas formas para os consumidores fazerem conexões pessoais com a marca Playboy, e Hefner e a equipe de liderança da Playboy apostaram em duas estratégias: a televisão e o desenvolvimento internacional do negócio de publicação.

Quadro 13.3. O Hallmark Channel

Poucas marcas fizeram com sucesso a transição de uma mídia ou negócio para criar a própria rede de televisão. Outras marcas tiveram sucesso variável se aliando a redes conhecidas, mas o investimento necessário para abrir uma rede do zero é alto e os riscos são ainda mais altos. A Hallmark teve algum sucesso quando lançou o Hallmark Channel (e o Hallmark Movie Channel) em 2001. A rede é de propriedade da NBC Universal em todos os países menos nos Estados Unidos, onde é de propriedade da Crown Media (uma empresa de capital aberto, apesar de a Hallmark Entertainment, ►

LLC deter ações suficientes para controlar 91% do poder de voto), que licencia o nome de marca Hallmark. A rede transmite programas e filmes familiares.

Hoje em dia, o Hallmark Channel está disponível em mais de cem países. Sua participação de público é pequena, mas as taxas de licenciamento são significativas para a Hallmark. Para a NBC Universal e a Crown Media, o nome de marca Hallmark traz reconhecimento, uma percepção positiva de qualidade e uma associação a valores familiares na mente dos consumidores. Em 2008, a Crown Media declarou índices de audiência recordes, distribuição expandida e maiores lucros provenientes do Hallmark Channel, mencionando o poder de sua programação e da marca Hallmark como elementos-chave para o crescimento da rede.

No entanto, a Playboy Enterprises levaria ainda muitos anos para encontrar a receita certa para o sucesso. Para começar, a empresa estava entrando em novos negócios nos quais não tinha experiência nem habilidade. Em segundo lugar, a concorrência e a disponibilidade de conteúdo sexualmente explícito se tornaram mais comuns, dificultando para a Playboy diferenciar seu produto e continuar a impulsionar os lucros contando com um modelo de negócios baseado em assinantes. A empresa conseguia rapidamente economias de escala encontrando formas de adaptar o conteúdo para várias mídias, mas uma estratégia de marketing integrado totalmente desenvolvida só foi implementada na década de 1980.

A chave para o sucesso futuro estaria na criação de uma estratégia de marketing integrado na qual o conteúdo da *Playboy* pudesse ser disponibilizado por meio de várias categorias e vários mercados da forma mais eficiente e alavancando plenamente as economias de escala. A estratégia de marketing integrado da Playboy estava apenas começando nos anos 1980 e só na próxima década a empresa realmente implementaria tanto o marketing integrado quanto o vertical (ambos são discutidos na Parte V). No entanto, os elementos estavam se encaixando na década de 1980 e o terreno estava sendo preparado para o verdadeiro crescimento e o ressurgimento da marca Playboy nos próximos anos.

O defensor da marca surpreende o mundo

A Playboy Enterprises permaneceu no centro das controvérsias ao longo de seu ciclo de vida e por todo esse tempo Hugh Hefner sempre esteve presente. Ele tinha se tornado não somente a incorporação viva da marca como também o defensor e promotor de marca mais famoso e influente da história. O mundo se chocaria em julho de 1989, quando o símbolo vivo do estilo de vida da Playboy pediu a *playmate* Kimberley Conrad em casamento. O maior ícone da marca Playboy planejava sair do mercado. Não é de se surpreender que Hugh Hefner deixasse para fazer isso só no final de década de 1980, depois de tantos anos vivendo o estilo de vida da Playboy. Depois de um escândalo envolvendo drogas, do Relatório Meese, de perder licenças para operar cassinos, de ver negócios falindo, de fechar os Playboy Clubs, de um derrame, e assim por diante, o que surpreende é o fato de Hefner não ter saído de cena muito antes.

A questão em 1988 não era se a Playboy sobreviveria, mas o que aconteceria à marca Playboy sem o defensor da marca presente nas operações diárias no lado dos negócios da Playboy Enterprises e também sem sua presença no lado público do estilo de vida da Playboy. A década de 1990 veria uma Playboy bastante diferente. Sem um defensor visível, a marca mais uma vez teve dificuldades de encontrar sua identidade e uma mensagem coerente.

PARTE 5

Reinventando a marca – Os anos 1990

Reinventando a Marca – Os Anos 1990

Tabela V: Cronologia – Os anos 1990	
1990	Nasce o primeiro filho de Hugh Hefner com Kimberley Conrad, Marston Glenn.
1991	Nasce o segundo filho de Hugh Hefner com Kimberley Conrad, Cooper Bradford. A Playboy Enterprises volta a ser lucrativa.
1992	Um documentário sobre a vida de Hugh Hefner, *Once Upon a Time*, é lançado nos cinemas dos Estados Unidos e na TV a cabo.
1993	A Playboy Enterprises elimina 10% de sua força de trabalho.
1994	Lançamento da Playboy.com. Fim da festa Midsummer Night's Dream Party na Mansão Playboy na festa anual de Ano Novo muda de pijamas e roupões para *smokings* e vestidos longos com entrada permitida para crianças. A Playboy Enterprises termina o ano operando no vermelho novamente.
1996	Hugh Hefner ganha o International Publishing Award do Conselho Internacional de Imprensa. O programa *Hugh Hefner: American Playboy* é lançado no canal A&E.
1997	Lançamento do Playboy Cyber Club, um website pago.
1998	Hugh Hefner é incluído no Hall da Fama da Sociedade Americana de Editores de Revistas.
1998	Hugh e Kimberley Hefner anunciam sua separação. A Mansão Playboy volta a ser aberta ao público.
1999	A Playboy Enterprises adquire a Spice Entertainment, Inc. e lança a Playboy TV International e a Playboy TV en Español. A Playboy Enterprises assina um acordo para abrir a primeira loja da Playboy no Japão. Lançamento do Playboy On Campus.

UM NOVO FOCO

Capítulo 14

"Passamos por um período no qual tanto a marca quanto eu estávamos meio que em um túnel."

Hugh Hefner, em entrevista para o Hollywood Reporter em 2003

Os anos 1990 começaram com uma nova série de problemas para a marca Playboy. Com seu defensor, Hugh Hefner, casado com a *playmate* Kimberley Conrad e mergulhado na vida doméstica, a marca foi deixada sem um paladino defensor visível. Os consumidores ficaram confusos com as mensagens incoerentes enviadas pela marca Playboy e sua incorporação. No início dos anos 1990, Hugh Hefner se reinventou pela quinta vez, mas desta vez foi diferente de tudo o que as pessoas tinham visto antes ou poderiam ter previsto. Suas reinvenções anteriores tinham assumido a forma de um festeiro agressivo e um *workaholic* obsessivo, mas a transformação da década de 1990 representou um enorme contraste com a mensagem da marca que ele defendeu durante quatro décadas.

Depois do casamento de Hefner em julho de 1989, a Mansão Playboy, um símbolo de liberdade pessoal e diversão, foi rapidamente transformada em um lar familiar tradicional. Kimberley Conrad forçou Hefner a se desfazer de suas *playmates* e as portas da mansão foram praticamente fechadas. O sistema inclusivo, de entrada livre, que Hefner tanto adorava desde o dia em que a Mansão Playboy de Chicago foi inaugurada em 1959 tinha chegado ao fim. Na década de 1990, os visitantes precisavam ser especificamente convidados antes de terem permissão de entrar na Mansão Playboy West.

No dia 9 de abril de 1990, Hugh e Kimberley Hefner tiveram o primeiro filho, Marston Glen Hefner. Um ano depois, nasceu Cooper Bradford Hefner, no dia 4 de setembro de 1991. Em pouco tempo, a vida na mansão mudou radicalmente. A nudez foi banida, a placa "*Playmantes* brincando" foi mudada para "Crianças brincando" e a mansão se viu repleta de brinquedos.

Para piorar a situação para a marca Playboy e confundir os consumidores mais ainda, Hefner denunciou seu estilo de vida anterior, chamando-o de desesperado e falso. Na verdade, ele também estava denunciando a marca Playboy e tudo o que ela representava. É difícil manter a fidelidade do cliente quando o defensor e maior promotor diz que sua marca é uma farsa. Hefner, que antes apresentava o *Playboy After Dark*, passou a fazer aparições como convidado em programas familiares como *Blossom* e *Um maluco* no pedaço. Basicamente todos os aspectos de sua vida na década de 1990 contradiziam a promessa da marca Playboy.

Mudanças também foram realizadas nos famosos eventos da Mansão Playboy. Os trajes das festas mudaram de pijamas e roupões a smokings e vestidos longos, e as crianças eram bem-vindas. Em vez de convidados procurando ovos com frases sugestivas escritas neles na caça anual aos ovos de Páscoa da Mansão Playboy, as crianças procuravam ovos de Páscoa tradicionais em um evento familiar. Talvez o mais confuso para os consumidores e prejudicial para a marca Playboy tenha sido quando Hefner disse à revista People que sentia que sua nova imagem não prejudicaria a Playboy porque todo mundo adora um pecador que se redimiu. Ele disse à imprensa e aos consumidores que sua Filosofia da Playboy de 150 mil palavras que ele levou anos para concluir estava sendo alterada para uma mensagem mais positiva e familiar, refletindo sua própria tendência a se estabilizar e a adotar um estilo de vida mais calmo. O que os consumidores poderiam pensar quando o defensor da marca lhes dizia que a vida de fantasia que a marca prometia era errada?

Hugh Hefner mantém o controle da revista Playboy

Apesar de seu desaparecimento aos olhos do público e da clara mudança de atitude, de solteirão a marido fiel, Hefner manteve o controle da revista *Playboy*. Os anos 1990 viram Hefner continuando a sua luta, mas as batalhas mudaram de igualdade e liberação sexual ao politicamente correto. Um estudo de 1994 conduzido pela equipe de pesquisas da Universidade de Chicago intitulado *Sex in America* [Sexo na América] concluiu que a maioria dos norte-americanos levava uma vida relativamente normal e uma vida sexual reservada e acreditava na monogamia. As atitudes dos consumidores correspondiam até certo ponto à reinvenção pessoal de Hefner, e o conteúdo da revista *Playboy* mudou para espelhar essas preferências.

A Playboy foi reposicionada para se distanciar de revistas como a *Penthouse* e a *Hustler* e se aproximar mais de revistas como a *Esquire* e a *GQ*. A revista passou a se concentrar mais na qualidade até mesmo em relação à década anterior. As seções que os consumidores fiéis esperavam (como a Playboy Interview) foram mantidas, mas o tom da revista se tornou menos político. Em vez disso, o foco passou a se alinhar mais com a mensagem original de 1950 da Playboy, concentrada em relacionamentos, estilo de vida e entretenimento. Hugh Hefner sempre se posicionou como um romântico, e o conteúdo da revista *Playboy* na década de 1990 passou a refletir mais esse lado de sua natureza. As matérias procuravam ensinar os leitores que era necessário entender os relacionamentos entre homens e mulheres, utilizando mensagens populares na época graças, em parte, à mídia e a livros como *Homens são de Marte, mulheres são de Vênus*, de John Gray, publicado na mesma década. A principal mensagem de marca da Playboy na década de 1990 era que os homens deveriam buscar liberdades pessoais, mas fazer isso dentro dos limites das tradições aceitas.

Para muitos, a nova mensagem da marca simbolizava a relutância de Hugh Hefner de assumir a responsabilidade pela promessa da marca devido a seu novo casamento. Na tentativa de fazer com que a mensagem da marca fosse mais convencional e atraisse um público mais amplo à *Playboy*, a revista tentou ser coisas demais a pessoas demais e o posicionamento da marca se tornou confuso. O conteúdo da revista foi criado para assumir uma posição neutra entre a mentalidade liberal e a conservadora. Basicamente, a marca se tornou um símbolo de dicotomias:

- mentalidade liberal *versus* conservadora;
- liberdade pessoal *versus* moralidade;
- liberdade sexual *versus* relacionamentos de qualidade;
- satisfazer os prazeres *versus* cuidar dos outros;

- homem solteiro *versus* pai de família;
- pornografia *versus* nudez de bom gosto.

O equilíbrio era praticamente impossível de se encontrar e, ao longo da década de 1990, os consumidores se perguntavam qual era, na verdade, a mensagem da marca Playboy. Ao mesmo tempo, o macroambiente nos Estados Unidos e ao redor do mundo estava mudando acentuadamente. A Guerra Fria tinha chegado ao fim e a verdadeira globalização era uma realidade. As economias ao redor do mundo estavam prosperando e termos como "tolerância" em relação ao preconceito e à desigualdade se tornaram palavras-chave que definiram a década nos Estados Unidos. Em 1990, quando a Organização Mundial da Saúde retirou a homossexualidade de sua lista de doenças, a aceitação se tornou a nova norma e a década foi posicionada em grande contraste com as décadas anteriores.

Nos Estados Unidos, a renda pessoal dobrou durante a década à medida que a estabilidade política e o desenvolvimento econômico se espalharam como nunca para o resto do mundo e a pobreza doméstica e os níveis de criminalidade caíram significativamente. À medida que as mulheres assumiam cargos mais altos nos setores públicos e privados, muitas das liberdades pelas quais Hugh Hefner e a marca Playboy lutaram durante as quatro décadas anteriores foram conquistadas, pelo menos até certo ponto. O uso de drogas aumentou nos Estados Unidos ao longo da década, bem como uma visão mais aberta em relação ao sexo, com programas de televisão como *Sex and the City*, mostrando o lado feminino da história da liberação sexual.

Os livros de história contam como as atitudes em relação ao sexo mudaram nos anos 1990. Quando o ex-presidente americano Bill Clinton foi levado diante de um júri em 1998 para testemunhar sobre a acusação de manter um caso extraconjugal com a estagiária da Casa Branca, Monica Lewinsky, muitas pessoas ficaram chocadas, furiosas e envergonhadas com esse comportamento. No final, ele teve a permissão de permanecer no cargo apesar do comportamento inadequado e das reações menos do que sinceras às acusações, mas, o mais interessante é que ele continuou sendo um presidente relativamente popular.

O fato de muitos americanos, em especial os membros da geração mais jovem, terem conseguido enxergar além do comportamento sexual de Clinton e desvincular isso de seu papel como presidente foi um sinal claro da mentalidade das pessoas em relação ao sexo na época. Se o escândalo Clinton-Lewinsky tivesse ocorrido uma década antes, é possível argumentar que os resultados teriam sido muito diferentes para o presidente. Naturalmente, também seria possível argumentar que, se o escândalo tivesse ocorrido em uma época na qual os cidadãos americanos se sentissem menos estáveis econômica, política e socialmente, os resultados também teriam sido diferentes. No entanto, o que ficará para a história é o fato de muitos americanos terem aceitado as "relações sexuais" extraconjugais de Clinton sem se preocupar muito com isso.

Quadro 14.1. A Geração X

Os membros da Geração X nasceram entre 1965 e 1979. Eles são os filhos dos membros da Geração Silenciosa e dos Baby-Boomers. A geração é por vezes chamada de a Geração Baby Bust, em referência à significativa queda dos índices de natalidade após o baby-boom vinte anos antes.

Os membros mais velhos da Geração X eram adolescentes durante os anos conservadores da administração Reagan nos Estados Unidos da década de 1980. À medida que atingiam a idade adulta, eles se envolveram em relacionamentos e na vida comunitária, com foco no bem-estar dos outros, na tolerância e no empreendedorismo. Ao mesmo tempo, eles denunciaram as características estereotipadas dos Baby-Boomers, como egocentrismo e falta de espírito prático. A nova geração de adultos cresceu em meio a lares desfeitos, drogas, AIDS e globalização. Em consequência, a Geração X se concentrou em reconhecer e trabalhar para desenvolver a ►

conscientização de causas sociais relacionadas ao macroambiente. O show Live Aid em 1985 e a atenção a questões como a fome no mundo, proteção ambiental e assim por diante eram as principais preocupações para a Geração X na década de 1990.

É importante notar que a Geração X foi a primeira geração a ganhar menos (em dólares atualizados) do que os pais na mesma idade. Dessa forma, muitos analistas veem a Geração X com ao geração que acreditava que algo tinha sido tirado deles e ao qual eles tinham direito. Enquanto as gerações anteriores *esperavam* que a vida fosse melhor para eles do que tinha sido para os pais, os membros da Geração X sabiam que esse não era o caso deles. Isso provocou uma mudança da mentalidade da Geração X que as gerações mais velhas tiveram dificuldades de entender. A Geração X começou a questionar e a se rebelar contra as tradições seguidas pelos pais, porque perceberam que o fim da história para eles não seria igual ao dos pais. Eles aumentaram a demanda por horários flexíveis no trabalho, equilíbrio entre vida profissional e pessoal, e mais, o que a geração seguinte, a Geração Y, continuaria a defender.

Ao mesmo tempo, a tecnologia avançava em um ritmo incrivelmente acelerado e a Geração X foi rápida para adotar essas mudanças (que só seria eclipsada pelos índices de adoção imediata da geração seguinte). A Geração X rapidamente demandou a próxima fase da tecnologia. Em outras palavras, a Geração X não se satisfazia com o *status quo* e estava em busca de maneiras de melhorar a vida por meio de tolerância e conscientização social, e seus membros trabalharam para atingir essas metas com o desenvolvimento de relacionamentos, envolvimento comunitário, pensamento empreendedor e inovação tecnológica. Com o fim da Guerra Fria na década de 1980, a Geração X foi a primeira geração a viver em um mundo verdadeiramente global social, política e economicamente.

Em resumo, os anos 1990 foram bastante diferentes da década conservadora e repressiva anterior. Na década de 1990, a liberdade pessoal e a igualdade eram *esperadas* e as pessoas lutavam contra os que não se adequavam. A Filosofia da Playboy estava desatualizada e precisava de ajustes para atrair uma nova geração que não sabia como era viver nos anos 1950, 1960 e 1970 (veja o Quadro 14.1 para detalhes sobre a Geração X). A revista *Playboy* não estava preparada para implementar as mudanças necessárias para receber a nova geração. Sob a liderança editorial de Hugh Hefner, ela permaneceu um pouco estagnada e entediante pelos padrões dos consumidores na década de 1990. Felizmente, os anos 1990 também trouxeram consigo um interesse renovado em entretenimento e celebridades, dois dos maiores interesses de Hefner, o que daria à revista a relevância da qual ela precisava desesperadamente para sobreviver ao longo da década.

Era mais difícil para nova Geração X se vincular com a marca Playboy do que para qualquer geração antes dela. Trata-se de uma geração de americanos que cresceram durante a conservadora administração Reagan, mas na idade adulta, se viram diante dos problemas do mundo inteiro, sabendo que seu futuro econômico não seria tão brilhante quanto os das gerações que a precederam. O desafio no início da década de 1990 era descobrir maneiras de relacionar a marca Playboy à vida pessoal dos membros da Geração X. As jovens celebridades da Geração X exerceriam um importante papel no fim da década para reposicionar a marca Playboy como moderna e relevante aos jovens adultos.

As celebridades e a Playboy

Desde os primórdios da *Playboy*, a revista teve um importante relacionamento com as celebridades. Grande parte dessa conexão provinha da obsessão de Hugh Hefner com o cinema, que ele sempre dizia ser sua paixão desde a juventude. Na edição de lançamento da revista *Playboy* em 1953, Hefner investiu suas esperanças de sucesso em fotos de Marilyn Monroe, cuja carreira estava em rápida ascensão. Deu certo, e Hefner nunca se esqueceu do poder da celebridade e de sua influência sobre a *Playboy*. Ao longo da vida da revista, houve vários incidentes de aumento de vendas correspondente com a aparição de uma celebridade famosa em uma foto. Na década de 1990, várias celebridades ajudaram a recuperar a popularidade da Playboy com um público mais amplo e convencional.

Mulheres como Pamela Anderson e as estrelas de *Baywatch* se tornaram *commodities* desejadas com o passar da década. Anderson ascendeu rapidamente na carreira depois de posar para a *Playboy* em 1989, e foi extremamente grata e leal a Hefner e à Playboy em geral. Ela fez várias aparições na revista *Playboy* na década de 1990 e foi considerada por homens ao redor do mundo como o maior símbolo sexual da época. A Playboy promovia substancialmente suas aparições na revista e as vendas aumentavam sempre que ela agraciava as página da revista com suas fotos. Outras celebridades como Anna Nicole Smith e Jenny McCarthy também lançaram suas carreiras na *Playboy* e fizeram aparições frequentes na revista ao longo dos anos 1990. Sua popularidade foi às alturas e as vendas da revista sentiram os efeitos positivos. Celebridades como Drew Barrymore, Shannen Doherty, Farrah Fawcett, Cindy Crawford, Katarina Witt, Naomi Campbell, Claudia Schiffer e Geri Halliwell, da Spice Girls, também apareceram na revista *Playboy* na década de 1990, mantendo vivo o *buzz* em torno da Playboy ao longo de toda a década.

As aparições de celebridades na *Playboy* não apenas atraíam os consumidores pelo conteúdo como também pelo endosso percebido da marca, particularmente entre o público feminino. Quando uma mulher com um significativo poder de celebridade posava para a revista *Playboy*, isso dava à publicação e à marca uma imagem de qualidade superior e maior aceitação, e muitos consumidores apreciavam a segurança que isso lhes proporcionava. Por exemplo, os consumidores podem pensar: "Se uma atleta olímpica como a Katarina Witt acha que a *Playboy* é uma boa revista, então talvez a revista também seja boa para mim". Dessa forma, a *Playboy* viu um aumento do número de aparições de celebridades na revista durante a década de 1990, particularmente com a inclusão de estrelas mais famosas.

Os vínculos das celebridades com a marca podem ser poderosos (veja o Quadro 14.2 para mais exemplos) e o resultado para a *Playboy* nos anos 1990 foi um interesse renovado pela revista, que poderia ter sido perdido ainda mais em termos de números de circulação durante a década se essas celebridades não aparecessem na revista. Em muitos aspectos, Pamela Anderson, Anna Nicole Smith e outras celebridades injetaram uma nova vida à *Playboy* na década de 1990 e lhe deram força suficiente para prosseguir avançando em uma época na qual a marca estava com dificuldades de encontrar sua mensagem, seu posicionamento e sua promessa.

Quadro 14.2. O poder do endosso das celebridades à marca

Muitos consumidores, em especial nos Estados Unidos, são muito influenciados pelas celebridades. O próprio Hugh Hefner foi bastante influenciado pelas celebridades e por Hollywood durante toda a vida, de forma que não é de se surpreender que as aparições de celebridades na revista *Playboy* possam aumentar significativamente as vendas. No entanto, a Playboy não é a única empresa que alavanca o poder e o alcance de celebridades para impulsionar as vendas de produtos. Veja a seguir vários outros exemplos:

Buick: Quando a Buick quis reposicionar sua imagem de marca antiquada e aumentar as vendas em um segmento mais jovem de consumidores no fim dos anos 2000, a empresa recrutou o jovem profissional do golfe Tiger Woods para se tornar o rosto da marca. Infelizmente, foi uma associação que não exerceu um grande apelo à maioria dos jovens consumidores, e a campanha não teve um sucesso tão grande quanto a Buick esperava.

Hanes: Quando Hanes, a fabricante de roupas íntimas, quis roubar participação de mercado de seus concorrentes nos anos 1990 e 2000, a empresa recorreu ao jogador de basquete Michael Jordan, cujo amplo reconhecimento e popularidade deu à marca o tão necessário impulso.

American Express: Quando a American Express quis ampliar o público de seus produtos de cartão de crédito, a empresa recorreu a uma longa lista de celebridades de várias formações e grupos demográficos para atrair consumidores de todos os tipos. Celebridades como Jerry Seinfeld, Ellen Degeneres, Kate Winslet, Tina Turner, Dave Matthews, Martin Scorsese, Robert DeNiro, Venus Williams, entre outras, apareceram nos anúncios da *American Express.*

Fabricantes de cigarros: Os endossos de celebridades representam uma técnica muito, muito antiga. Por exemplo, nos anos 1930 e ►

▶ 1940, os fabricantes de cigarros usaram mais de duzentas celebridades para promover seus produtos, incluindo Clark Gable, Spencer Tracey, Joan Crawford, John Wayne, Bette Davis, Betty Grable, Al Jolson, entre outros.

A situação da revista *Playboy* nos anos 1990

A revista *Playboy* estava longe de ser um fracasso na década de 1990. Na verdade, ela se manteve na posição de revista masculina número 1 durante toda a sua vida. No fim da década, a Playboy Enterprises declarou em seu relatório anual aos acionistas de 1999 que um em cada sete homens nos Estados Unidos entre as idades de 18 a 34 anos lia a revista *Playboy*. A base de remuneração da revista (o número total de circulação em bancas e assinaturas garantido para os anunciantes) no final da década ainda era mais alto do que todas as outras revistas conhecidas, como a *Sports Illustrated* e a *Newsweek*, e ocupava a 12ª posição entre as publicações de consumo nos Estados Unidos. No fim da década de 1990, o número de páginas de anúncios na *Playboy* estava crescendo e, como consequência, o faturamento proveniente de anúncios também estava em alta (por exemplo, um aumento de 6% de 1998 a 1999).

No entanto, os anos 1990 não trouxeram um grande aumento da circulação da revista *Playboy*, que caiu do auge de mais de 7 milhões exemplares por mês em 1972 a 4,7 milhões de exemplares por mês em 1990. Vários fatores prejudicavam a revista *Playboy* na década de 1990 e grande parte do declínio, que começara vinte anos antes, não seria revertida nos anos 1990. Os principais fatores que tiveram um impacto negativo sobre a *Playboy* na década de 1990 foram:

- *Nova concorrência proveniente de revistas para rapazes:* surgiu na década de 1990, vinda do que o setor editorial chamou de revistas para "rapazes", como a *FHM* e a *Maxim*. Apesar de não serem pornográficas, essas revistas eram eróticas, e o conteúdo moderno e atualizado apelava diretamente a um público masculino mais jovem.

- *Nova concorrência da internet:* no decorrer da década, a internet seria uma fonte de nova concorrência para a *Playboy*. No final, grande parte dessa concorrência foi disponibilizada gratuitamente oferecendo uma experiência mais interativa do que a proporcionada pela revista *Playboy*, unidimensional.
- *A proliferação do sexo:* o sexo estava por toda parte nos Estados Unidos dos anos 1990, e a *Playboy* tinha perdido o contato com a nova geração de consumidores adultos que tinha como acessar conteúdo sexual de uma variedade de mídias a qualquer hora. Em resumo, a *Playboy* não oferecia mais valor agregado nem se diferenciava o suficiente da concorrência para que os jovens consumidores acreditassem que precisavam comprá-la.

Hugh Hefner reagiu à redução da circulação na década de 1990 ajustando mais uma vez a revista *Playboy*. Ele contratou um novo editor da *Maxim* e tentou criar uma nova versão da *Playboy* que representasse um tipo específico de estilo de vida, como nas décadas anteriores, antes dos conservadores anos 1980. A meta era criar a próxima revista masculina para jovens adultos que estavam prontos para uma revista de qualidade mais alta que a *Maxim*.

No fim da década, 3,2 milhões de exemplares da revista *Playboy* eram vendidas todos os meses nos Estados Unidos (80% por meio de assinaturas) e dois terços do faturamento eram gerados de assinaturas e circulação em bancas. Nos anos 1990, o foco necessariamente passou a ser encontrar formas de levar a revista a mercados internacionais adicionais. A expansão global ajudaria a Playboy

Enterprises a desenvolver a marca Playboy ao redor do mundo, abrindo o caminho para o lançamento de outros produtos da marca quando a empresa conseguisse entrar em novas regiões a partir da revista *Playboy* (para mais informações sobre o crescimento internacional da Playboy na década de 1990, veja o Capítulo 15).

No entanto, medidas ainda precisariam ser tomadas para diferenciar a marca Playboy em um mercado altamente competitivo e criar uma necessidade percebida dos produtos da Playboy, como a revista *Playboy*, dada a proliferação de conteúdo similar disponível gratuitamente. Mais uma vez, esse seria o maior obstáculo da Playboy Enterprises e a empresa nunca encontraria uma forma definitiva de superá-lo. A falta de foco e planejamento de longo prazo mais uma vez viriam prejudicá-la em um futuro não muito distante.

NOVAS EXTENSÕES DE MARCA

Capítulo 15

"Começamos com a ideia de que as possibilidades eram interessantes demais para não nos envolvermos no mundo on-line. Não fingimos saber qual seria o modelo de negócios, mas vimos uma mídia com propriedades inigualáveis de interatividade e alcance global."

Christie Hefner em uma entrevista para a *ContextMag* no inverno de 1999

No início dos anos 1990, Hugh Hefner tinha saído totalmente das operações diárias de negócios da Playboy Enterprises. Apesar de ainda participar de importantes decisões estratégicas, na década de 1990 seu papel nos negócios se limitava a editar a revista *Playboy*. Christie Hefner recebeu a enorme tarefa de conduzir a empresa de volta à lucratividade. No decorrer da década, a Playboy Enterprises seria reconstruída, mas nunca atingiria o tamanho, a força ou a lucratividade de vinte anos antes. Christie Hefner manteve-se na trajetória estratégica que se iniciou na década de 1980, na qual a Playboy Enterprises trabalhava para retomar o foco da marca em suas competências essenciais e negócios mais fortes. As principais áreas de concentração na década de 1990 seriam a televisão, os artigos de merchandising e a internet.

Com uma nova mensagem de marca de sexualidade não explícita, a Playboy Enterprises buscava implementar quatro estratégias principais:

1. Expandir-se a mercados globais.
2. Expandir os segmentos de televisão e vídeo.
3. Expandir os artigos de merchandising.
4. Desenvolver um negócio on-line.

Cada uma das quatro estratégias listadas acima será discutida em detalhes no restante deste capítulo.

A expansão global da Playboy

Com a queda do Muro de Berlim em 1989 e o fim da Guerra Fria e do regime comunista, a Playboy encontrou novos mercados ávidos por produtos do mundo ocidental. No decorrer da década de 1990, a revista *Playboy* foi lançada em sete países antes comunistas, expandindo significativamente o alcance global da marca. A marca Playboy era extremamente popular em várias partes do mundo e chegou a ser nomeada a marca estrangeira mais popular na China em 2003. A expansão global seria a chave para manter a revista *Playboy* viva nos anos 1990, levando outros produtos e o conteúdo da marca Playboy a consumidores ao redor do mundo. A revista *Playboy* foi citada como o catalisador que abriu novas oportunidades para que a Playboy Enterprises se expandisse a novos países e, depois de assegurar sua posição, estendesse seu alcance nesses novos mercados internacionais.

No fim de 1999, a revista *Playboy* estava disponível em quinze edições diferentes publicadas ao redor do mundo por meio de parcerias editoriais e acordos de licenciamento internacionais, atingindo uma taxa de circulação combinada de 1,5 milhão de exemplares por mês (as edições alemã e brasileira respondiam por 55% do faturamento total de licenciamento que a Playboy Enterprises recebia de edições internacionais da revista *Playboy*). A Playboy Enterprises seguiu uma estratégia de expansão internacional que incluiu parcerias com editoras locais para criar um conteúdo relevante a cada mercado onde a revista era publicada, ao mesmo tempo em que proporcionava às edições locais acesso à publicação de conteúdo criado pela Playboy. O nome da marca Playboy vinha acompanhado de reconhecimento instantâneo e força, e a Playboy Enterprises conseguia evitar grande parte dos custos de investimento e riscos.

No fim da década, a marca Playboy estava em mercados ao redor do mundo por meio da revista *Playboy*, televisão, artigos de merchandising e on-line. E, o mais importante, em 1999 a Playboy Enterprises firmou uma *joint venture* com o Cisneros Group para lançar a Playboy TV International, que abriria as portas da programação de televisão da Playboy para atingir mercados fora dos Estados Unidos e do Canadá. O acordo de licenciamento com o Cisneros Group proporcionava caixa à Playboy Enterprises e retirou muitos dos custos operacionais, legais, entre outros, dos livros contábeis da empresa.

Além disso, a crescente disponibilidade do conteúdo da marca Playboy criou um aumento da demanda nos mercados globais para artigos de merchandising da Playboy. Em 1999, 65% dos direitos da marca registrada da Playboy Enterprises eram provenientes de licenças internacionais. Esse crescimento também foi um catalisador do sucesso precoce da Playboy Enterprises quando a empresa se aventurou no novo mundo on-line em 1994 com o lançamento do Playboy.com. No fim da década, 25% do tráfego do website da Playboy era proveniente de pessoas fora dos Estados Unidos.

Naturalmente, a expansão global teve suas controvérsias – como de costume, tudo é controverso para a marca Playboy. Protestos contra a marca foram realizados em vários países com o lançamento da revista e dos artigos de merchandising da marca e à medida que ela crescia ao redor do mundo. Na verdade, várias edições internacionais da *Playboy* fracassaram na década de 1990. No entanto, a empresa teve um número maior de sucessos do que de fracassos, e a divisão de publicações da Playboy Enterprises conseguiu se manter lucrativa ao longo da década apesar dos custos voláteis do papel, do aumento do custo de postagem e da nova concorrência on-line.

A expansão das divisões de televisão e vídeo da Playboy Enterprises

Durante a década de 1990, a grande esperança da Playboy Enterprises foi depositada em seus negócios de entretenimento, incluindo os segmentos de televisão, vídeo e cinema. A empresa passou a primeira metade da década procurando formas de conquistar espaço para seu canal em mercados de TV a cabo nos Estados Unidos e, aos poucos, o Playboy Channel cresceu. Com o lançamento da televisão *pay-per-view* nos anos 1990, a Playboy Enterprises encontrou novas formas de vender sua programação na televisão. A empresa seguiu uma estratégia de proporcionar um conteúdo original e de alta qualidade por meio de várias mídias – grande parte desse conteúdo era criada no próprio estúdio da empresa, na Califórnia, e reutilizada em outros canais de distribuição, como a revista Playboy, os DVDs e vídeos da Playboy e o Playboy.com. O conteúdo original de qualidade da empresa, no qual as operadoras de TV a cabo podiam confiar, deu à Playboy uma chance de ajudar essas operadoras a vender seus lucrativos serviços *pay-per-view*. Dessa forma, o Playboy Channel, eventos esportivos especiais e filmes famosos eram posicionados como iscas pelas operadoras de TV a cabo para incentivar os consumidores a comprar a programação *pay-per-view*.

Quando a TV digital foi lançada, o número de canais disponíveis aumentou significativamente, abrindo caminho para a Playboy expandir o alcance de sua distribuição a mais domicílios do que antes. A Playboy TV estava bem posicionada para aumentar seu número de espectadores de *pay-per-view* e assinantes. Em 1999, a Playboy Enterprises fez grandes investimentos para o desenvolvimento da divisão de entretenimento da Playboy ao redor do mundo:

- *Spice:* A Playboy Enterprises adquiriu a Spice Entertainment Inc., que incluía dois canais de TV a cabo, a Spice e a Spice 2. A programação era considerada mais explicitamente pornográfica do que o conteúdo encontrado na Playboy TV (que a Playboy Enterprises promove como uma programação elaborada para casais) e deu à Playboy acesso a consumidores em busca de um entretenimento adulto mais "picante".
- *Playboy TV em Español:* A rede da Playboy em língua espanhola foi lançada nos Estados Unidos com programação elaborada pela rede latino-americana da Playboy.
- *Playboy TV International:* Por meio de uma *joint venture* com o Cisneros Television Group, tanto a Playboy TV quanto os canais Spice seriam preparados para serem lançados em novos países.

No fim da década, a divisão de entretenimento da Playboy Enterprises tinha crescido para incluir:

- vídeos e DVDs vendidos em 55 países;
- a Playboy TV, que chegava a 25 milhões de domicílios;
- a Playboy TV em Español, oferecida a aproximadamente 3 milhões de lares hispanofalantes nos Estados Unidos;

- a rede Spice, que chegava a 16 milhões de domicílios americanos;
- a Playboy TV International, estendendo o alcance da marca a consumidores ao redor do mundo.

Ao mesmo tempo, a Playboy Enterprises estava investindo milhões de dólares para combater o Parágrafo 505 da Lei de Telecomunicações de 1996 dos Estados Unidos, que fazia com que as restrições à televisão a cabo fossem ainda mais rigorosas do que as aplicadas à distribuição impressa e pela internet. Essa lei limitava as formas de programação que as operadoras de TV a cabo podiam transmitir aos consumidores. Quando a TV digital possibilitou às operadoras de TV a cabo oferecer uma variedade mais ampla de programação aos consumidores, as restrições prejudicaram ainda mais o setor. O Parágrafo 505 só seria derrubado na próxima década, mas a Playboy Enterprises ganhou muitos pontos e forjou relacionamentos mais fortes com as operadoras de TV a cabo pelo apoio veemente, além do apoio financeiro, no combate à Seção 505 (veja o Quadro 15.1 para detalhes sobre o Parágrafo 505). Quando a lei foi derrubada, a Playboy TV passou a enfrentar mais concorrência de prestadoras de baixo custo que na época enfrentavam menos barreiras à entrada no mercado, como veremos em mais detalhes no Capítulo 17.

Quadro 15.1. Estados Unidos *versus* Playboy Entertainment Group Inc.

No caso Estados Unidos *versus* Playboy Entertainment Group Inc. (decidido no dia 22 de maio de 2000), a Corte Suprema americana foi solicitada a decidir se o Parágrafo 505 da Lei de Telecomunicações de 1996 violava a Primeira Emenda da Constituição americana, que assegura os direitos de liberdade de expressão. O Parágrafo 505 foi elaborado para combater um fenômeno chamado de "vazamento de sinal", no qual a codificação de sinais da TV a cabo paga era muitas vezes impreciso, permitindo que clientes não pagantes vissem imagens e áudio indistintos de canais a cabo, ▸

como o Playboy Channel, cujo conteúdo distribuído podia não ser adequado para crianças.

O Parágrafo 505 exigia que as operadoras de televisão a cabo que ofereciam canais principalmente dedicados à programação de natureza sexual codificassem plenamente o sinal ou bloqueassem esses canais para limitar o acesso de crianças a eles. Se as operadoras de televisão a cabo não pudessem codificar ou bloquear totalmente esses canais, o Parágrafo 505 exigia que elas restringissem sua transmissão ao horário entre as 10 da noite e 6 da manhã, quando as crianças tinham menos chances de estar assistindo TV. A maioria das operadoras de TV a cabo escolheram o opção de restringir o horário de transmissão, o que significava que o Playboy Channel só estaria disponível entre as 10 da noite e as 6 da manhã. Dessa forma, muitas operadoras optaram por não trabalhar com o Playboy Channel, preferindo dedicar espaço a uma programação que pudesse ser transmitida em qualquer horário e gerar mais receita. A CEO da Playboy, Christie Hefner, disse sobre o Parágrafo 505: "sentimos ser uma intrusão na escolha individual por parte do governo federal".

Os advogados da Playboy alegavam que o Parágrafo 505 era restritivo demais e que uma outra cláusula da Lei de Telecomunicações de 1996 atingia o mesmo resultado de forma muito menos restritiva. O Parágrafo 504 da lei exigia que as operadoras codificassem ou bloqueassem plena e gratuitamente qualquer canal que um assinante não quisesse receber caso solicitado. A Corte Suprema dos Estados Unidos acabou dando a razão ao Playboy Entertainment Group e declarando que uma proibição total de fato constituía uma violação da liberdade de expressão quando uma alternativa menos restritiva já estava disponível. Na decisão, o juiz Anthony Kennedy, escrevendo pela maioria, disse: "o governo não pode banir uma forma de expressão se um bloqueio direcionado for um meio viável e eficaz de assegurar os interesses de todos". O Parágrafo 505 foi derrubado e as operadoras de TV a cabo começaram a transmitir o conteúdo antes regulamentado, disponibilizando codificação e bloqueio pleno se o assinante solicitasse.

O braço de entretenimento da Playboy Enterprises vinha crescendo e prosperando no decorrer da década de 1990. Apesar de haver obstáculos a serem superados, incluindo a legislação restringindo o conteúdo na TV a cabo (o Parágrafo 505, mencionado anteriormente), protestos contra as operadoras de TV a cabo que ofereciam a Playboy TV, entre outros, a divisão de entretenimento estavam em alta e constituiu o maior centro de lucros para a Playboy Enterprises por grande parte da década. Em uma época na qual a internet não estava disponível em todos os lares e as velocidades de conexão eram incrivelmente baixas, a Playboy TV e a rede Spice proporcionavam alguns dos únicos meios de os consumidores poderem vivenciar a marca Playboy e um conteúdo adulto na privacidade de seus lares quando e como quisessem.

As vendas de vídeos e DVDs ajudaram ainda mais o crescimento da divisão de entretenimento na década de 1990. Em 1998, a Playboy Home Video se viu incluída na lista da *Billboard* de "Vídeos mais vendidos" pelo quinto ano consecutivo. Os vídeos da Playboy estavam disponíveis em 55 países em 1999, e cada novo vídeo lançado pela empresa rapidamente chegava à lista dos 40 vídeos mais vendidos da *Billboard*. Em 1999, todos os 16 vídeos que a Playboy lançou durante o ano chegaram à lista dos mais vendidos da *Billboard*. Com a substituição dos vídeos por DVDs, a Playboy começou a lançar títulos existentes no formato DVD em 1997. Só em 1999, a empresa lançou mais de 50 títulos existentes da Playboy em DVD. Os vídeos e DVDs eram vendidos por meio de catálogos, mala direta, revistas *Playboy* e pela internet na nova loja do Playboy.com. Além disso, o website Playboy Auctions lançado em 1999 proporcionava um local perfeito para vender DVDs e vídeos além de outros produtos colecionáveis. No decorrer da década, as vendas de vídeos e DVDs da Playboy continuaram a crescer e a prosperar.

A expansão dos artigos de merchandising da Playboy

Durante os anos 1990, os artigos de merchandising da Playboy resultaram em uma pequena receita em comparação com as divisões de publicações e entretenimento da Playboy Enterprises, mas a marca era um ativo valioso, reconhecido no mundo todo. Dessa forma, uma parte importante da estratégia de expansão global da empresa se baseou nesse valor. No fim da década, mais de mil lojas especializadas nos Estados Unidos e centenas de pontos de venda de varejo internacionais ofereciam produtos da Playboy e, em 1999, a Playboy Enterprises anunciou planos de abrir a primeira loja da Playboy no Japão.

À medida que novos mercados se abriam à marca Playboy, mais produtos e contratos de licenciamento eram desenvolvidos. Novos produtos, como cigarros com a marca Playboy, e novos distribuidores, como o Urban Outfitters, foram lançados nos anos 1990, e o website Playboy.com proporcionava um novo ponto de distribuição visível aos milhões de consumidores que visitavam o site a cada dia. Em 1999, mais de 2.700 itens com a marca Playboy estavam disponíveis na Playboy Store on-line e mais de 3.100 itens eram oferecidos na Spice Store on-line.

A segunda metade da década também trouxe um novo público para a Playboy que a marca não atendia antes. No fim da década de 1990, era aceitável para as mulheres também gostarem da marca Playboy. Para capitalizar o crescente interesse entre as mulheres em relação à marca Playboy, a empresa lançou uma nova linha de vestuário para mulheres e novos produtos de joalheria. Em 1998, um novo programa de televisão para mulheres foi lançado na HBO, o *Sex and the City*, estrelado por Sarah Jessica Parker, que interpretava uma mulher solteira vivendo, trabalhando e se relacionando na cidade de Nova York. Quando a personagem de Sarah Jessica Parker, Carrie Bradshaw, usou um colar de coelhinha da Playboy no *seriado*, os espectadores notaram e o endosso não oficial da celebridade fez com que os artigos com a marca Playboy fossem ainda mais populares do que antes. Essa popularidade cresceria ainda mais nos anos 2000 e a Playboy mais tarde veria seu negócio de artigos de merchandising crescer para se tornar o maior centro de lucros, com as mulheres responsáveis pela maior parte das vendas.

A Playboy on-line

A década de 1990 começou com um foco na formação do negócio de entretenimento da Playboy Enterprises, mas, quando um pequeno detalhe chamado internet se disponibilizou ao público em 1991, foi possível prever que o mundo estava prestes a mudar significativamente. Empresas como a Playboy precisaram ajustar seus modelos de negócios muito rapidamente, não apenas para garantir sua presença na internet como também para encontrar maneiras de gerar receita a partir dessa presença. Entrar no ambiente on-line exigiu grandes investimentos iniciais, e a Playboy Enterprises tomou as medidas necessárias para se tornar a primeira revista com um website em 1994. O Playboy.com recebeu aproximadamente 150 mil visitantes em sua primeira semana no ar e o tráfego continuou a crescer constantemente.

A internet apresentava outra forma de distribuir conteúdo e artigos com a marca Playboy, mas também criou nova concorrência. No entanto, levou vários anos para que a maioria dos lares nos Estados Unidos e ao redor do mundo tivesse acesso à internet e, durante muitos tempo, esse acesso só era disponível por meio de conexões discadas lentas e dispendiosas. Assim que a conectividade de banda larga tornou-se o padrão, a concorrência do mercado on-line pôde crescer exponencialmente, mas, na década de 1990, isso ainda não apresentava uma ameaça significativa às outras linhas de negócios da Playboy. Mais uma vez, a Playboy Enterprises demonstrou sua falta de visão e planejamento estratégico de longo prazo. Em vez de analisar continuamente o mercado, prever tendências, oportunidades, ameaças e posicionar a marca Playboy para o sucesso contínuo, a empresa foi complacente e permitiu-se crescer sozinha com muito menos cuidado do que o necessário.

Apesar disso, a Playboy Enterprises expandiu seu website, o Playboy.com, no decorrer dos anos 1990. O que começou como um único website cresceu para se transformar em vários outros, como o Playboy

Cyber Club, lançado em 1997 para assinantes e que funcionava como um fã-clube da Playboy, proporcionando um conteúdo exclusivo e mais valioso do que os visitantes podiam acessar gratuitamente no Playboy.com. No fim da década, o Playboy Cyber Club tinha mais de 40 mil assinantes. A Playboy Store também se tornou uma parte integrante do website da Playboy na década de 1990, da mesma forma como a Spice Store foi integrada ao website da Spice, adquirida em 1999. No mesmo ano, a Playboy lançou um site de leilões para alavancar ainda mais o ponto de distribuição on-line para artigos colecionáveis da Playboy.

No decorrer da década e à medida que a internet se transformava de uma ferramenta informativa a uma ferramenta transacional e finalmente a um ambiente interativo, a Playboy tentava se adequar. A Playboy Enterprises incluiu bate-papos com *playmates* e *webcasts* de eventos selecionados da Playboy para membros do Playboy Cyber Club. Na segunda metade da década, o foco passou à criação de conteúdo original para a Playboy.com, encontrando novas formas de fazer com que o site fosse mais interativo e desenvolver relacionamentos mais profundos entre os consumidores e a marca, além de uma estratégia de marketing mais integrada na qual os vários aspectos dos negócios da Playboy pudessem promover uns aos outros e crescer de modo orgânico. Para atingir esse crescimento, a Playboy Enterprises planejava investir significativamente no desenvolvimento de seu website e sua presença na internet.

Infelizmente para a Playboy Enterprises, o crescimento da internet explodiu no novo milênio e o que começou como um excelente novo canal de distribuição se transformou em uma grande fonte de concorrência, uma concorrência que a empresa nunca tinha visto antes. Foi o suficiente para mudar o mercado. O cenário dos negócios foi alterado, bem como a maioria das empresas, incluindo a Playboy Enterprises. A chave para o sucesso dependeria da eficácia da reação da equipe gerencial da Playboy a essas mudanças e da visão da administração para dominar seus mercados no futuro.

O DEFENSOR DA MARCA VOLTA AO CENTRO DAS ATENÇÕES

Capítulo 16

"Hoje em dia vivemos em um mundo da Playboy. Você vê esse mundo refletido na televisão e na internet, nos jornais e revistas – de programas como *Sex and the City*, no qual Sarah Jessica Parker usa um colar com o coelhinho da Playboy, ao monólogo que Jay Leno apresenta todas as noites."

Hugh Hefner, entrevista na revista *Playboy* em janeiro de 2000

Desde que Hugh Hefner pediu a *playmate* Kimberley Conrad em casamento em julho de 1988, o defensor da marca Playboy desapareceu do centro das atenções, onde, por quatro décadas, ele tinha exercido um significativo papel no crescimento da empresa por trás da marca.

Poucas marcas na história tiveram um defensor e guardião tão visível e tão veemente quanto a Playboy teve na pessoa de Hugh Hefner. Grande parte do mundo o via como o símbolo vivo da Playboy e sua ausência na década de 1990 não passou despercebida pelos consumidores. Além disso, como vimos no Capítulo 14, as mudanças promovidas na Mansão Playboy, que há muito tempo era considerada a Disneylândia para adultos, obscureceram ainda mais a mensagem da marca Playboy. As efusivas denúncias de Hefner contra o estilo de vida que ele mesmo mantinha antes de se casar com Conrad em 1989 foram ouvidas no mundo todo e muitos clientes fiéis ficaram confusos com uma marca que lutava para cumprir as próprias promessas na década de 1990.

Foi essa longa ausência que fez com que a volta de Hugh Hefner ao centro das atenções em 1998 fosse tão importante para a Playboy Enterprises. No dia 20 de janeiro de 1998, foi anunciada a separação de Hugh Hefner e Kimberley Conrad. Em apenas algumas semanas, Hugh Hefner foi visto em casas noturnas na companhia de belas mulheres. A incorporação viva da marca Playboy estava de volta pronta para retomar a defesa da marca. Hefner passou o ano de 1998 se reinventando pela sexta vez.

Em abril de 1998, ele foi incluído no Hall da Fama das Revistas, lembrando o mundo de sua longa história e suas contribuições ao setor editorial (veja o Quadro 16.1 para uma lista de prêmios recebidos por Hefner na década de 1990). Ao mesmo tempo, uma nova geração de celebridades e clientes estava descobrindo quem Hugh Hefner realmente era. Os membros da Geração X não lembravam do Hugh Hefner da década de 1970 ou antes disso. Eles ouviam histórias e viam fotos, mas de repente o maior defensor da Playboy estava mostrando a uma nova geração exatamente por que o estilo de vida da Playboy era tão invejável e por que ele era o rosto desse estilo de vida. Apesar do envelhecimento de sua aparência externa, o seu retorno foi bem recebido.

Quadro 16.1. Prêmios e tributos recebidos por Hugh Hefner durante a década de 1990

(Adaptado de: PlayboyEnterprises.com)

- 1996: Hugh Hefner ganha o International Publishing Award do Conselho Internacional de Imprensa em Londres, Inglaterra.
- 1999: Hugh Hefner é incluído no Hall da Fama da Sociedade Americana de Editores de Revistas. Ironicamente, Gloria Steinem é incluída na mesma ocasião.

A edição de dezembro de 1998 da revista *Playboy* completou o ressurgimento do defensor da marca quando a revista anunciou oficialmente que a Mansão Playboy voltara a abrir as portas, com as tradicionais festas, *playmates* e tudo mais. Dois anos mais tarde, em janeiro de 2000, Hugh Hefner foi tema de uma entrevista na *Playboy*, na qual ele dava sua opinião sobre por que seu retorno ao centro das atenções em 1998 foi tão bem recebido. Hefner explica: "O *timing* é tudo. Se eu voltasse alguns anos antes, acho que teria encontrado uma reação muito diferente. O que encontrei foi um mundo pós-feminista, retrô, no qual os jovens estavam prontos para voltar a se divertir. Acho que foi uma reação ao conservadorismo dos anos 1980 e início dos anos 1990" (Randall, p. 206).

A concorrência se intensifica

O retorno de Hefner aos olhos do público deu à marca Playboy o tão necessário impulso e gerou um forte *buzz*, mas a empresa não ficou livre de problemas mais para o fim dos anos 1990. Os anos 1970 e 1980 trouxeram uma agressiva concorrência no mundo editorial de revistas pornográficas mais explícitas, como a *Penthouse* e a *Hustler*. Nos anos 1990, além desses, outros concorrentes surgiram do que o setor editorial chamou de revistas para "rapazes", como a *FHM* e a *Maxim*. Essas duas revistas receberam considerável atenção e força na década de 1990, à medida que convenciam, com sucesso, uma longa lista de jovens e celebridades extremamente populares a posar para fotos não nuas, porém provocativas. Talvez o mais significativo para o destino da revista *Playboy* nos anos 1990, contudo, tenha sido o *conteúdo* de revistas como a *Maxim*. Enquanto a *Playboy* lutava para atrair uma nova geração de leitores adultos, a *Maxim*, a *FHM*, a *Stuff* e outras revistas para rapazes ofereciam o conteúdo desejado pelo público jovem. À medida que as vendas das revistas para rapazes aumentavam, a *Playboy* se via perdendo participação de mercado e tendo mais dificuldade de substituir sua base de consumidores, que estava envelhecendo, por leitores mais jovens.

Ao mesmo tempo, havia o crescimento da internet. A *Playboy* foi a primeira revista a entrar no ambiente on-line e é sempre vantajoso ser a primeira. Normalmente, a marca pioneira tem a oportunidade de conquistar uma palavra ou *categoria* na mente dos consumidores, o que pode ser muito poderoso. No entanto, a empresa não previu a velocidade com a qual a internet cresceria, nem como essa nova tecnologia mudaria a vida dos consumidores. No fim da década de 1990, a internet era mais do que uma outra oportunidade de negócios para a Playboy Enterprises. Ela também trazia concorrentes para os negócios existentes da empresa. Em vez de acrescentar uma nova forma para os consumidores vivenciarem a marca Playboy, como fizeram os clubes, *resorts* e cassinos da Playboy décadas antes, a internet se tornou a *melhor* forma para muitos consumidores vivenciarem a marca.

Além disso, a Playboy sentiu a agressividade da concorrência por conteúdo on-line, particularmente o conteúdo pornográfico. A Playboy Enterprises criou um modelo de negócios on-line cujos lucros, em sua maior parte, provinham de assinaturas e pagamentos por conteúdo exclusivo. Era um modelo de negócios com o qual a empresa se sentia à vontade e com a qual ela havia alcançado sucesso no passado – por meio de assinaturas de revistas e televisão a cabo. No entanto, à medida que a internet crescia, o volume de conteúdo erótico e pornográfico gratuito se proliferava e os consumidores podiam acessá-lo sem nenhum tipo de assinatura, comprometimento ou restrições. Como aconteceu tantas vezes antes, a Playboy Enterprises se viu enforcada com a própria corda, devido, pelo menos em parte, à própria falta de planejamento estratégico de longo prazo. Infelizmente, concorrer com o conteúdo pornográfico gratuito on-line viria a ser um grande desafio para a Playboy na próxima década.

Alavancando uma estratégia de marketing integrado

Com grande parte dos negócios da Playboy Enterprises lutando para sobreviver na década de 1990, a empresa tomou a importante decisão de desenvolver ainda mais a sua estratégia de marketing integrado, o que a ajudaria a entrar no novo milênio. Uma estratégia de marketing integrado é aquela que alavanca os pontos fortes essenciais de uma empresa, enviando mensagens coerentes aos consumidores por meio de várias mídias. Ao mesmo tempo, a Playboy Enterprises conseguiu integrar verticalmente seus negócios, de forma que a estratégia de marketing integrado pudesse ser implementada por meio de vários canais de distribuição. Christie Hefner e sua equipe de liderança reconheceram a necessidade de unir as várias unidades de negócios para dar à marca o tão necessário foco (veja o Quadro 16.2 para mais exemplos de empresas que alavancam o marketing integrado).

Quadro 16.2. O marketing integrado nos negócios

(Adaptado de: PlayboyEnterprises.com)

Uma estratégia de marketing integrado é aquela na qual todas as mensagens e campanhas de marketing transmitem aos consumidores uma imagem e uma promessa de marca coerentes. Além disso, essas mensagens coerentes devem ser relevantes a ►

► cada consumidor e devem permanecer relevantes com o tempo. Em outras palavras, uma estratégia de marketing integrado não deve ser dominada por táticas de curto prazo. Em vez disso, ela se concentra no crescimento estratégico de longo prazo, em economias de escala e no desenvolvimento do valor da marca. É centrada no cliente, quando bem implementada, pode ajudar a fortalecer os relacionamentos com os consumidores e impulsionar a fidelidade à marca, porque todas as comunicações de marketing utilizadas em uma estratégia de comunicações integradas de marketing devem se concentrar diretamente nas necessidades e desejos do consumidor com base em uma profunda análise de seus comportamentos de compra e em uma meticulosa segmentação.

As estratégias de marketing integrado são fundamentais para empresas do século XXI, quando a comunicação por meio de um ampla variedade de mídias é a norma. Com uma abordagem de marketing integrado, todas as mensagens de várias unidades de negócios, canais de distribuição e assim por diante transmitirão sistematicamente a promessa da marca e atingirão as expectativas dos clientes em relação a ela. Além disso, a empresa-mãe deve assumir um controle centralizado, não somente para assegurar a uniformidade da mensagem, como também para atingir economias de escala. A Playboy Enterprises faz isso por meio de promoções cruzadas, propaganda cruzada, ajustes do conteúdo e assim por diante. Um outro exemplo de empresa que alavanca as estratégias de marketing integrado é a ESPN. A rede esportiva estendeu sua marca a vários canais de distribuição e mercados, incluindo televisão, artigos de merchandising, a internet, bares temáticos esportivos, rádio, lojas, um complexo esportivo no Walt Disney World na Flórida, entre outros. A mensagem da ESPN permanece coerente em todos os empreendimentos de negócios – o esporte que você procura você encontra na ESPN. A ESPN usa sua estratégia de marketing integrado para fazer a promoção cruzada entre seus negócios, e a empresa tem muito sucesso com isso.

O Google é um outro excelente exemplo de empresa que alavanca as estratégias de marketing integrado mas de um modo diferente da Playboy ou da ESPN. O Google conta com uma ampla variedade de empreendimentos na tentativa de dominar os negócios na internet. Seu carro-chefe é a ferramenta de busca, mas, com o tempo, muitos produtos e serviços adicionais foram desenvolvidos sob o guarda-chuva da empresa. Alguns dos empreendimentos de sucesso são: Google AdWords, Google AdSense, GoogleDocs, Google Blogger, YouTube, Feedburner e Picasa. Muitos desses negócios foram adquiridos ao longo do ciclo de vida do Google e, dessa forma, muitos retêm seus nomes de marca originais. No entanto, a marca integra todos os pontos de contato em sua estratégia de marketing. Suas mensagens são coerentes em todos os empreendimentos e a promoção cruzada é um fator-chave para o sucesso do Google. Quando os consumidores entram em suas contas do Google e utilizam um produto da marca, têm um senso imediato de segurança e confiança graças ao grande valor do nome de marca do Google.

Ao integrar os esforços de marketing da Playboy Enterprises em todas as unidades de negócios e canais de distribuição, a empresa pôde atingir enormes economias de escala. Por exemplo: investimentos no conteúdo original podiam ser aproveitados na revista *Playboy*, na Playboy TV e no Playboy.com à medida que a empresa adaptava o conteúdo para vários canais de distribuição. Além disso, eventos especiais também podiam ser integrados aos diversos canais, como a Playboy Enterprises, que promoveu seu primeiro evento multimídia ao vivo, o show de moda Playboy's Club Lingerie, em 1999. O evento foi transmitido simultaneamente na Playboy TV e no Playboy.com, e o vídeo do evento foi vendido na loja on-line. No mesmo ano, a Playboy Enterprises produziu dez filmes originais, exibidos na Playboy TV, redes de televisão internacionais da Playboy, alugados em DVD e VHS em locadoras e vendidos ao redor do mundo em DVD e VHS.

Os investimentos em propaganda da Playboy Enterprises direcionavam os consumidores a um ou mais canais de distribuição e muitas vezes incluíam mensagens para incentivar os clientes a experimentar formas adicionais de conteúdo disponíveis em canais alternativos. Por outro lado, a Playboy Enterprises oferecia oportunidades de pacotes de anúncios a seus anunciantes. Apesar de a empresa originalmente vender espaço de publicidade fragmentado com canais de distribuição vendidos separadamente uns dos outros, no decorrer da década a Playboy Enterprises reconheceu o valor da venda de espaço publicitário em pacotes. No fim da década, grandes empresas com nomes de marca reconhecidos já se beneficiavam dos pacotes publicitários que lhes davam exposição tanto na revista *Playboy* quanto no Playboy.com.

A estratégia de marketing integrado da Playboy Enterprises foi um complemento perfeito à reconstrução da marca na década de 1990. Por definição, as comunicações integradas de marketing criam uma mensagem de marca coerente, o que permitiu à Playboy Enterprises o desenvolvimento da Playboy como uma marca de relacionamento, que possibilitava aos consumidores a formação de vínculos pessoais com ela. As experiências que os consumidores vivenciavam nos anos 1990 podiam ter mudado em relação ao que era popular nos anos 1960 e 1970, mas o desejo de vivenciar a marca em mais formas do que apenas no papel, por meio da revista *Playboy*, ainda era claro.

Na década de 1990, os consumidores tinham uma variedade de formas modernas de se conectar com a marca Playboy, o que abriu a marca a um grupo demográfico mais amplo. Uma estratégia de branding experiencial permitiu que a Playboy Enterprises criasse táticas e estratégias de marketing direcionado que apelavam diretamente aos consumidores em diferentes segmentos de marketing. Basicamente, a Playboy Enterprises buscou criar uma série de pontos de contato da marca, tanto no mundo real quanto no mundo virtual, que revitalizaram com sucesso a Playboy como uma marca de relacionamento.

Como vimos no decorrer deste livro, uma marca de relacionamento é uma que permite que os consumidores assumam o controle de suas experiências com a marca e se beneficiem de uma estratégia de marketing de atração. Ao procurar saber quais são as necessidades dos consumidores em relação à marca e quais experiências eles querem da marca, as empresas são mais capazes de satisfazer essas necessidades e desejos. A Playboy Enterprises promoveu uma série de mudanças em suas estratégias de marketing na década de 1990 para voltar a se conectar com os consumidores, que expressaram claramente suas novas preferências na forma de seus comportamentos de compra dos produtos e serviços da Playboy.

À medida que uma marca de relacionamento entra em novos canais de distribuição, o público potencial dessa marca cresce. A Playboy Enterprises reconheceu que a melhor forma de se conectar com um público mais jovem na década de 1990 era investir em sua presença na internet. A empresa se voltava a *campi* universitários com o Playboy On Campus, lançado em 1999. O programa foi criado com uma única finalidade – atrair estudantes universitários para a marca Playboy, aumentando sua base de clientes. Por meio do Playboy On Campus, os alunos atuam como representantes das marca Playboy em seus *campi* universitários por toda a América do Norte. As tarefas incluem promover a marca, a revista, os produtos e o estilo de vida. Espera-se que os representantes informem à Playboy as tendências e atitudes em seus *campi*, participem de eventos da marca, organizem promoções no *campus* e criem planos de marketing para suas universidades. O Playboy On Campus não foi um conceito totalmente novo. Já existia um programa similar nos anos 1960 e 1970 chamado *Man On Campus*, mas o novo programa se concentrava em conectar universitários dos dois sexos à marca Playboy de novas formas, o que permitiria que uma nova geração vivenciasse a marca como preferisse.

De acordo com Hugh Hefner em uma entrevista para a *Playboy* em janeiro de 2000, "agora toda uma nova geração se identifica com a Playboy. O público universitário da revista aumentou 62% desde 1995. Temos uma série de vídeos na lista dos mais vendidos da *Billboard* e mais de 400 lojas da Playboy vendendo artigos com a marca no continente chinês, onde a revista ainda nem é distribuída" (Randall, p. 209). A situação estava melhorando para a Playboy.

Infelizmente, ao longo do década de 1990, com o aumento da popularidade e da acessibilidade à internet, mais consumidores do que a Playboy Enterprises esperava trocaram a revista *Playboy* e a Playboy TV pelo conteúdo gratuito encontrado on-line em websites concorrentes. No entanto, uma estratégia de marketing integrado foi implementada na década de 1990, o que representou um componente fundamental para a revitalização da empresa na última parte da década e ajudou a recuperar o posicionamento da marca e sua popularidade na década seguinte. A Playboy estava posicionada para utilizar bem seu valor de marca na primeira parte do século XXI e o macroambiente estava preparado para aceitar novamente a ideia de um estilo de vida dos sonhos. Como sempre, a questão seria: será que a Playboy conseguiria romper os limites do próprio legado para se adaptar e acompanhar o mundo em rápidas mudanças do novo milênio e demandas cada vez maiores de um novo público de jovens adultos, a Geração Y?

PARTE 6

A marca de volta ao topo – Os anos 2000 e o futuro

A marca de volta ao topo – Os anos 2000 e o futuro

Tabela VI: Cronologia – Os anos 2000	
2000	A cidade de Chicago renomeia o trecho da Walton Street onde se localizava a Mansão Playboy original como Hugh M. Hefner Way. Um episódio do *Sex and the City* é filmado na Mansão Playboy, tendo Hugh Hefner como convidado.
2001	O primeiro website internacional da marca Playboy é lançado em Playboy.de. Dois sites de jogos de azar on-line são lançados em PlayboySportsBook.com e PlayboyCasino.com. Uma estátua de cera de Hugh Hefner é acrescentada no Museu de Cera de Hollywood.
2002	A primeira loja conceitual da Playboy é aberta em Tóquio, Japão. Hugh Hefner recebe o Henry Johnson Fisher dos Editores de Revistas da América pelas suas realizações.
2003	50º aniversário da revista *Playboy*.
2004	O Palms Casino Resort em Las Vegas anuncia a construção do Hugh Hefner Sky Villa.
2005	O videogame *Playboy: The Mansion é lançado.* A *Playboy* é lançada em mídia digital. O *The Girls Next Door* estreia no E! Entertainment.
2006	Estreia do Playboy Radio na rádio digital SIRIUS. A área da Playboy no Palms Casino Resort em Las Vegas é inaugurada. Aquisição da Club Jenna, Inc. A ShoptheBunny.com, uma nova loja on-line para mulheres, é aberta.
2007	Uma loja da Playboy é inaugurada em Londres (a primeira na Europa). Lançamento da PlayboyU.com. Lançamento do iPlayboy para o iPhone da Apple. A Playboy Island é inaugurada no Second Life. Estreia do PlayboyGaming.com.
2008	55º aniversário da revista Playboy. A Playboy estreia no Twitter.com. Lançamento do jogo para celular Playboy Games: Pool Party. Estreia do reality show para celular, Interns. A Playboy Enterprises fecha o negócio de DVDs.
2009	Os negócios on-line e de publicações da Playboy se fundem em uma única divisão. O website Playboy.com é renovado e relançado. Lançamento do jogo on-line Playboy Manager.com. Os sites de jogos de azar on-line da Playboy são fechados. Os escritórios da Playboy na cidade de Nova York são transferidos para Chicago. Christie Hefner sai da Playboy Enterprises. Scott Flanders é nomeado o novo CEO da Playboy Enterprises.

UMA MARCA PARA UMA NOVA GERAÇÃO

Capítulo 17

"Cada nova geração de leitores deve se empolgar tanto com ela quanto os leitores dos anos 50."

Christie Hefner falando sobre a marca Playboy em uma entrevista para Charlie Rose em 2003

Com o início do novo século, a Playboy Enterprises começou a ver a luz no fim do longo e escuro túnel. O início dos anos 2000 trouxeram um Hugh Hefner reenergizado de volta ao centro das atenções como o maior defensor da marca e uma nova geração de consumidores recebeu muito bem o seu retorno. Ao mesmo tempo, a Playboy TV estava indo muito bem, e a revista *Playboy*, apesar de muito menor em termos de circulação em relação a vinte anos antes, ainda era a revista masculina número 1. O Playboy.com crescia rapidamente e um público global cada vez maior ganhava acesso à marca Playboy por meio de uma variedade de canais de distribuição.

O novo milênio começou bem para a Playboy Enterprises com seu negócio de entretenimento aumentando constantemente o faturamento e seu negócio on-line se aproximando da lucratividade (que seria atingida em 2002). Os acordos de licenciamento também estavam se expandindo e rapidamente adquirindo força. A década teve início com várias aquisições que posicionavam a Playboy Enterprises para atingir ganhos de curto prazo, como a compra da Spice Entertainment, com suas redes de televisão e negócios de artigos de merchandising. No entanto, à medida que o número de domicílios nos Estados Unidos com acesso à TV digital crescia no início dos anos 2000, o mesmo acontecia com a concorrência na televisão para a programação adulta.

O sinais digitais oferecem opções de segurança mais flexíveis, e a queda do Parágrafo 505 da Lei de Telecomunicações de 1996 (discutida no Capítulo 15) significou que os transmissores de programação adulta tinham menos barreiras à entrada no mercado em transformação. Menos barreiras significavam custos menores para a entrada, o que, por sua vez, significava mais concorrentes oferecendo uma programação adulta de qualidade inferior e mais sexualmente explícita, bem como uma maior concorrência para a Playboy TV. A rede Spice se adequava bem ao novo ambiente da televisão e a aquisição da Club Jenna Inc. ajudou a Playboy a permanecer competitiva no mercado em rápidas mudanças. Contudo, tanto a Spice quanto a Club Jenna ofereciam um conteúdo pornográfico mais explícito do que a Playboy. Apesar de ambas continuarem a operar com os próprios nomes de marca após a aquisição, elas não se adequavam à promessa da marca Playboy que os consumidores esperavam. Em outras palavras, a aquisição não conseguiu solucionar os maiores problemas da Playboy Enterprises. No decorrer da década, a Playboy TV perdeu parte de sua força e grande parte de seu foco.

Com o lançamento do vídeo sob demanda (VoD), a Playboy Enterprises começou a desenvolver uma estratégia de televisão de prazo mais longo para posicionar a Playboy TV como a provedora de entretenimento adulto, fornecendo conteúdo de qualidade quando e onde os consumidores quiserem, por meio de assinaturas. A Playboy já estava bem familiarizada com o modelo de negócios para o vídeo sob demanda por assinatura (SVoD), e vinha contando com ele ao longo de grande parte de sua história. Nos anos 2000, a Playboy Enterprises contava com faturamento de assinaturas tanto de sua divisão de publicações (dois terços do faturamento da revista *Playboy* eram provenientes de assinaturas) e de seus negócios on-line (a maior parte do faturamento dos sites da Playboy provinha de assinantes).

No negócio on-line da Playboy Enterprises, a empresa continuava esperando que os investimentos feitos em 1994 em seu website se pagassem e, em dezembro de 2002, o negócio on-line da empresa, então composto de vários sites, finalmente atingiu a lucratividade. Apesar de a Playboy Enterprises em geral estar perdendo dinheiro no início dos anos 2000, sem gerar lucratividade até 2004, a ideia de reconstruir a empresa deixou de ser tão inatingível quanto parecia no passado. De fato, a empresa estava ganhando força e grande parte desse sucesso era um resultado direto da volta de Hugh Hefner ao centro das atenções e ao interesse renovado na marca Playboy e no estilo de vida que ela representava. Hefner apareceu em vários programas de televisão, como *Just Shoot Me* e *Entourage*, e em anúncios para empresas como Motorola, Ecko e Carl Jr's. De acordo com o Internet Movie Database (imdb.com), Hefner fez 90 aparições na televisão e no cinema entre 2000 e janeiro de 2009 e interpretou dois papéis no mesmo período. Considerando que o Internet Movie Database relaciona 156 aparições de Hefner como ele mesmo na televisão e no cinema e 5 atuações em outros países desde 1959, fica claro que seu papel como uma celebridade e o rosto da marca Playboy foi um elemento-chave da estratégia de marketing da empresa nos anos 2000. O defensor da marca estava mais visível do que nunca à geração mais jovem do nos anos 2000 e este público recebeu muito bem o estilo de vida de fantasia defendido pela marca Playboy (veja o Quadro 17.1 para mais informações sobre a Geração Y).

Quadro 17.1. A Geração Y

Os membros da Geração Y (algumas vezes chamados de Millenials) nasceram entre 1980 e 2000. Eles constituem a maior geração da história dos Estados Unidos e são, principalmente, os filhos dos membros da Geração dos Baby-Boomers e da Geração Jones. Os membros da Geração Y são totalmente diferentes de qualquer outra geração anterior. A razão para essa diferença pode ser resumida em uma única palavra: tecnologia. Os membros mais jovens da Geração Y provavelmente não conhecem uma época na qual computadores e a internet não estivessem na maioria dos lares e na qual a palavra "digital" não fosse de uso comum. Até os membros mais velhos da Geração Y cresceram em um mundo extremamente impulsionado pela tecnologia. Dessa forma, a Geração Y está acostumada ao acesso e à satisfação instantânea e estão dispostos a adotar novas tecnologias muito rapidamente.

Nos Estados Unidos, os membros da Geração Y cresceram em uma época relativamente calma, tanto em termos sociais quanto políticos. Os membros dessa geração não se lembram da Guerra Fria, da Guerra do Vietnã, da segregação racial ou de uma época na qual as mulheres não trabalhavam fora. Os membros da Geração Y cresceram em lares nos quais os dois pais trabalhavam, ou em lares desfeitos, com pai ou mãe solteiros que trabalhavam fora, e essas estruturas familiares não tradicionais se tornaram mais a norma do que a exceção. Em resumo, a Geração Y é bastante diferente de qualquer geração anterior. É a geração da internet e do MySpace, e as empresas lideradas por membros de gerações anteriores, incluindo a Geração Jones, a Geração Baby-Boomer e a Geração Silenciosa, têm dificuldades de entender esse jovem público que prefere o conteúdo gerado por usuários e as redes de relacionamento sociais a outras formas de mídia.

A recuperação da popularidade da marca Playboy no início dos anos 2000 abriu as portas para que a Playboy Enterprises desenvolvesse um videogame para atrair um grupo demográfico mais jovem, o *Playboy: The Mansion*. Alguns anos mais tarde, uma área moderna de entretenimento da marca seria lançada, lembrando os Playboy Clubs que foram fechados vinte anos antes. A área da Playboy no Palms Casino Resort foi inaugurada em 2006 com excelentes críticas e incluiu clubes, uma loja, uma vila de esqui, entre outros atrativos, oferecendo aos consumidores uma série de novas formas de vivenciar a marca Playboy e aprofundar seus relacionamentos com ela.

A área da Playboy atraiu uma enorme publicidade para a Playboy Enterprises, bem como celebridades e convidados do mundo todo. Apesar de originalmente a Playboy buscar obter o próprio hotel e cassino em Las Vegas, a parceria com o Palms, uma marca já conhecida pelo público mais jovem por meio de sua conexão com o programa *The Real World* da MTV e uma série de aparições de celebridades, foi extremamente proveitosa. Levar a marca Playboy ao Palms deu visibilidade instantânea entre o público mais jovem. Além disso, a área da Playboy no Palms era incluída com frequência em episódios de *The Girls Next Door* (que discutiremos mais adiante neste capítulo), que apresentou a marca a um público mais amplo. A área da Playboy é um negócio de alta margem com um faturamento significativo para a Playboy Enterprises (mesmo durante a retração econômica do final dos anos 2000). Em 2008, as mesas do cassino da marca Playboy no Palms supostamente ganharam três vezes mais do que qualquer outro cassino no Vegas Strip.

Ao mesmo tempo, a Playboy Enterprises vinha alocando esforços consideráveis no desenvolvimento de sua presença na televisão e no mercado de publicações fora dos Estados Unidos, mas, em meados dos anos 2000, era inegável que os dois negócios estavam se aproximando (ou já tinham passado há muito tempo) da maturidade. Os consumidores estavam cada vez mais procurando, na internet, produtos, serviços, informações, comunicações, entretenimento e interações com marcas, particularmente os membros tecnologicamente progressistas da Geração Y, que não apenas queriam vivenciar as marcas de várias formas on-line quando quisessem, como também *esperavam* isso. Ao mesmo tempo em que os negócios na televisão e publicações da Playboy Enterprises passavam por dificuldades, os negócios de licenciamento on-line cresciam. No entanto, na segunda metade dos anos 2000, os negócios começaram a enfrentar problemas, resultados diretos do macroambiente e da concorrência proveniente do conteúdo gratuito, respectivamente.

Concorrência, macroambiente e *The Girls Next Door*

A Playboy Enterprises logo percebeu que os acordos de licenciamento e vendas de artigos de merchandising são diretamente dependentes de fatores macroambientais, mais especificamente, a economia. Quando os consumidores estão bem financeiramente, eles têm dinheiro para gastar e os artigos de marca vendem mais rapidamente e a preços mais altos. Se a economia estiver com dificuldades, os consumidores têm muito menos chances de abrir a carteira para comprar uma caneca com o logo da Playboy ou para viajar para visitar a área da Playboy em Las Vegas. No decorrer dos anos 2000, a Playboy se viu mais dependente da renda proveniente dos acordos de licenciamento. Apesar de a empresa ter visto os números de assinantes e espectadores da revista *Playboy* e da Playboy TV caírem, as vendas de artigos de merchandising cresceram. O que no passado poderia ter sido considerada renda extra subitamente passou a ser vital no final dos anos 2000. Lojas conceituais da Playboy foram inauguradas em várias cidades ao redor do mundo e os produtos com a marca Playboy estavam disponíveis em milhares de pontos de venda de varejo nos Estados Unidos. Contudo, quando a economia dos Estados Unidos e as economias ao redor do mundo começaram a enfraquecer no fim da década, o mesmo aconteceu com as vendas de artigos de merchandising da Playboy.

De forma similar, a Playboy Enterprises acreditou por muitos anos que seu negócio de televisão seria um significativo impulsionador de lucros, mas, quando a televisão passou de analógica a digital e de *pay-per-view* a vídeo sob demanda e o Parágrafo 505 da Lei de Telecomunicações de 1996 foi derrubado, a concorrência cresceu enormemente. A empresa viu seu fluxo de receita se esvaindo rapidamente, não somente à medida que a concorrência crescia no mercado da televisão como também à medida que cada vez mais consumidores abandonavam a televisão paga e as revistas pelo conteúdo on-line gratuito.

Nos anos 2000, era fácil achar conteúdo pornográfico on-line. Os consumidores podiam encontrar quase qualquer tipo de conteúdo sexualmente explícito por meio de simples buscas na internet e acessá-lo gratuitamente. A Playboy Enterprises tinha desenvolvido um modelo de negócios on-line baseado em assinaturas (dois terços de sua receita on-line). À medida que o volume de conteúdo adulto on-line gratuitamente disponível crescia, a Playboy Enterprises percebeu que seu modelo de negócios não estava preparado para atender essa demanda. Em consequência, os consumidores se voltaram para outras fontes de conteúdo e a receita que a Playboy perdeu de seus negócios de televisão e publicações não podia ser compensada pelo mercado on-line.

A Playboy Enterprises tentou combater a evolução do mercado oferecendo a revista *Playboy* em formato digital em 2005 e reformando o website Playboy.com em 2006 para acrescentar significativamente mais espaço publicitário, mas essas tentativas não solucionaram os problemas apresentados pelo conteúdo on-line grátis. Além disso, a Playboy Enterprises tentou estender a marca

Playboy aos jogos de azar on-line e lançou vários websites internacionais de jogos com a marca Playboy durante a década. Apesar de os websites de jogos da empresa não terem como permitir os jogos de azar nos Estados Unidos, os empreendimentos ainda eram bastante lucrativos. Contudo, eles levaram a marca a uma outra direção, distanciando-a de seu foco, um erro que a empresa já tinha cometido no passado. Escolher a lucratividade de curto prazo (estendendo-se aos jogos de azar on-line) em detrimento do planejamento estratégico de longo prazo (concentrar-se nos pontos fortes essenciais e na promessa da marca) teria um preço no futuro próximo (veja o Capítulo 19 para o destino dos negócios de jogos on-line da Playboy).

Felizmente, o apelo da marca Playboy estava em ascensão e ajudou a controlar as perdas que a empresa poderia ter sofrido na segunda metade dos anos 2000 à medida que as preferências e a demanda dos consumidores evoluíam. Em 2003, a revista *Playboy* celebrou seu 50º aniversário com uma ampla variedade de eventos, festas, seções e edições especiais, entre outros. A celebração foi integrada a todos os negócios da Playboy e gerou muito *buzz* e empolgação. Em novembro daquele ano, Hugh Hefner apresentou um especial na televisão sobre a Playboy no canal A&E. A comemoração gerou muita publicidade para a Playboy Enterprises. Tanto defensores quanto críticos reconheciam Hefner e a Playboy como catalisadores do avanço das liberdades individuais e por seu impacto direto na vida dos americanos. Era justamente o tipo de publicidade da qual a Playboy precisava.

No ano seguinte, a Playboy Enterprises voltou a ser lucrativa e a empresa continuou a estender a marca a novos mercados internacionais por meio de seus negócios de publicações, televisão, on-line, artigos de merchandising, produtos e serviços móveis. Em meados dos anos 2000, a Playboy Enterprises desenvolveu várias extensões de marca extremamente focadas. A Playboy entrou no rádio digital pela SIRIUS em 2006, e uma nova loja on-line dedicada a mulheres, o ShoptheBunny.com, foi lançada no mesmo ano. Além disso, a Playboy Enterprises fez um grande esforço para se conectar ainda mais com grupos demográficos específicos nos anos 2000, estreando em vários websites de nicho e clubes online, como a PlayboyNet Español para americanos hispanojalautes.

Em uma outra tentativa de ajudar o público ao redor do mundo a se conectar com a marca Playboy de novas formas, a Playboy Enterprises se preparou para lançar um novo *reality show* na televisão em 2005, que foi criado e produzido em seu próprio estúdio, o Alta Loma Entertainment, e transmitido no E! Entertainment. O novo programa se chamava *The Girls Next Door* e acompanhava a vida de três namoradas de Hugh Hefner que moravam com ele na Mansão Playboy. O show foi um sucesso instantâneo, particularmente entre o público feminino, e se tornou o programa mais popular do E! Network.

O *The Girls Next Door* foi uma tática de marketing genial. O programa salientou vários aspectos da promessa da marca Playboy, com foco nos eventos e festas da Playboy, que claramente representavam um estilo de vida livre e divertido tanto para homens quanto para mulheres. Hugh Hefner fez aparições frequentes no programa. Como o maior defensor da marca, ele parecia não apenas ser um *workaholic* obcecado, profundamente envolvido na revista e na marca, como também parecia verdadeiramente viver a promessa da marca em todos os aspectos. A participação de celebridades também era comum, o que ajudou ainda mais na popularização do programa.

The Girls Next Door atraía espectadores de várias gerações, o que ajudou a Playboy Enterprises a encontrar novas formas de se conectar com o público mais jovem bem como com um público feminino

(70% dos espectadores eram mulheres). Por exemplo, um novo site de rede de relacionamento social, o Playboy U, foi lançado em 2007, levando o programa Playboy On Campus, que recrutava estudantes universitários para representar a empresa em *campi* de faculdades pela América do Norte desde o seu lançamento em 1999, a um nível mais alto de interatividade. O Playboy U foi desenvolvido como um ponto de encontro virtual no qual estudantes universitários podem se comunicar, compartilhar fotos e vídeos e se conectar ainda mais com a marca Playboy por meio de seu conteúdo editorial dedicado a aconselhar as pessoas sobre como maximizar as experiências na faculdade. Foi uma extensão inteligente, focada e relevante para a marca a um nicho direcionado. O público masculino e feminino mais jovem já estava altamente envolvido em redes sociais on-line como a popularidade de websites como o MySpace e o Facebook já demonstrava nos anos 2000. O Playboy U proporcionava o próximo passo em relação ao MySpace a um público selecionado de homens e mulheres.

Além disso, a Playboy Enterprises se expandiu a novos canais de distribuição como telefonia celular e mundos virtuais on-line perto do final da década. O iPlayboy para o iPhone da Apple foi lançado em 2007, bem como a Playboy Island no mundo on-line Second Life. Um ano mais tarde, a Playboy entrou na onda dos blogs criando um perfil no Twitter e lançou seu primeiro jogo para celular, o *Playboy Games: Pool Party* e o primeiro *reality show* para celular, o *Interns* (veja o Quadro 17.2 para informações sobre o *Interns*). Em 2009, a Playboy lançou o Playboy Manager.com, um jogo on-line, na tentativa de duplicar o sucesso de jogos similares como World of Warcraft. Essas novas táticas de marketing sustentaram a estratégia da Playboy Enterprises de apelar a uma nova geração de consumidores e alavancar o marketing integrado.

Quadro 17.2. *Interns*

No dia 9 de dezembro de 2008, a Playboy Enterprises lançou sua primeira série de *reality show*, o *Interns*. Em menos de um mês, o *Interns* recebeu 891 mil visitas no PlayboyMobile.com e em seus parceiros de distribuição, como o MySpace.com. A ideia do *Interns* é similar ao popular *reality show* de Donald Trump na televisão, O *Aprendiz*. Em *Interns*, três estagiários na faixa dos 20 anos (dois homens e uma mulher) no antigo escritório da Playboy na cidade de Nova York são acompanhados em episódios lançados semanalmente ao longo de seis semanas. Os estagiários precisavam realizar uma série de tarefas, interagir com as *playmates* etc.

A chave do sucesso de *Interns* foi a pesquisa e o planejamento realizados para a série antes de seu lançamento. A equipe do Playboy Mobile passou muito tempo analisando hábitos de consumo por celular, as melhores formas de filmar a série e o ritmo certo para os chamados "mobisodes" – os episódios que seriam vistos pelo celular. A Playboy Mobile chegou a incorporar inserções de produtos nos episódios do *Interns*. Para criar um *buzz* para o *Interns* entre o jovem público-alvo, a Playboy usou anúncios on-line de *banners* e vídeos, e-mails, anúncios de *banners* para celulares, mensagens de texto para celulares, o Playboy Radio (no SIRIUS) e táticas de marketing pessoal por meio dos representantes do Playboy On Campus nos Estados Unidos.

O *Interns* resultou de duas estratégias principais: ampliar a base de clientes da Playboy para atrair um público mais jovem e proporcionar novas formas para os consumidores vivenciarem a marca Playboy por meio de canais de distribuição digitais alternativos. Em uma época na qual a maioria do conteúdo móvel ainda era adaptado de vídeos originalmente criados para uma distribuição em mídias diferentes, a Playboy realizou uma manobra ousada criando um conteúdo original para o celular com base em uma profunda pesquisa. Foi um passo na direção certa para a Playboy Enterprises, especialmente para se conectar com a Geração Y.

Ao oferecer aos consumidores várias maneiras de vivenciar a marca Playboy por meio do conteúdo digital, os jovens consumidores encontraram formas de se identificar com a marca nos anos 2000. Apesar de a Geração Y provavelmente não pegar em uma revista, eles têm grandes chances de recorrer ao computador ou ao telefone celular para vivenciar uma marca como a Playboy. Com o grande valor de marca da Playboy unido a um marketing moderno e experiencial, a Playboy se posicionou para se tornar uma forte marca de relacionamento para um novo e jovem público. Contudo, a história estava prestes a se repetir e, no fim da primeira década do novo milênio, a Playboy Enterprises estava diante de preços das ações devastadoramente baixos e rumores de falência.

REVISÃO DA HISTÓRIA DE UMA MARCA DE RELACIONAMENTO

Capítulo 18

"[A marca Playboy] é claramente o ativo mais valioso que temos, apesar de isso não se refletir no nosso balanço patrimonial. Ela só se tornou mais valiosa porque a fragmentação da mídia significou que as qualidades reconhecíveis e confiáveis de uma marca forte se destacam na multidão, seja na banca de jornal, em um sistema de televisão de 500 canais ou na internet, que oferece milhões de sites."

Christie Hefner, entrevista para o *The Wall Street Journal* em dezembro de 2000

O início do novo século encontrou a Playboy Enterprises em uma boa posição. A recuperação da popularidade da marca entre uma nova geração prenunciava um crescimento de curto prazo para a empresa. Contudo, esse crescimento não duraria muito tempo. Grande parte da revitalização ocorreria devido a um macroambiente em mudanças e rápidos avanços tecnológicos que fizeram com que os consumidores mudassem suas preferências em relação aos métodos de distribuição mais rapidamente do que a Playboy Enterprises estava preparada para acompanhar. Esses avanços tecnológicos abriram as portas para uma maior concorrência de fornecedores de baixo custo, o que a Playboy Enterprises não conseguiu prever. Em resumo, a Playboy Enterprises se viu novamente em uma posição de desvantagem, tentando acompanhar a nova concorrência e o mundo que mudava rapidamente a seu redor.

Apesar da luta da empresa nos anos 2000, sua história de desenvolvimento do valor de marca é importante, e é uma história com a qual todos os profissionais de marketing podem aprender. Ao longo do ciclo de vida da marca Playboy, Hugh Hefner permaneceu no centro, exercendo três importantes papéis:

1. *Defensor da marca:* Hugh Hefner é o maior defensor da marca. Ele é o rosto da marca e verdadeiramente deseja que todos ao seu redor adotem a mensagem, a imagem e a promessa da marca com ele. Os consumidores veem como ele é apaixonado pela marca e também se entusiasmam.

2. *Guardião da marca:* Hugh Hefner protege incansavelmente a marca Playboy. Ao longo de mais de meio século de vida da marca, Hefner manteve o controle das decisões estratégicas mais importantes, garantindo que a marca seguisse a direção definida por ele. Essas decisões, naturalmente, nem sempre foram as melhores, mas mesmo assim ele sempre protegeu veementemente a marca.

3. *Advogado da marca:* Hugh Hefner é um defensor veemente da marca Playboy. Ele intercede por sua promessa e a promove continuamente. Seja diante de um tribunal de justiça seja falando para a opinião pública, Hefner nunca hesita em sua luta para divulgar a mensagem, a imagem e a promessa da marca Playboy.

Hugh Hefner e a Playboy estão entrelaçados e, aos olhos dos consumidores, eles são uma coisa só. Hefner reitera essa conexão. Em *Mr. Playboy*, a biografia de Hugh Hefner publicada por Steven Watts em 2000, Hefner diz: "A revista sempre foi uma extensão dos meus próprios sonhos e fantasias" (p. 447). O público enxerga essa relação, e os consumidores também querem ter esse relacionamento. Em outras palavras, eles querem viver como Hugh Hefner. Eles querem viver a promessa da marca Playboy.

Poucas empresas podem dizer que têm um único paladino da marca que a defendeu e promoveu com tanta clareza e por tanto tempo como a Playboy pode dizer de Hugh Hefner (veja os Quadros 18.1 e 18.2 para uma análise de outros defensores famosos de marcas). Trata-se de uma posição invejável capaz de levar o poder da marca a novas alturas, e Hugh Hefner exerceu o papel quase à perfeição por mais de meio século desde o lançamento da revista *Playboy*.

Quadro 18.1. Steve Jobs: o defensor da marca Apple

Em 1976, Steve Jobs cofundou a Apple, Inc. Ao longo dos próximos dez anos, ele exerceu um papel fundamental no desenvolvimento da marca e da linha de produtos da marca, mas, quando uma batalha interna se intensificou em 1985, ele foi solicitado a deixar a empresa que criou. Entre 1986 e 1993, a Apple avançou aos tropeços. As ações da empresa despencaram em meados da década de 1990 após uma série de lançamentos de produtos fracassados, e uma crescente lista de concorrentes de baixo custo apresentava ameaças e desafios cada vez maiores. A Apple não estava posicionada para resistir a ataques competitivos. Em 1997, Steve Jobs foi nomeado CEO da Apple mais uma vez e, em pouco tempo, conduziu a empresa de volta à lucratividade e reconstruiu a marca da empresa, transformando-a em uma das marcas mais fortes do mundo na virada do século.

Steve Jobs é responsável por grande parte do sucesso da Apple no fim dos anos 1990 e início dos anos 2000. Por meio de seu papel como defensor da marca, ele se tornou uma celebridade e está inextricavelmente ligado à marca Apple. Por exemplo: ▸

- Quando um falso relato afirmando que Steve Jobs sofrera um grave ataque cardíaco foi divulgado on-line no dia 3 de outubro de 2008, as ações da Apple caíram 5,4%.
- Quando a Apple anunciou, no dia 30 de dezembro de 2008, que Steve Jobs não participaria do evento anual MacWorld no próximo mês, as ações da Apple caíram 4,5%.
- Quando Steve Jobs anunciou no dia 14 de janeiro de 2009, que ficaria ausente por seis meses para uma licença médica, o preço das ações da empresa caiu 10% no mesmo dia.

Os consumidores e acionistas se lembravam do que aconteceu com a Apple depois da saída de Steve Jobs em 1985. Eles também creditam a revitalização da Apple na década de 1990 ao retorno de Jobs à empresa em 1997. Ele está diretamente vinculado à inovação e à criatividade na mente do público e é o rosto do iPod da Apple, que mudou o mercado de *players* portáteis de mídia quando foi lançado em 2001, e do iPhone da Apple, um produto que redefiniu o mercado de telefones celulares em 2007. Os consumidores, analistas e acionistas sustentam variadas opiniões sobre o destino da Apple sem a liderança de Steve Jobs, tanto como CEO quando como defensor da marca. Seu vínculo com a Apple na mente das pessoas claramente pode ter um efeito sobre a empresa, como demonstrou a queda do preço das ações quando ele anunciou que sairia de licença médica. Infelizmente para a Apple, não existe um sucessor à altura para assumir o papel de defensor da marca da mesma forma que Steve Jobs o exerceu.

Quadro 18.2. Mary Kay Ash: a defensora da marca Mary Kay

Mary Kay Ash fundou a Mary Kay Cosmetics em 1963 com um investimento de US$ 5.000. Ela liderou a empresa e atuou como defensora da marca até sua morte em 2001. Desde então, sua sala no prédio Mary Kay Cosmetics em Dallas, Texas, foi mantida inalterada (nem o banheiro foi usado). Com a morte da defensora da marca, a empresa permaneceu congelada no tempo.

No fim dos anos 2000, a empresa começou a implementar um plano visando a reposicionar a marca Mary Kay para que ela voltasse a viver mesmo sem sua defensora. O plano funcionou e a empresa voltou a crescer. A empresa atribui grande parte de seu sucesso recente à oferta de experiências de valor agregado aos consumidores, particularmente por meio do website MaryKay.com. Em 2009, a empresa conduziu extensas pesquisas para descobrir exatamente o que as mulheres queriam em áreas específicas de suas vidas. As decisões de planejamento estratégico se basearam nos resultados dessas pesquisas. De especial importância foi o plano para desenvolver novas mensagens ao redor da sólida marca Mary Kay para apelar a consumidores existentes e atrair novos consumidores no experiente mercado de cosméticos.

A Mary Kay Cosmetics passou de presa no passado devido à perda de sua defensora, Mary Kay Ash, a uma empresa focada no futuro. A equipe de marketing atualmente desenvolve produtos se adiantando dois a três anos no futuro para prever tendências e mudanças no comportamento e nas preferências do consumidor. Isso permite que a empresa realize os ajustes necessários em toda a organização para permanecer competitiva. Em outras palavras, a empresa mudou sua estratégia de uma focada na sustentabilidade de curto prazo e fundamentada na defensora da marca a uma estratégia que se concentra no crescimento de longo prazo fundamentada em satisfazer as necessidades dos consumidores em relação à marca... e está dando certo.

Quadro 18.3. Prêmios e tributos recebidos por Hugh Hefner durante os anos 2000

(Adaptado de: PlayboyEnterprises.com)

- **2001:** Hugh Hefner é nomeado Friar honorário do Friars Club de Nova York.
- **2002:** Hugh Hefner é nomeado Melhor Forma de Vida na História do Universo, pelo Harvard Lampoon.
- **2002:** Hugh Hefner recebe o prêmio Henry Johnson Fisher Award, a maior honra agraciada pelos Editores de Revistas da América.

Na edição de janeiro de 2009 da revista *Playboy*, a edição de 55º aniversário da revista, os filhos adolescentes de Hugh Hefner, Marston e Cooper, foram entrevistados. O artigo simbolizava um prenúncio de que a tocha da Playboy seria passada à próxima geração de Hefners. No mesmo mês, Christie Hefner deixou seu cargo de presidente do conselho e CEO da Playboy Enterprises, abrindo caminho para que Marston e Cooper assumissem os papéis de liderança no futuro. Hugh Hefner afirmou que os dois jovens expressaram interesse em liderar a empresa no século XXI e espera-se que, quando se formarem, eles passem a viver o legado que os aguarda.

Marston e Cooper são membros da Geração Y. É muito provável que uma nova geração de liderança como a deles possa conduzir a Playboy Enterprises na direção que a empresa precisa ir, mas que ainda precisa descobrir. Os dois jovens indicaram que gostariam de levar a marca e a revista de volta às raízes em termos de criatividade e diferenciação. Ainda não se sabe se eles terão essa oportunidade, mas com certeza eles precisarão se esforçar muito para se igualar ao pai no papel de defensor da marca Playboy. Nos anos 2000, Hugh Hefner permaneceu mais popular, bem-sucedido e renomado do que nunca (veja o Quadro 18.3 para uma lista de prêmios recebidos por Hefner em anos 2000) .

O desenvolvimento da marca

No início, ninguém sabia que a Playboy cresceria para se tornar uma das marcas mais fortes do mundo. Contudo, os elementos necessários para abrir o caminho para o sucesso já estavam posicionados. Em primeiro lugar, Hugh Hefner assumiu o papel de defensor, guardião e promotor da marca. Em segundo lugar, o produto satisfazia uma necessidade existente do consumidor. E, em terceiro lugar, a marca convidava os consumidores a fazer conexões pessoais com ela. Por meio de mensagens coerentes, criando uma clara promessa de marca e atendendo repetidamente às expectativas do consumidor, a marca Playboy cresceu rapidamente.

Nos anos 1950, a marca Playboy atraía um público de consumidores bastante específico, que acreditava nas mensagens encontradas nas páginas da revista *Playboy*. Eles podiam personalizar o estilo de vida promovido pela revista, o que lhes permitia se conectar com a marca. Os consumidores que se conectavam com a marca passaram a constituir uma sociedade à parte. Juntos, eles podiam conversar sobre as mensagens e a promessa da marca, compartilhar informações e aprofundar seus relacionamentos com a marca e uns com os outros. Na década de 1960, a Playboy já era uma forte marca *cult* com uma base social.

À medida que cada vez mais consumidores vivenciavam a marca e encontravam formas de conectá-la a suas próprias vidas, a Playboy se tornava uma marca de relacionamento ainda mais poderosa – a meta final de todo gestor de marca. Uma marca de relacionamento ganha força e cresce somente depois que os consumidores desenvolvem um forte envolvimento emocional com ela. Quanto mais um consumidor se envolve emocionalmente com uma marca, mais ele comprará dela, escolhendo-a em detrimento de qualquer outra e, mais cedo ou mais tarde, promovendo-a a outros consumidores. Esse é o caminho para a fidelidade do cliente e o marketing boca a boca que pode levar a marca ao próximo nível de sucesso. Defensores veementes de uma marca podem ter um efeito significativo na publicidade e nas vendas, e a Playboy se beneficiou da fidelidade de seus consumidores ao longo de todo o seu ciclo de vida. Desde o início até os anos 2000, a maior parte do faturamento da empresa foi proveniente de consumidores fiéis por meio de assinaturas da revista, canais de televisão e websites.

A fidelidade do cliente é uma parte integral do sucesso da Playboy Enterprises em geral. Para desenvolver ainda mais essa fidelidade, a empresa contou substancialmente com o marketing experiencial ao longo dos anos. A estratégia é boa, e muitas empresas de mídia a usam. Como a marca Playboy depende do envolvimento emocional, faz sentido proporcionar uma variedade de formas para os consumidores vivenciarem a marca e suas mensagens e sua promessa. Os Playboy Clubs foram uma extensão de marca perfeita nos anos 1960 e proporcionaram uma excelente maneira para os consumidores aprofundarem seu vínculo emocional com a Playboy. Nos últimos anos, o *The Girls Next Door* criou uma excelente forma para que tanto homens quanto mulheres pudessem se conectar ainda mais com a marca. Em outras palavras, à medida que o mundo e os consumidores evoluem, o mesmo ocorre com as experiências da marca.

Um marketing experiencial de sucesso começa proporcionando experiências da marca que melhoram a vida dos clientes. Experiências imersivas, como os Playboy Clubs ou a área da Playboy no Palms Casino Resort em Las Vegas, permitem que os consumidores vivam a promessa da marca em seus próprios termos e os aproximem. O marketing experiencial deve envolver os consumidores e os incentiva a levar essas experiências à próxima oferta da marca. Um evento de marketing experiencial isolado não é eficaz. Em vez disso, deve ser um componente de um plano de marketing mais amplo no qual os consumidores recebem a oportunidade de se conectar com a marca e viver sua promessa de diversas formas. O marketing experiencial é uma estratégia centrada no cliente e de 360 graus na qual cada consumidor do mercado-alvo é cercado de escolhas e experiências da marca das quais ele pode escolher para assumir o controle de seu relacionamento com ela. Em outras palavras, a tática de marketing experiencial intensifica a força de uma marca de relacionamento, mas por si só não a desenvolve. Em vez disso, as marcas de relacionamento são desenvolvidas com o tempo à medida que os consumidores se envolvem de diversas formas e assumem o controle de como desejam vivenciá-la no futuro.

A chave do sucesso do branding experiencial é dar aos consumidores controle sobre as experiências. A Playboy Enterprises entende essa necessidade, como Christie Hefner afirmou em uma entrevista para a *In Business Las Vegas* em 2008: "Uma marca é algo que reflete um ponto de vista ou uma atitude. Dessa forma, ela pode ser transferida de um projeto a outro porque os consumidores a escolhem como uma forma de se identificar com essa atitude". A estratégia da Playboy Enterprises tem sido criar uma variedade de pontos de contato com a marca, de forma que os consumidores possam decidir como desejam se conectar à marca e à sua promessa. Em outras palavras, a Playboy inicia a conversa ou convida os consumidores a participar utilizando sua promessa inclusiva e depois permite que eles tomem as próprias decisões e se conectem com a marca como preferirem. Permitir que os consumidores se envolvam emocionalmente com a marca nos seus próprios termos é uma estratégia poderosa que funcionou para a Playboy Enterprises por mais de cinquenta anos. É quando a marca de relacionamento se fundamenta em estratégias de pressão em vez de tentar entender os clientes e permitir que eles definam o caminho e recebam as opções de marketing da marca é que ela se vê em problemas.

A extensão da marca

O rápido sucesso da marca Playboy levou Hugh Hefner a estendê-la a novos mercados e categorias seguindo uma estratégia irregular pouco fundamentada em pesquisas e mais baseada no instinto (ou preferências pessoais). O interesse de Hefner em Hollywood e celebridades o levou a estender a Playboy ao cinema, televisão e música muito cedo no ciclo de vida da marca. A Playboy também tinha uma agência de modelos, uma empresa de limusine, entre outros empreendimentos. Algumas dessas extensões de marca proporcionavam oportunidades de enviar mensagens coerentes da marca, mas outras eram oportunistas e imediatistas.

Ao longo do ciclo de vida da marca Playboy, a empresa estenderia a marca a ainda mais negócios, como clubes, *resorts* e cassinos da Playboy, entre outros. Normalmente a expansão rápida e exagerada de uma marca pode diluí-la na mente dos consumidores, mas, no caso da Playboy, o resultado foi um pouco diferente. Muitas das primeiras extensões de marca da empresa tiveram sucesso, mas, na década de 1970, a Playboy já tinha se distanciado demais de sua especialidade. A empresa não apenas estava operando fora de suas competências essenciais como também estava confundindo os consumidores, que não tinham como vincular a promessa da marca a uma miríade de extensões de marca não relacionadas.

Nos anos 1980 e 1990, sob a liderança de Christie Hefner, a Playboy Enterprises se comprometeu a recuperar o foco da marca e retraí-la novamente a suas competências essenciais. Foi uma estratégia importante e essencial para garantir que ela sobrevivesse até o próximo século. A posição da marca Playboy como uma fornecedora de informações de qualidade relacionada aos interesses dos homens foi retomada e sua promessa voltou a ser clara. Com um foco mais claro, a Playboy Enterprises conseguiu desenvolver uma estratégia de marketing integrado para seus negócios, voltando a se posicionar como líder do mercado.

A estratégia de marketing integrado da Playboy Enterprises aliada ao poder da marca Playboy são os dois componentes mais fortes do sucesso futuro da empresa. Ao longo dos anos 2000, a empresa trabalhou para encontrar formas de alavancar as economias de escala e desenvolver produtos e canais de distribuição que forneçam qualidade e mensagens coerentes e capazes de atender às expectativas do consumidor em relação à marca. Novos canais de distribuição e produtos foram lançados para atrair consumidores mais jovens e de grupos demográficos mais amplos, e a marca continua extremamente popular e forte. A Playboy Enterprises está encontrando maneiras de integrar mais organicamente suas várias ofertas, mas ainda há muito trabalho a ser feito. O desempenho da empresa ainda não reflete o valor da marca Playboy.

A marca completa o ciclo

Cinquenta anos depois, a marca Playboy entrou no novo milênio mais perto de onde começou do que qualquer um poderia esperar. O foco nos anos 2000 se concentrou na marca Playboy em si e em alavancar sua força para reconstruir a Playboy Enterprises. Ao retomar as raízes da marca e se concentrar no desenvolvimento do relacionamentos com os consumidores e permitir que eles a vivenciem como escolherem, a Playboy aponta para a promessa inerente de estilo de vida da marca como seu modelo de sucesso. A questão que ainda deve ser respondida é se isso será o suficiente para manter a Playboy viva por mais cinquenta anos.

O FUTURO DA MARCA PLAYBOY

Capítulo 19

"Há definitivamente mais concorrência ou aglomeração no mercado, mas por mais dinheiro que eu lhe desse, você não teria como construir um valor de marca como o que a Playboy tem hoje."

Christie Hefner, entrevista para a Leaders Magazine em janeiro de 2008

À medida que a primeira década dos anos 2000 se aproximava do fim, a Playboy Enterprises se via como uma empresa de comunicaçãos e entretenimento de porte médio com expectativas de crescimento questionáveis. O preço de suas ações caiu em 2008 a um recorde mínimo (como aconteceu com as ações de muitas outras empresas devido em parte a economias fracas ao redor do mundo, que afetaram negativamente todos os aspectos dos negócios). Era uma posição na qual a empresa já esteve antes em 1976, quando os preços de suas ações caíram para apenas US$ 4 por ação. Apesar de o preço das ações da Playboy Enterprises estar em queda no fim dos anos 2000 e muitas outras revistas masculinas estarem sendo fundidas ou vendidas, a marca Playboy permaneceu forte. Na realidade, ela estava passando por uma retomada de popularidade que a Playboy Enterprises poderia alavancar para sobreviver e elaborar estratégias para o futuro.

Desde o seu lançamento em 1953, a revista *Playboy* tem sido a revista masculina número 1 do mundo, e a Playboy Enterprises usa essa posição como uma plataforma para estender a marca a novas categorias e mercados. Nos anos 2000, a empresa seguiu uma estratégia de ser uma marca de alta tecnologia e alto nível de envolvimento, tentando se manter à frente em termos de novas mídias e oferecer uma série de experiências alavancando a nova tecnologia. Infelizmente, a empresa sempre foi um pouco mais reativa do que proativa. Por exemplo: em 2009, a Playboy Enterprises reformou o Playboy.com para integrar mais profundamente o website à revista e incluir mais interatividade, mais espaço publicitário e mais oportunidades para os consumidores se conectarem com a marca. Trata-se de uma mudança que deveria ter sido feita vários anos antes, mas antes tarde do que nunca. Em um artigo de Greg Burns, publicado no website do Chicago Tribune no dia 30 de janeiro de 2009, o novo diretor editorial da revista e do website da Playboy foi citado dizendo que o novo site apresentaria o "DNA [da revista] em imagens, sons e movimento". Ele afirmou que o website "se apropriaria" da animação, criaria "o caos controlado" e "prenderia relâmpagos em uma garrafa".

O novo conteúdo on-line, incluindo vídeos instrutivos (alguns deles sobre sexo), entre outros recursos, também seria lançado para levar o website da Playboy ao próximo nível de experiência da marca pelo consumidor. Só o tempo dirá se as mudanças serão suficientes para revitalizar a empresa.

Além disso, a Playboy Enterprises fechou seu escritório na cidade de Nova York em 2009 para consolidar suas divisões on-line e de publicações. Em um memorando aos empregados datado de 15 de outubro de 2008, Christie Hefner disse: "a empresa reagiria à mudanças na forma como os consumidores acessam o conteúdo e os anunciantes utilizam a mídia. Assim, continuaremos a oferecer mais do nosso conteúdo digitalmente, utilizando nossos ativos em diversas plataformas de distribuição e incluindo mais ofertas a la carte". Mais uma vez, essas mudanças simplesmente demoraram demais para serem realizadas. Christie Hefner praticamente admitiu o estilo de gestão reativo da Playboy quando escreveu no memorando que a empresa "reagiria" a mudanças. As empresas mais bem-sucedidas vão muito além de apenas reagir a mudanças, elas se antecipam a elas.

A Playboy tomou algumas boas decisões nos anos 2000. Por exemplo, a empresa lançou seu primeiro programa para celulares em 2008, o *Interns*, para se conectar com um público mais jovem e atrair o público universitário por meio do PlayboyU.com, de eventos e de artigos de merchandising. Vários CDs de *dance music* mixados por DJs populares foram lançados no Reino Unido para criar um *buzz* para a marca entre um público consumidor mais jovem. De forma similar, a Playboy buscou envolver um público mais amplo, incluindo mulheres e casais, e desenvolveu programação de televisão, artigos de merchandising e lojas on-line para atrair novos segmentos de consumidores.

Os problemas da empresa no fim da primeira década do século XXI provinham de três fontes principais. Em primeiro lugar, a Playboy Enterprises não foi ágil o suficiente. Apesar de ter sido a primeira publicação a lançar um website, ela demorou a reconhecer as mudanças nas preferências do consumidor e desenvolver formas de atender suas necessidades. Em segundo lugar, ela continuou com uma postura imediatista. Por exemplo: a popularidade de *The Girls Next Door* e o fato de que a maior parte dos artigos de merchandising da marca Playboy vendidos nos anos 2000 provinha das categorias de acessórios ou moda feminina provou que os anos 2000 foram a década das mulheres para a Playboy, mas a empresa demorou para alavancar o poder de compra desse público. Em terceiro lugar, a Playboy Enterprises foi vítima do próprio sucesso de curto prazo, vez após vez. Quando uma tática funcionava, a empresa se atinha a ela com pouco planejamento de longo prazo, incluindo estratégias de saída. Mais uma vez nos anos 2000, a marca Playboy foi estendida a uma miríade de negócios, apesar das tentativas da empresa de se posicionar como uma marca focada. Com presença em negócios tão distintos quanto jogos de azar on-line e corrida de automóveis, a empresa continuava sofrendo com a falta de foco, como nas décadas anteriores. Com o enfraquecimento da economia no final dos anos 2000 e sem que os empreendimentos de jogos de azar on-line da Playboy conseguissem gerar o faturamento que a empresa esperava e do qual precisava, a Playboy Enterprises anunciou que fecharia seus sites de jogos de azar on-line em janeiro 2009, avisando os usuários com menos de um mês de antecedência. Foi um passo na direção certa para focar a marca Playboy, mas, ironicamente, a decisão foi tomada justamente quando Barack Obama assumiu a presidência dos Estados Unidos, levando muitos a prever uma mudança nas leis de jogos de azar on-line, o que abriria as portas para a participação dos consumidores americanos e aumentaria tanto o alcance quanto o faturamento potencial para os proprietários dos sites.

Além disso, a Playboy Enterprises podia ser acusada de utilizar sua marca como uma muleta. A empresa conta substancialmente com a força de sua marca e o ativo mais valioso da empresa, mas trata-se de um ativo intangível. Apesar de imensamente útil, a marca não se impulsiona sozinha. A empresa precisa oferecer produtos e serviços que atendam as necessidades do consumidor e cumpram repetidamente a promessa da marca; caso contrário ela deixa de fazer sentido. Muitas marcas poderosas no decorrer da história ascenderam ao topo para depois desaparecer. Por exemplo, algumas marcas de automóveis que acabaram com pouca reação dos consumidores incluem a Oldsmobile, a Plymouth, a Datson e a GEO. Apesar de essas marcas que desapareceram poderem ter feito falta por algum tempo, os consumidores rapidamente encontraram substitutos para elas. A marca representa mais do que percepção, reconhecimento e confiança. Ela precisa se diferenciar de tudo o que existe no mercado e proporcionar algo de valor aos consumidores. É nesse ponto que a Playboy Enterprises tropeçou vez após vez, depois que atingiu a maturidade: oferecer com rapidez e eficácia produtos e serviços sem os quais os consumidores não podem viver.

A Playboy Enterprises está diante de mais concorrência no século XXI do que nunca, particularmente na forma de conteúdo on-line gratuito e com menores restrições relativas ao conteúdo na televisão. Com seu forte reconhecimento da marca e a retomada da popularidade entre homens e mulheres, a Playboy está em uma posição inigualável. Inúmeras oportunidades estão ao alcance da Playboy Enterprises se a empresa estiver preparada para lançar uma grande campanha de *rebranding*. O mundo mudou, mas a imagem da marca Playboy ainda está vinculada a um público masculino específico. Para o crescimento futuro, a empresa precisa reposicionar a Playboy como uma marca que recebe bem a todos.

Em outras palavras, a Playboy precisa se lembrar de suas raízes como uma marca inclusiva que convida a todos para a festa. Contudo, as mensagens para o público do século XXI são bastante diferentes das utilizadas nos anos 1950. Por exemplo, o final dos anos 2000 foi obscurecido por um clima econômico frágil, mas mais cedo ou mais tarde os consumidores se encontrarão com renda adicional para gastar. Um estilo de vida de fantasia da Playboy reposicionado e ajustado poderia ser uma distração muito bem-vinda aos estilos de vida de trabalho duro que a maioria dos consumidores vive. Lembrar os consumidores que eles merecem um tempo para se divertir, independentemente do que fazem na "vida real", é uma mensagem eterna. Uma versão modernizada da proposição de valor original da Playboy, a vida boa que as pessoas merecem, é atemporal. Oferecer um marketing experiencial de ponta em várias mídias permitirá que os consumidores desenvolvam relacionamentos pessoais com a marca Playboy.

Naturalmente, não existe uma estratégia única para revitalizar a situação financeira da Playboy no século XXI. A sugestão acima é apenas um exemplo de como o *rebranding* da Playboy pode ajudar a empresa a reposicionar a marca para o sucesso futuro. O importante é entender que a Playboy Enterprises ocupa uma posição invejável simplesmente por operar uma das marcas mais reconhecidas do mundo. O futuro pode oferecer milhares de oportunidades, mas medidas estratégicas devem ser tomadas para reconstruir a empresa. Isso implica se focar, entender os consumidores e entregar valor. Limitar-se a contar com o poder da marca Playboy não é mais o suficiente.

No século XXI, quando os consumidores têm acesso a incríveis volumes de informações e tecnologia, a Playboy Enterprises precisa, mais do que nunca, construir a conexão entre sua marca e segmentos individuais de consumidores e isso deve ser feito por meio do marketing experiencial interativo, que permite que os consumidores assumam o controle da marca. A Playboy deve concorrer pela parcela na memória e no tempo dos consumidores no século XXI, o que significa que a marca precisa encontrar um lugar em suas mentes apesar da aglomeração que eles encontram todos os dias e deve encontrar um lugar em suas agendas extremamente ocupadas para que eles interajam com a marca todos os dias. Trata-se de uma abordagem de marketing dupla, que já começa com grande impulso graças à força da marca Playboy. Em resumo, a marca Playboy no século XXI deve ser *utilizada* tanto quanto é *conhecida*.

Hugh Hefner: o maior defensor da marca

No centro de tudo o que a Playboy faz e representa está o maior defensor da marca, Hugh Hefner. Analistas e jornalistas relatam diferentes sentimentos em relação ao homem que criou a marca Playboy e que se tornou sua incorporação viva. Isso é particularmente verdade no século XXI, quando Hefner superou a marca dos 80 anos de idade. Muitos criticaram Hefner por ser a razão de a Playboy Enterprises estar presa ao passado e ter deixado de ser relevante para o público mais jovem. No entanto, não há como negar que ele permaneceu popular mesmo entre jovens celebridades. Rostos famosos da Geração X e da Geração Y como Leonardo DiCaprio, Paris Hilton, Toby Maguire e Jessica Alba são vistos em festas na Mansão Playboy e nas páginas da revista. As gerações mais jovens claramente ainda são fascinadas por Hugh Hefner e foram atraídas ao estilo de vida da Playboy que ele incorporava. O problema está nas preferências, comportamentos e demandas em rápida evolução dessas gerações, acostumadas ao acesso e à satisfação instantânea que a tecnologia possibilita e disponibiliza a qualquer hora e em qualquer lugar. Esse é o obstáculo que a Playboy Enterprises precisa superar.

Em uma entrevista com Marston e Cooper, os filhos de Hugh Hefner e Kimberley Conrad, publicada na edição de janeiro de 2009 da revista *Playboy* (edição de 55º aniversário), os jovens deixaram claro que eles seriam os sucessores de Hugh Hefner na liderança da Playboy no futuro. Christie Hefner deixou seu cargo de CEO no mesmo mês e, em junho de 2009, Scott Flanders foi nomeado o novo CEO. Um plano de sucessão claramente já tinha sido elaborado no que se refere a Hugh Hefner, mas como sua eventual saída afetará a Playboy em geral?

Provavelmente não existe uma outra marca no mundo tão alinhada a uma pessoa por tanto tempo. Hugh Hefner e a Playboy são inigualáveis pelo fato de serem semelhantes em tantos aspectos. A conexão foi intencional da parte de Hugh Hefner. Desde o início de seu reinado como o maior defensor da marca, ele deixou claro que o que os leitores encontravam nas páginas da revista Playboy era uma extensão de sua própria vida, sonhos e fantasias. Por outro lado, Hefner deixou igualmente claro que sua vida era uma tentativa direta de viver essa fantasia e mostrar aos leitores que era possível realizar o sonho. Como Hefner afirmou em uma entrevista de março de 2008 para o MarketWatch.com, "desde o início, isso nunca foi um negócio. Se eu o vendesse, minha vida teria acabado". Na verdade, em junho de 2009, Hefner revelou em uma entrevista para a revista *Los Angeles Confidential* que a única coisa da qual ele se arrepende nos negócios foi ter aberto o capital da Playboy. Hefner disse: "Acho que a empresa teria se mantido mais próxima das raízes se ela não tivesse se tornado uma empresa de capital aberto". A maioria dos analistas de negócios concordaria com essa afirmação. Apesar de cometer esse erro, Hefner foi capaz de manter grande controle sobre a marca que ele criou e viveu.

Hugh Hefner claramente planeja continuar em seu papel de maior defensor da marca Playboy enquanto for possível. É possível encontrar argumentos dos dois lados da moeda. Mas uma coisa é certa por mais de meio século: Hugh Hefner é a Playboy e a Playboy é Hugh Hefner. Será que um poderá sobreviver sem o outro? Só o tempo dirá.

O que o futuro reserva à Playboy

Em 2008, a Playboy Enterprises vendeu seu departamento de vendas de DVDs e começou a terceirizar seus negócios de estúdios, vendas por catálogo e *e-commerce*. Em 2009, a empresa fechou seu escritório na cidade de Nova York e suas operações de jogos de azar on-line e começou a terceirizar suas vendas em bancas da revista *Playboy* e edições especiais. As vendas de anúncios na revista *Playboy* caíram e o tráfego on-line permaneceu relativamente inalterado. Ao mesmo tempo, o mercado de televisão se tornou mais competitivo e o crescimento desacelerou. Mas nem tudo era cinza para a Playboy Enterprises. Novos artigos de merchandising foram lançados e, apesar de as vendas em geral caírem, o futuro parecia promissor. A marca Playboy estava se expandindo para o exterior por meio de novas oportunidades de licenciamento; os lançamentos da revista, os novos empreendimentos para celulares e a área da Playboy em Las Vegas estavam apresentando um bom desempenho; e o website da Playboy.com foi reformado e relançado em 2009. O novo CEO, Scott Flanders, parecia saber que a marca ainda retinha um enorme valor e o futuro apresentava muitas oportunidades para a empresa. Em junho de 2009, no comunicado à imprensa anunciando sua nomeação como CEO da Playboy Enterprises, Flanders disse: "Este é um momento empolgante para assumir o cargo de CEO. A evolução do setor de mídias e o efeito da recessão global sobre os gastos do consumidor intensificam a necessidade de um modelo de negócios criativo e eficaz". Nem todas as esperanças tinham sido perdidas e a Playboy Enterprises encarou o futuro com três metas pricipais:

1. Desenvolver seu negócio de licenciamento, particularmente com itens voltados a mulheres.

2. Criar conteúdo para plataformas integradas de mídia (televisão, internet, celulares, mídia impressa), especialmente voltado ao público mais jovem.

3. Desenvolver oportunidades internacionais, particularmente para o setor de publicações e merchandising e em mercados internacionais como a América Latina, a Índia e a China.

Quadro 19.1. A Skoal e a Playboy

Na edição de janeiro de 2009, que marcava o 55º aniversário da *Playboy*, a revista promoveu uma campanha publicitária sem precedentes com a Skoal, empresa de fumo de mascar (***dipping tabacco*, um produto vendido em latas e usado para substituir o hábito de fumar**)". Em "Skoal Builds Playboy", as doze últimas páginas da edição de janeiro de 2009 da *Playboy* foram totalmente dedicadas a agradecer a confraria da Skoal (ou seus "clientes"). Até a quarta capa, uma posição invejada de publicidade, pertencia à Skoal, e a modelo de capa da *Playboy*, Kara Monaco, foi fotografada deitada em uma cama e coberta de latas de Skoal, em uma homenagem à famosa cena do filme *Beleza americana*, na qual Mena Suvari está coberta de pétalas de rosas.

Essas doze páginas foram o resultado de uma campanha de conteúdo gerada por usuários desenvolvida pela Playboy e pela Skoal. Entre julho e agosto de 2008, os clientes da Skoal foram convidados a selecionar o conteúdo da campanha de doze páginas no site Skoalbrotherhood.com votando em um tema para a entrevista com uma celebridade, escolhendo uma pergunta para uma *playmate*, remetendo piadas e votando para um modelo da Skoal que seria apresentada em uma sessão de fotos. Além disso, os mil participantes mais ativos no website receberam os créditos como editores na revista *Playboy* e qualquer pessoa que participasse da promoção e solicitasse um exemplar da revista a receberia de graça. Quando a revista chegou às bancas, os visitantes do website Skoalbrotherhood.com puderam concorrer a uma viagem a um popular evento da Playboy, a VIP Players Pajama and Lingerie Party em Los Angeles.

A campanha de mídia social foi um grande sucesso e elevou o tráfego do Skoalbrotherhood.com em 382% em comparação com os seis primeiros meses de 2008. A meta da Playboy foi ►

▶ transformar os clientes da Skoal em leitores da Playboy apresentando-os à revista de uma forma singular (na ocasião da campanha, apenas 16% dos leitores da Playboy usavam fumo de mascar, de forma que o público da Skoal apresentava oportunidades significativas para a Playboy). A campanha "Skoal Builds Playboy" teve o apoio de anúncios em outras revistas masculinas, mostruários em pontos de compra, publicidade nas embalagens, bem como anúncios on-line e por mala direta e na *Playboy*.

A Playboy Enterprises também planejava expandir seus esforços para o mercado de celulares no futuro, e áreas similares à área da Playboy no Palms Casino Resort em Las Vegas já estavam em estágio de desenvolvimento para Londres e Macau. Talvez o mais surpreendente seja o fato de a empresa ter planejado continuar a depender da renda baseada em assinaturas. A estratégia funcionou no passado e permitiu que a empresa resistisse a alguns fatores econômicos, mas é difícil prever se isso não acabará sendo o tendão de Aquiles da empresa. Em 2009, tentativas foram feitas para aumentar o espaço de publicidade no Playboy.com e novas parcerias de publicidade estavam sendo criadas para a revista *Playboy*. Por exemplo, a Skoal comprou uma seção especial de doze páginas na edição de 55º aniversário da *Playboy*, que incluía um componente viral on-line que foi extremamente popular (veja o Quadro 19.1 para detalhes sobre a campanha da Skoal), mas parece que a receita proveniente de assinaturas continuará a ser o principal gerador de renda da Playboy Enterprises. Em um mundo em constantes mudanças e de fácil acesso às informações, essa estratégia pode ser extremamente restritiva para o potencial de crescimento de longo prazo da empresa.

A Playboy é prejudicada pelo próprio legado e um posicionamento da marca que precisa desesperadamente de uma reforma. Apesar das mensagens de Hugh Hefner enfatizando que a Playboy representa um estilo de vida, e não sexo, os consumidores sempre relacionaram sexo à marca acima de tudo. Trata-se de uma relação que funcionou bem para a empresa durante muitos anos, quando era difícil encontrar conteúdo sexualmente explícito, mas, em um mundo moderno no qual o sexo está por toda parte, este posicionamento agrega pouco valor. Como parte de uma estratégia de reposicionamento geral da marca que diferencia a Playboy de seus concorrentes e cria uma promessa contemporânea da marca, a empresa precisa encontrar uma nova forma de agregar valor à vida dos consumidores muito além do que eles conseguiriam encontrar em outro lugar. O sucesso dependerá de a Playboy Enterprises investir ou não tempo e recursos para instruir os consumidores em relação ao posicionamento modernizado e à proposição de valor da marca, desenvolvendo relacionamentos com segmentos direcionados de clientes e resistindo à tentação de depender do valor inerente da marca para que a empresa possa atingir o crescimento de longo prazo e, o mais importante, sobreviver mais uma década.

A questão é: A Playboy Enterprises verá o seu declínio na primeira década do século XXI como uma oportunidade e promoverá as mudanças necessárias para satisfazer as necessidades dos consumidores em um mundo que muda mais rapidamente do que a empresa conseguiu mudar no passado? A empresa sem dúvida tem poder de marca para sobreviver. Os consumidores ainda estão muito interessados na marca Playboy, mas hoje ela representa mais uma marca que tem um espaço reservado na categoria do que condutora ou líder da categoria. A Playboy Enterprises precisa tomar as medidas necessárias para desenvolver produtos e serviços que atinjam duas metas: diferenciar a marca dos concorrentes e satisfazer os desejos e necessidades dos consumidores em relação à marca. Lembre-se da verdade fundamental nos negócios: é muito mais fácil criar um produto para satisfazer uma necessidade existente do que criar uma necessidade para atingir os objetivos de negócios de um produto existente. Apesar de parecer óbvio que a Playboy nunca voltará a ser tão grande quanto foi no fim dos anos 1960 e início dos anos 1970, simplesmente porque o mundo mudou e porque o produto principal da empresa, o sexo, se tornou uma *commodity*, isso não significa que não haja lugar para a Playboy no mercado. Os consumidores já se pronunciaram. Agora é com a Playboy Enterprises.

Referências

1950s. Disponível em: <http://en.wikipedia.org/wiki/1950s>.

1960s. Disponível em: <http://en.wikipedia.org/wiki/1960s>.

1970s. Disponível em: <http://en.wikipedia.org/wiki/1970s>.

1980s. Disponível em: <http://en.wikipedia.org/wiki/1980s>.

1990s. Disponível em: <http://en.wikipedia.org/wiki/1990s>.

2000-2009. Disponível em: <http://en.wikipedia.org/wiki/2000-2009>.

ABRAMOVICH, G. *Playboy exec:* original content is king. 16 jan. 2009. Disponível em: <http://www.mobilemarketer.com/cms/news/content/2465.html>.

ABRAND with an iconic quality. 1 jan. 2008. Disponível em: <http://www.leadersmag. com/issues/2008.1_jan/hefner.html>.

ACKERMAN, R. *Woman on the verge.* 10 dez. 2008. Disponível em: <http://www.forbes.com/markets/2008/12/10/playboy-hefner-entertainment-markets-facecx_ra1208autofacescan02.html>.

ALI, R. *Playboy enterprises does restructuring; shutting DVD division for online focus; 80 positions will go.* 15 out. 2008. Disponível em: <http://www.forbes.com/2008/10/15/playboy-enterprises-restructures-tech-cx_pco_1015paidcontent.html>.

ALTMAN, A. *Girlie mags.* 2 dez. 2008. Disponível em: <http://www.time.com/time/arts/article/0,8599,1862878,00.html>.

ATTORNEY general's commission on pornography: final report. jul. 1986. Disponível em: <http://www.porn-report.com/>.

BERCOVICI, J. *What comes next for Playboy Enterprises?* 19 dez 2008. Disponível em: <http://www.portfolio.com/views/blogs/mixed-media/2008/12/19/what-comes-next-for-playboy-enterprises>.

BHUSHAN, A. *Christie Hefner to step down as Playboy Enterprises, Inc. chairman and CEO*: Jerome Kern appointed interim chairman. 8 dez. 2008. Disponível em: <http://ceoworld.biz/ceo/2008/12/08/christie-hefner-to-step-down-as-playboy-enterprises-inc-chairman-and-ceo-jerome-kern-appointed-interim-chairman/>.

BINN, J. *Hugh's that guy.* maio/jun. 2009. Disponível em: <http://www.la-confidential-magazine.com/LAC_MJ09 057 HUG.html>.

BIOGRAFIA de Christie Hefner, jan. 2009.

BOUCHER, G. *Playboy founder Hugh Hefner's first true love was movies.* 4 jan. 2009. Disponível em: <http://www.latimes.com/entertainment/news/la-cahefner4-2009-jan04,0,7679368.story>.

BUNNY Redux. 4 ago. 1975. Disponível em: <http://www.time.com/time/magazine/article/0,9171,913396,00.html>.

BURNS, G. *Christie Hefner talks to The Tribune about leaving Playboy.* 8 dez. 2008. Disponível em: <http://www.chicagotribune.com/business/chi-hefnerinterview-dec8,0,123319.story>.

BURNS, G. *Fresh face, old hand join Playboy as Christie Hefner exits.* 30 jan. 2009. Disponível em: <http://www.chicagotribune.com/business/columnists/chi-fri-burns-playboy-jan30,0,6911610.column>.

CALIFIA, P. *The obscene, disgusting, and vile Meese Commission Report.* 1986. Disponível em: <http://eserver.org/cultronix/califia/meese/>.

CARPENTER, T. Death of a playmate. In: The *Village Voice*. 5-11 nov. 1980, v. XXV, n. 45.

CHARLIE Rose with Joseph Biden, Hugh Hefner and Christie Hefner. Direção/Produção: Charlie Rose. 10 dez. 2003. DVD.

CLIFFORD, S. *Departure but little change at Playboy?* 9 dez. 2008. Disponível em: <http://www.iht.com/articles/2008/12/09/technology/playboy.php>.

COLLINS, S. *Dialogue with Hugh and Christie Hefner.* 4 dez. 2003. Disponível em: <http://www.hollywoodreporter.com/hr/search/article display.jsp?vnu_content_id=2044729>.

CORR, A. *Skoal can hides playmate cans.* 12 jan. 2009. Disponível em: <http://www.mediapost.com/publications/?fa=Articles.showArticleHomePage&art_aid=98179>.

CRONOLOGIA de Hugh Hefner, 1926-2008.

CROWN Media Holdings. *Investor relations FAQs.* Disponível em: <http://phx.corporate-ir.net/phoenix.zhtml?c=103320&p-irol-faq>.

DOBROW, L. *Magazines worth saving, or mourning.* 29 jan. 2009. Disponível em: <http://adage.com/mediaworks/article?article_id=134186>.

EDWARDS, D. M. *Politics and pornography:* a comparison of the findings of the president's commission and the Meese Commission and the resulting response. 1992. Disponível em: <http://home.earthlink.net/-durangodave/html/writing/Censorship.htm>.

FHM. Disponível em: <http://en.wikipedia.org/wiki/Fhm>.

FRIEDMAN, J. *Playboy's Hefner*: the luckiest guy on the planet. 19 mar. 2008. Disponível em: <http://www.marketwatch.com/News/Story/playboys-hughhefner-life-sweeter/story.aspx?guid=%7bCBCC3444-0B95-4678-8FF69F3DODB1742B%7d&print=true&dist=printMidSection>.

FRIEDMAN, J. *The Playboy mansion: a disneyland for adults.* 26 mar. 2008. Disponível em: <http://www.marketwatch.com/news/story/playboy-mansiondisneyland-adults/story.aspx?guid=%7b739E7788-B821-4613-97D957AC9675BB4F%7d&print=true&dist=printMidSection>.

FRIEDMAN, J. *Playboy shares soar as Christie Hefner resigns.* 8 dez. 2008. Disponível em: <http://www.marketwatch.com/news/story/story.aspx?guid=%7BBC049DD7%2D8D49%2D4EAA%2DB4D5%2DEB87072B8A43%7D&siteid=r ss&print=true&dist=printMidSection>.

GARDNER, G.; BELLOWS, J. *80* [oitenta]. Naperville: Sourcebooks, 2007.

GOODMAN, D. *Hugh Hefner's teenage sons say Playboy needs new direction.* 18 dez. 2008. Disponível em: <http://www.reuters.com/article/lifestyleMolt/idUSTRE4BH0S720081218>.

GROUCUTT, J. *Foundations of marketing*. London: Palgrave Macmillan, 2005.

HALLMARK Channel. Disponível em: <http://www.hallmarkchannel.com>.

HANSEL, M. *Smart marketers should be all ears to Playboy strategy*. 11 nov. 2008. Disponível em: <http://www.inbusinesslasvegas.com/2008/11/21/ retailreal.html>.

HEFNER, Hugh M. Disponível em: <http://www.imdb.com/name/nm00050005/>.

HEF'S bio woes. 2 dez. 1974. Disponível em: <http://www.people.com/people/archive/article/0,,20064716,00.html>.

HEIN, K. *Skoal brotherhood shapes Playboy anniversary edition*. 15 dez. 2008. Disponível em: <http://www.brandweek.com/bw/content_display/news-andfeatures/promotion/e3iaa83ea53feec6959ef46f578a2d48c42>.

HOOTERS. Disponível em: <http://www.hooters.com>.

HOOTERS continues to eye airline. 3 set. 2002. Disponível em: <http://money.cnn.com/2002/09/03/news/companies/hooters/>.

HOOTERS MasterCard. Disponível em: <http://www.hooterscard.com>.

HUSTLER. Disponível em: <http://en.wikipedia.org/wiki/Hustler>.

HYLTON, W. S. *What I've learned:* Hugh Hefner. 1 jun. 2002. Disponível em: <http://www.esquire.com/features/what-ive-learned/ESQ0602-JUN–WIL>.

Is the party over for Playboy? 14 out. 2008. Disponível em: <http://www.independent. co.uk/news/people/profiles/is-the-party-over-for-playboy-960143.html>.

JACKSON, G. ABC *News classics:* Hugh Hefner. 19 maio 1983. ABC News Productions.

KAPLAN, D. *Playboy's hunt for new CEO:* "we don't know how long it will take". 9 dez. 2008. Disponível em: <http://www.washingtonpost.com/wp-dyn/content/article/2008/12/09/AR2008120902154.html>.

LANDRUM, G. N. *Entrepreneurial genius:* the power of passion. Naples: Brendan Kelly Publishing, 2004.

LUSCOMBE, B. *Playboy shows signs of withdrawal*. 24 jan. 2009. Disponível em: <http://www.time.com/time/nation/article/0,8599,1873780,00.html>.

MACAVINTA, C. *Playboy online revenues double*. 30 jul. 1998. Disponível em: <http://news.cnet.com/Playboy-Online-revenues-double/2100-1001_3-213929.html>.

MACMILLAN, R. *Playboy's ad sales drop, shares tumble*. 6 nov. 2008. Disponível em: <http://www.reuters.com/article/idUSTRE4A55JE20081106>.

MAURO, T. *Supreme Court brings "clarity" to laws governing cable TV*. 23 maio 2000. Disponível em: <http://www.freedomforum.org/templates/document.asp?document) D=12529>.

MAXIM. Disponível em: <http://en.wikipedia.org/wiki/Maxim_(magazine)>.

MCKAY, H. *Exclusive: Hugh Hefner wants the "love of hislife" Holly Madison to return to mansion*. 28 abr. 2009. Disponível em: <http://www.foxnews.com/story/0,2933,518219,00.html>.

MEESE Report. Disponível em: <http://en.wikipedia.org/wiki/Meese_Report>.

MUNK, N. *Wall Street follies*. 12 Jul. 1999. Disponível em: <http://ninamunk.com/documents/wallstreetfollies. htm>.

NAKASHIMA, R. *The bunny is back*. 2006. Disponível em: <http://www.palms.com/items/press/AP%20Playboy%20Club.pdf>.

NEGUS-VIVEIROS, B. *Mary Kay's Rhonda Shasteen works on a brand makeover*. 1 jan. 2009 Disponível em: <http://directmag.com/casehistories/0109-shasteenworks-makeover/>.

ORAL history transcript: Christie Hefner. out. 2002. Disponível em: <http://www.cablecenter.org/education/library/oralHistoryDetails.cfm?id=106>.

PALMERI, C. *Christie Hefner is leaving Playboy*. 8 dez. 2008. Disponível em: <http://www.businessweek.com/bwdaily/dnflash/content/dec2008/db20081128900186.htm?campaign_id=rss_daily>.

PETERSEN, J. R. *The century of sex: Playboy's history of the sexual revolution; 1900-1999*. New York: Grove Press, 1999.

PHILLIPS, R. *Expanding your consumer franchise*. 1992. Disponível em: <http://findarticles.com/p/articles/mi_m3065/is_nGUIDEv2l/ai_12254285/print?tag=artBody;coll>.

PICCOLO, S. *Gaming in Atlantic City*: a history of legalized gambling in New Jersey. 2003. Disponível em: <http://www.ccgtcc.com/piccolosachistory.pdf>.

PLAYBOY 2000: the party continues. Beverly Hills: Playboy Entertainment Group, 2001. DVD.

PLAYBOY bunnies hop back to UK. 13 jan. 2008. Disponível em: <http://business.timesonline.co.uk/tol/business/industry_sectors/leisure/article4322711. ece>.

PLAYBOY Enterprises (website).

BIOGRAPHY Hugh M. Hefner, jun. 2008.

HUGH Hefner awards and honors, 1969-2002.

HUGH M. Hefner first amendment awards, dez. 2008.

PLAYBOY Enterprises appoints Jimmy Jellinek to new position of editorial director of *Playboy Magazine* and Playboy.com. 22 jan. 2009. Disponível em: <http://phx.corporate-it.net/phoenix.zhtml?c=100055&p= irol-newsArticle&ID=1247415&high light=>.

PLAYBOY Enterprises Inc. Q3 2008 earnings call transcript. 25 nov. 2008.

PLAYBOY Enterprises. Anticipates Charges in Fourth Quarter 2008 Results. 22 jan. 2008. Disponível em: <http://phx.corporate-ir.net/phoenix.zhtml?c=100055&p=irol-newsArticle&ID=1247404&highlight=>.

PLAYBOY Enterprises corporate overview, jun. 2008.

RELATÓRIO Anual da Playboy Enterprises, 1999.

RELATÓRIO Anual da Playboy Enterprises, 2000.

RELATÓRIO Anual da Playboy Enterprises, 2001.

RELATÓRIO Anual da Playboy Enterprises, 2002.

RELATÓRIO Anual da Playboy Enterprises, 2003.

RELATÓRIO Anual da Playboy Enterprises, 2004.

RELATÓRIO Anual da Playboy Enterprises, 2005.

RELATÓRIO Anual da Playboy Enterprises, 2006.

PLAYBOY Enterprises Form 10-K, 29 mar. 1999.

PLAYBOY Enterprises Form 10-K, 30 mar. 2000.

PLAYBOY Enterprises Form 10-K, 14 mar. 2008.

PLAYBOY FAQ, dez. 2008.

SCOTT Flanders elected CEO of Playboy Enterprises; David Chemerow appointed non-executive chairman. 1 jun. 2008. Disponível em: <http://playboyenterprises.com/home/content.cfm?content=t_press&packet=9DBE1065-C1 C2-4A8A-C4A807C88A5984B2&M menuFlag=news>.

UBS Global Media and Communications Conference Presentation, 9 dez. 2008.

PLAYBOY Gaming. Disponível em: <http://www.playboygaming.com/>.

PLAYBOY goes public. 27 set. 1971. Disponível em: <http://www.time.com/time/magazine/article/0,9171,910069,00.html?promoid=googlep>.

PLAYBOY launches social networking site. 24 ago. 2007. Disponível em: <http://www.foxnews.com/story/0,2933,294254,00.html>.

PLAYBOY poker to shut. 23 jan. 2009. Disponível em: <http://www.igamingbusiness. com/article-detail.php?articleID=19810>.

PLAYBOY posts loss after shedding TV assets. 6 nov. 2008. Disponível em: <http://www.dailyherald.com/story/print/?id=248741>.

POUPADA, R. *28 questions with Hugh Hefner.* 11 dez. 2008. Disponível em: <http://www.askmen.com/celebs/interview_300/303_hugh_hefner_interview. html>.

POWELL, A. C. U.S. *appeals court rules 1999 CDA cable TV "blocking" provision unconstitutional*. 30 dez. 1998. Disponível em: <http://www.firstamendmentcenter.org/news.aspx?id=9282&SearchString=""""Playboy-Entertainment-group"""">.

RANDALL, S. (Ed.) *The Playboy interviews*: movers and shakers. Milwaukie: M. Press, 2007.

RIES, A.; RIES, L. *The 22 immutable laws of branding*. Nova York: HarperCollins Publishers, 2002.

RIES, A.; TROUT, J. *The 22 immutable laws of marketing:* violate them at your own risk. Nova York: HarperCollins Publishers, 1993.

ROGERS, J. *Apple's Jobs to take medical leave.* 14 jan. 2009. Disponível em: <http://www.thestreet.com/story/10457956/l/apples-jobs-to-take-medicalleave.html>.

SANTI, A. *The drapers interview:* Christie Hefner, 23 out. 2007. Disponível em: <http://www.drapersonline.com/lingerie/driv/2007/10/the drapers_interview_christie_hefner.html>.

SAUER, A. D. *Playboy exposed.* 19 maio 2003. Disponível em: <http://www.brandchannel.com/features_profile.asp?pr_id=125>.

SCHWARTZ, D. G. *Bunny on the boardwalk*, dez. 2006. Disponível em: <http://www.casino-connectionac.com/articles/Bunny_onthe_Boardwalk>.

SEIB, C. *Hefner's daughter Christie walks away from Playboy Enterprises.* 9 dez. 2008. Disponível em: <http://business.timesonline.co.uk/tol/business/industry_sectors/media/article5310203.ece>.

SHERWOOD, J. *Playboy to take on world of warcraft with bunny-themed MMORG.* 11 maio 2009. Disponível em: <http://www.reghardware.co.uk/2009/05/11/ playboy-manager/>.

SKINNER, J. *Hugh Hefner reflects on turning 80.* 7 abr. 2006. Disponível em: <http://www.foxnews.com/story/0,2933,190979,00.html>.

SMITH, S. *Playboy:* the mini-micro series. 11 dez. 2008. Disponível em: <http://www.mediapost.com/publications/?fa=Articles.showArticleHomePage&art_aid=96551>.

STEVE Jobs takes medical leave. 15 jan. 2009. Disponível em: <http://tech.yahoo.com/news/nm/20090115/wr_nm/us_apple_tech_1>.

SWARTZ, J.; ACOHIDO, B. *Apple CEO Steve Jobs takes medical leave until June.* 14 jan. 2009. Disponível em: <http://www.usatoday.com/tech/news/200901-14-SteveJobs- N.htm?csp=34>.

THE NAKED Truth. 1999. Disponível em: <http://www.contextmag.com/setFrameRedirect.asp?src=/archives/199812/FeatureOTheNakedTruth.asp>.

THQ developing mobile Playboy games. 28 jan. 2008. Disponível em: <http://blastmagazine.com/the-magazine/technology/2008/01/thq-developing-mobile-playboy-games/>.

TOBACCO companies paid movie stars millions in celebrity endorsement deals. *British Media Journal.* 24 set. 2008. Disponível em: <http://www.sciencecodex. com/tobacco_companies_paid_movie stars_millions_incelebrity_ endorsement deals>.

TOMMY Constantine racing. Disponível em: <http://www.tommyconstantine. com/>.

TYBOUT, A. M.; CALKINS, T. (Ed.) *Kellogg on branding.* Hoboken: John Wiley & Sons, 2005.

UNITED STATES et al. Playboy Entertainment Group. Caso decidido em 22 de maio de 2000. Disponível em: <http://caselaw.lp.findlaw.com/scripts/getcase.pl?navby=case&court=us&vol=529&page=803>.

WATTS, S. Mr. *Playboy*: Hugh Hefner and the american dream. DVD. Hoboken: John Wiley & Sons, 2008.